Beau

Le Mariage de Figaro

Dossier et notes réalisés par
Alain Sandrier

Lecture d'image par
Sophie Barthélémy

folio**plus**
classiques

Alain Sandrier, né en 1970, est ancien élève de l'École normale supérieure, agrégé de lettres modernes et Maître de conférences en littérature française du XVIIIᵉ siècle à l'université de Paris X-Nanterre. Il a soutenu une thèse sur l'athéisme au XVIIIᵉ siècle, en 2001. Spécialiste de l'histoire de l'hétérodoxie classique, il s'est intéressé à la lutte de Voltaire contre « l'Infâme ». Il a rédigé l'accompagnement pédagogique de *Candide* et des *Lettres persanes* dans la collection « Folioplus classiques ».

Conservateur au musée des Beaux-Arts de Quimper de 1991 à 2000, **Sophie Barthélémy** est depuis janvier 2001 en poste au musée des Beaux-Arts de Dijon où elle s'occupe des collections de peintures du XIXᵉ siècle et de l'art contemporain. Responsable du service éducatif du musée des Beaux-Arts de Quimper et, actuellement, référent scientifique pour l'action culturelle du département des publics au musée de Dijon, elle a assuré de nombreuses formations d'histoire de l'art à destination du corps enseignant et participé à la conception ainsi qu'à l'écriture de plusieurs publications pédagogiques.

© *Éditions Gallimard, 1973*
pour le texte établi par Pierre Larthomas,
2008 pour la lecture d'image et le dossier.

Sommaire

Sommaire

La Folle Journée

ou

Le Mariage de Figaro

Comédie en cinq actes, en prose

En faveur du badinage,
Faites grâce à la raison.

Vaudeville de la pièce.

Préface

En écrivant cette préface, mon but n'est pas de rechercher oiseusement[1] si j'ai mis au théâtre une pièce bonne ou mauvaise ; il n'est plus temps pour moi ; mais d'examiner scrupuleusement, et je le dois toujours, si j'ai fait une œuvre blâmable.

Personne n'étant tenu de faire une comédie qui ressemble aux autres, si je me suis écarté d'un chemin trop battu, pour des raisons qui m'ont paru solides, ira-t-on me juger, comme l'ont fait MM. tels, sur des règles qui ne sont pas les miennes ? imprimer puérilement que je reporte l'art à son enfance, parce que j'entreprends de frayer un nouveau sentier à cet art dont la loi première, et peut-être la seule, est d'amuser en instruisant ? Mais ce n'est pas de cela qu'il s'agit.

Il y a souvent très loin du mal que l'on dit d'un ouvrage à celui qu'on en pense. Le trait qui nous poursuit, le mot qui importune reste enseveli dans le cœur, pendant que la bouche se venge en blâmant presque tout le reste. De sorte qu'on peut regarder comme un point établi au théâtre, qu'en fait de reproche à l'auteur, ce qui nous affecte le plus est ce dont on parle le moins.

---

1. Inutilement.

Il est peut-être utile de dévoiler aux yeux de tous ce double aspect des comédies, et j'aurai fait encore un bon usage de la mienne, si je parviens, en la scrutant, à fixer l'opinion publique sur ce qu'on doit entendre par ces mots : Qu'est-ce que LA DÉCENCE THÉÂTRALE ?

À force de nous montrer délicats, fins connaisseurs, et d'affecter, comme j'ai dit autre part[1], l'hypocrisie de la décence auprès du relâchement des mœurs, nous devenons des êtres nuls, incapables de s'amuser et de juger de ce qui leur convient, faut-il le dire enfin ? des bégueules rassasiées[2] qui ne savent plus ce qu'elles veulent ni ce qu'elles doivent aimer ou rejeter. Déjà ces mots si rebattus, *bon ton, bonne compagnie*, toujours ajustés au niveau de chaque insipide coterie et dont la latitude est si grande qu'on ne sait où ils commencent et finissent, ont détruit la franche et vraie gaieté qui distinguait de tout autre le comique de notre nation.

Ajoutez-y le pédantesque abus de ces autres grands mots, *décence* et *bonnes mœurs*, qui donnent un air si important, si supérieur que nos jugeurs de comédies seraient désolés de n'avoir pas à les prononcer sur toutes les pièces de théâtre, et vous connaîtrez à peu près ce qui garrotte le génie, intimide tous les auteurs, et porte un coup mortel à la vigueur de l'intrigue, sans laquelle il n'y a pourtant que du bel esprit à la glace et des comédies de quatre jours.

Enfin, pour dernier mal, tous les états de la société sont parvenus à se soustraire à la censure dramatique : on ne pourrait mettre au théâtre *Les Plaideurs* de Racine, sans entendre aujourd'hui les Dandins et les Brid'oisons[3], même

---

1. Dans la *Lettre modérée sur la chute et la critique du « Barbier de Séville »* qui sert de préface à la comédie.
2. Expression familière et injurieuse : femmes dédaigneuses qui sont blasées.
3. Noms utilisés pour désigner comiquement des juges depuis Fran-

des gens plus éclairés, s'écrier qu'il n'y a plus ni mœurs ni respect pour les magistrats.

On ne ferait point le *Turcaret*[1], sans avoir à l'instant sur les bras fermes, sous-fermes, traites et gabelles, droits-réunis, tailles, taillons, le trop-plein, le trop-bu[2], tous les impositeurs royaux. Il est vrai qu'aujourd'hui *Turcaret* n'a plus de modèles. On l'offrirait sous d'autres traits, l'obstacle resterait le même.

On ne jouerait point *les fâcheux, les marquis, les emprunteurs* de Molière, sans révolter à la fois la haute, la moyenne, la moderne et l'antique noblesse. Ses *Femmes savantes* irriteraient nos féminins bureaux d'esprit[3]; mais quel calculateur peut évaluer la force et la longueur du levier qu'il faudrait, de nos jours, pour élever jusqu'au théâtre l'œuvre sublime du *Tartuffe*? Aussi l'auteur qui se compromet avec le public, *pour l'amuser, ou pour l'instruire,* au lieu d'intriguer à son choix son ouvrage, est-il obligé de tourniller[4] dans des incidents impossibles, de persifler au lieu de rire, et de prendre ses modèles hors de la société, crainte de se trouver mille ennemis, dont il ne connaissait aucun en composant son triste drame.

J'ai donc réfléchi que si quelque homme courageux ne secouait pas toute cette poussière, bientôt l'ennui des pièces françaises porterait la nation au frivole opéra-comique, et plus loin encore, aux boulevards, à ce ramas infect de tré-

---

çois Rabelais (1494-1553) qui créa les personnages de Bridoye et Perrin Dandin.

1. Comédie d'Alain-René Lesage (1668-1747) en 1709 qui représente un laquais devenu homme d'affaires.

2. Différentes dénominations véritables d'impôts sauf le *trop-plein* qui semble placé là facétieusement.

3. Expression qui était habituellement péjorative pour désigner une société où l'on s'occupe de littérature.

4. Tourner d'un côté et de l'autre.

teaux élevés à notre honte, où la décente liberté, bannie du théâtre français, se change en une licence effrénée, où la jeunesse va se nourrir de grossières inepties, et perdre, avec ses mœurs, le goût de la décence et des chefs-d'œuvre de nos maîtres. J'ai tenté d'être cet homme, et si je n'ai pas mis plus de talent à mes ouvrages, au moins mon intention s'est-elle manifestée dans tous.

J'ai pensé, je pense encore, qu'on n'obtient ni grand pathétique, ni profonde moralité, ni bon et vrai comique au théâtre, sans des situations fortes et qui naissent toujours d'une disconvenance sociale dans le sujet qu'on veut traiter. L'auteur tragique, hardi dans ses moyens, ose admettre le crime atroce : les conspirations, l'usurpation du trône, le meurtre, l'empoisonnement, l'inceste, dans *Œdipe* et *Phèdre* ; le fratricide dans *Vendôme* ; le parricide dans *Mahomet* ; le régicide dans *Macbeth* [1], etc., etc. La comédie, moins audacieuse, n'excède pas les disconvenances, parce que ses tableaux sont tirés de nos mœurs, ses sujets de la société. Mais comment frapper sur l'avarice, à moins de mettre en scène un méprisable avare ? démasquer l'hypocrisie sans montrer, comme Orgon, dans le *Tartuffe*, un abominable hypocrite *épousant sa fille et convoitant sa femme* ? un homme à bonnes fortunes, sans le faire parcourir un cercle entier de femmes galantes ? un joueur effréné, sans l'envelopper de fripons, s'il ne l'est pas déjà lui-même ?

Tous ces gens-là sont loin d'être vertueux ; l'auteur ne les donne pas pour tels ; il n'est le patron d'aucun d'eux ; il est le peintre de leurs vices. Et parce que le lion est féroce,

---

1. Tragédies de Voltaire (1694-1778) (*Œdipe*, 1718 ; *Adélaïde du Guesclin*, 1734 ; *Le Fanatisme ou Mahomet*, 1741), de Jean Racine (1639-1699) (*Phèdre*, 1677) et de William Shakespeare (1564-1616) (*Macbeth*, 1605, certainement d'après son adaptation toute récente par Ducis en 1784).

le loup vorace et glouton, le renard rusé, cauteleux, la fable est-elle sans moralité ? Quand l'auteur la dirige contre un sot que la louange enivre, il fait choir du bec du corbeau le fromage dans la gueule du renard ; sa moralité est remplie ; s'il la tournait contre le bas flatteur, il finirait son apologue ainsi : « Le renard s'en saisit, le dévore, mais le fromage était empoisonné. » La fable est une comédie légère, et toute comédie n'est qu'un long apologue ; leur différence est que dans la fable les animaux ont de l'esprit, et que dans notre comédie les hommes sont souvent des bêtes, et, qui pis est, des bêtes méchantes.

Ainsi, lorsque Molière, qui fut si tourmenté par les sots, donne à *L'Avare* un fils prodigue et vicieux qui lui vole sa cassette et l'injurie en face, est-ce des vertus ou des vices qu'il tire sa moralité ? Que lui importent ses fantômes ? c'est vous qu'il entend corriger. Il est vrai que les afficheurs et balayeurs littéraires[1] de son temps ne manquèrent pas d'apprendre au bon public combien tout cela était horrible ! Il est aussi prouvé que des envieux très importants, ou des importants très envieux, se déchaînèrent contre lui. Voyez le sévère Boileau, dans son épître au grand Racine, venger son ami qui n'est plus, en rappelant ainsi les faits :

> *L'ignorance et l'erreur à ses naissantes pièces*
> *En habits de marquis, en robes de comtesses,*
> *Venaient pour diffamer son chef-d'œuvre nouveau,*
> *Et secouaient la tête à l'endroit le plus beau.*
> *Le commandeur voulait la scène plus exacte ;*
> *Le vicomte, indigné, sortait au second acte :*
> *L'un, défenseur zélé des dévots mis en jeu,*
> *Pour prix de ses bons mots, le condamnait au feu ;*

---

1. Manière désobligeante de Beaumarchais pour désigner les journalistes.

> *L'autre*, fougueux marquis, *lui déclarant la guerre,*
> *Voulait venger la Cour immolée au parterre*[1].

On voit même dans un placet de Molière à Louis XIV qui fut si grand en protégeant les arts, et sans le goût éclairé duquel notre théâtre n'aurait pas un seul chef-d'œuvre de Molière, on voit ce philosophe auteur se plaindre amèrement au roi que, pour avoir démasqué les hypocrites, ils imprimaient partout qu'il était « un libertin, un impie, un athée, un démon vêtu de chair, habillé en homme »; et cela s'imprimait avec APPROBATION ET PRIVILÈGE de ce roi qui le protégeait : rien là-dessus n'est empiré.

Mais, parce que les personnages d'une pièce s'y montrent sous des mœurs vicieuses, faut-il les bannir de la scène ? Que poursuivrait-on au théâtre ? les travers et les ridicules ? cela vaut bien la peine d'écrire ! ils sont chez nous comme les modes; on ne s'en corrige point, on en change.

Les vices, les abus, voilà ce qui ne change point, mais se déguise en mille formes sous le masque des mœurs dominantes; leur arracher ce masque et les montrer à découvert, telle est la noble tâche de l'homme qui se voue au théâtre. Soit qu'il moralise en riant, soit qu'il pleure en moralisant, Héraclite ou Démocrite, il n'a pas un autre devoir; malheur à lui s'il s'en écarte. On ne peut corriger les hommes qu'en les faisant voir tels qu'ils sont. La comédie utile et véridique n'est point un éloge menteur, un vain discours d'académie.

Mais gardons-nous bien de confondre cette critique générale, un des plus nobles buts de l'art, avec la satire odieuse et personnelle : l'avantage de la première est de corriger sans blesser. Faites prononcer au théâtre par l'homme juste,

---

1. Citation de l'« Épître VII », v. 23-32. Beaumarchais a substitué *dévots* à *bigots*.

aigri de l'horrible abus des bienfaits : « tous les hommes sont des ingrats » ; quoique chacun soit bien près de penser comme lui, personne ne s'offensera. Ne pouvant y avoir un ingrat sans qu'il existe un bienfaiteur, ce reproche même établit une balance égale entre les bons et mauvais cœurs ; on le sent, et cela console. Que si l'humoriste[1] répond qu'« un bienfaiteur fait cent ingrats », on répliquera justement qu'« il n'y a peut-être pas un ingrat qui n'ait été plusieurs fois bienfaiteur » : cela console encore. Et c'est ainsi qu'en généralisant, la critique la plus amère porte du fruit sans nous blesser ; quand la satire personnelle, aussi stérile que funeste, blesse toujours et ne produit jamais. Je hais partout cette dernière, et je la crois un si punissable abus que j'ai plusieurs fois d'office invoqué la vigilance du magistrat pour empêcher que le théâtre ne devînt une arène de gladiateurs, où le puissant se crût en droit de faire exercer ses vengeances par les plumes vénales et malheureusement trop communes qui mettent leur bassesse à l'enchère.

N'ont-ils donc pas assez, ces grands, des mille et un feuillistes[2], faiseurs de bulletins, afficheurs, pour y trier les plus mauvais, en choisir un bien lâche, et dénigrer qui les offusque ? On tolère un si léger mal parce qu'il est sans conséquence et que la vermine éphémère démange un instant et périt ; mais le théâtre est un géant qui blesse à mort tout ce qu'il frappe. On doit réserver ses grands coups pour les abus et pour les maux publics.

Ce n'est donc ni le vice ni les incidents qu'il amène qui font l'indécence théâtrale ; mais le défaut de leçons et de moralité. Si l'auteur, ou faible ou timide, n'ose en tirer de son sujet, voilà ce qui rend sa pièce équivoque ou vicieuse.

---

1. Homme qui a de l'humeur, difficile à vivre.
2. Façon désobligeante de Beaumarchais pour désigner les journalistes.

Lorsque je mis *Eugénie* [1] au théâtre (et il faut bien que je me cite, puisque c'est toujours moi qu'on attaque), lorsque je mis *Eugénie* au théâtre, tous nos jurés-crieurs à la décence jetaient des flammes dans les foyers sur ce que j'avais osé montrer un seigneur libertin habillant ses valets en prêtres et feignant d'épouser une jeune personne qui paraît enceinte au théâtre [2], sans avoir été mariée.

Malgré leurs cris, la pièce a été jugée, sinon le meilleur, au moins le plus moral des drames, constamment jouée sur tous les théâtres et traduite dans toutes les langues. Les bons esprits ont vu que la moralité, que l'intérêt y naissaient entièrement de l'abus qu'un homme puissant et vicieux fait de son nom, de son crédit pour tourmenter une faible fille, sans appui, trompée, vertueuse et délaissée. Ainsi tout ce que l'ouvrage a d'utile et de bon naît du courage qu'eut l'auteur d'oser porter la disconvenance sociale au plus haut point de liberté.

Depuis, j'ai fait *Les Deux Amis* [3], pièce dans laquelle un père avoue à sa prétendue nièce qu'elle est sa fille illégitime ; ce drame est aussi très moral, parce qu'à travers les sacrifices de la plus parfaite amitié, l'auteur s'attache à y montrer les devoirs qu'impose la nature sur les fruits d'un ancien amour, que la rigoureuse dureté des convenances sociales, ou plutôt leur abus, laisse trop souvent sans appui.

Entre autres critiques de la pièce, j'entendis, dans une loge auprès de celle que j'occupais, un jeune *important* de la Cour qui disait gaiement à des dames : «L'auteur, sans doute, est un garçon fripier, qui ne voit rien de plus élevé que des commis des fermes et des marchands d'étoffes ; et c'est au fond d'un magasin qu'il va chercher les nobles amis

---

1. Premier drame de Beaumarchais représenté en 1767.
2. Sur les planches.
3. Deuxième drame de Beaumarchais (1770).

qu'il traduit à la scène française! — Hélas! monsieur, lui dis-je en m'avançant, il a fallu du moins les prendre où il n'est pas impossible de les supposer. Vous ririez bien plus de l'auteur, s'il eût tiré deux vrais amis de l'Œil-de-bœuf[1] et des carrosses? Il faut un peu de vraisemblance, même dans les actes vertueux.»

Me livrant à mon gai caractère, j'ai depuis tenté, dans *Le Barbier de Séville*, de ramener au théâtre l'ancienne et franche gaieté, en l'alliant avec le ton léger de notre plaisanterie actuelle; mais comme cela même était une espèce de nouveauté, la pièce fut vivement poursuivie. Il semblait que j'eusse ébranlé l'État; l'excès des précautions qu'on prit et des cris qu'on fit contre moi décelait surtout la frayeur que certains vicieux de ce temps avaient de s'y voir démasqués. La pièce fut censurée quatre fois, cartonnée trois fois sur l'affiche à l'instant d'être jouée, dénoncée même au parlement d'alors; et moi, frappé de ce tumulte, je persistais à demander que le public restât le juge de ce que j'avais destiné à l'amusement du public.

Je l'obtins au bout de trois ans. Après les clameurs, les éloges; et chacun me disait tout bas: «Faites-nous donc des pièces de ce genre, puisqu'il n'y a plus que vous qui osiez rire en face.»

Un auteur désolé par la cabale et les criards, mais qui voit sa pièce marcher, reprend courage, et c'est ce que j'ai fait. Feu M. le prince de Conti, de patriotique mémoire (car en frappant l'air de son nom, l'on sent vibrer le vieux mot *patrie*), feu M. le prince de Conti, donc, me porta le défi public de mettre au théâtre ma préface du *Barbier*, plus gaie, disait-il, que la pièce, et d'y montrer la famille de Figaro, que j'indiquais dans cette préface. «Monseigneur, lui répondis-

---

1. Salon de Versailles où attendaient les courtisans. Sa fenêtre était ovale, du type de celles qu'on appelait « œil-de-bœuf ».

je, si je mettais une seconde fois ce caractère sur la scène, comme je le montrerais plus âgé, qu'il en saurait quelque peu davantage, ce serait bien un autre bruit, et qui sait s'il verrait le jour!» Cependant, par respect, j'acceptai le défi: je composai cette *Folle Journée*, qui cause aujourd'hui la rumeur. Il daigna la voir le premier. C'était un homme d'un grand caractère, un prince auguste, un esprit noble et fier: le dirai-je? il en fut content.

Mais quel piège, hélas! j'ai tendu au jugement de nos critiques en appelant ma comédie du vain nom de *Folle Journée*! Mon objet était bien de lui ôter quelque importance; mais je ne savais pas encore à quel point un changement d'annonce peut égarer tous les esprits. En lui laissant son véritable titre, on eût lu *L'Époux suborneur*. C'était pour eux une autre piste; on me courait différemment. Mais ce nom de *Folle Journée* les a mis à cent lieues de moi: ils n'ont plus rien vu dans l'ouvrage que ce qui n'y sera jamais; et cette remarque un peu sévère sur la facilité de prendre le change a plus d'étendue qu'on ne croit. Au lieu du nom de *George Dandin*, si Molière eût appelé son drame: *La Sottise des alliances*, il eût porté bien plus de fruit; si Regnard eût nommé son *Légataire*: *La Punition du célibat*, la pièce nous eût fait frémir. Ce à quoi il ne songea pas, je l'ai fait avec réflexion. Mais qu'on ferait un beau chapitre sur tous les jugements des hommes et la morale du théâtre, et qu'on pourrait intituler: *De l'influence de l'affiche*!

Quoi qu'il en soit, *La Folle Journée* resta cinq ans au portefeuille[1]; les Comédiens[2] ont su que je l'avais, ils me l'ont enfin arrachée. S'ils ont bien ou mal fait pour eux, c'est ce qu'on a pu voir depuis. Soit que la difficulté de la rendre

---

1. *Au portefeuille* c'est-à-dire dans les papiers personnels de l'auteur.
2. Les *Comédiens* désignent ici les acteurs de la Comédie-Française.

excitât leur émulation, soit qu'ils sentissent, avec le public, que pour lui plaire en comédie, il fallait de nouveaux efforts, jamais pièce aussi difficile n'a été jouée avec autant d'ensemble; et si l'auteur (comme on le dit) est resté au-dessous de lui-même, il n'y a pas un seul acteur dont cet ouvrage n'ait établi, augmenté ou confirmé la réputation. Mais revenons à sa lecture, à l'adoption des Comédiens.

Sur l'éloge outré qu'ils en firent, toutes les sociétés voulurent le connaître, et dès lors il fallut me faire des querelles de toute espèce ou céder aux instances universelles. Dès lors aussi les grands ennemis de l'auteur ne manquèrent pas de répandre à la Cour qu'il blessait dans cet ouvrage, d'ailleurs «un tissu de bêtises», la religion, le gouvernement, tous les états de la société, les bonnes mœurs, et qu'enfin la vertu y était opprimée et le vice triomphant, «comme de raison[1]», ajoutait-on. Si les graves messieurs qui l'ont tant répété me font l'honneur de lire cette préface, ils y verront au moins que j'ai cité bien juste; et la bourgeoise intégrité que je mets à mes citations n'en fera que mieux ressortir la noble infidélité des leurs.

Ainsi dans *Le Barbier de Séville* je n'avais qu'ébranlé l'État; dans ce nouvel essai, plus infâme et plus séditieux, je le renversais de fond en comble. Il n'y avait plus rien de sacré si l'on permettait cet ouvrage. On abusait l'autorité par les plus insidieux rapports; on cabalait auprès des corps puissants; on alarmait les dames timorées; on me faisait des ennemis sur le prie-Dieu des oratoires: et moi, selon les hommes et les lieux, je repoussais la basse intrigue par mon excessive patience, par la roideur de mon respect, l'obstination de ma docilité, par la raison, quand on voulait l'entendre.

Ce combat a duré quatre ans. Ajoutez-les aux cinq du

---

1. Comme il fallait s'y attendre (de la part de quelqu'un comme Beaumarchais).

portefeuille, que reste-t-il des allusions qu'on s'efforce à voir dans l'ouvrage? Hélas! quand il fut composé, tout ce qui fleurit aujourd'hui n'avait pas même encore germé. C'était tout un autre univers.

Pendant ces quatre ans de débat je ne demandais qu'un censeur; on m'en accorda cinq ou six. Que virent-ils dans l'ouvrage, objet d'un tel déchaînement? la plus badine des intrigues. Un grand seigneur espagnol, amoureux d'une jeune fille qu'il veut séduire, et les efforts que cette fiancée, celui qu'elle doit épouser et la femme du seigneur réunissent pour faire échouer dans son dessein un maître absolu que son rang, sa fortune et sa prodigalité rendent tout-puissant pour l'accomplir. Voilà tout, rien de plus. La pièce est sous vos yeux.

D'où naissaient donc ces cris perçants? De ce qu'au lieu de poursuivre un seul caractère vicieux, comme le Joueur, l'Ambitieux, l'Avare ou l'Hypocrite, ce qui ne lui eût mis sur les bras qu'une seule classe d'ennemis, l'auteur a profité d'une composition légère, ou plutôt a formé son plan de façon à y faire entrer la critique d'une foule d'abus qui désolent la société. Mais, comme ce n'est pas là ce qui gâte un ouvrage aux yeux du censeur éclairé, tous, en l'approuvant, l'ont réclamé pour le théâtre. Il a donc fallu l'y souffrir; alors les grands du monde ont vu jouer avec scandale

> *Cette pièce où l'on peint un insolent valet*
> *Disputant sans pudeur son épouse à son maître.*
>
> M. GUDIN.

Oh! que j'ai de regret de n'avoir pas fait de ce sujet moral une tragédie bien sanguinaire! Mettant un poignard à la main de l'époux outragé, que je n'aurais pas nommé Figaro, dans sa jalouse fureur je lui aurais fait noblement poignarder le puissant vicieux ; et comme il aurait vengé son honneur dans des vers carrés, bien ronflants, et que mon jaloux, tout au moins général d'armée, aurait eu pour rival quelque tyran bien horrible et régnant au plus mal sur un peuple désolé, tout cela, très loin de nos mœurs, n'aurait, je crois, blessé personne ; on eût crié : « Bravo ! ouvrage bien moral ! » Nous étions sauvés, moi et mon Figaro sauvage.

Mais ne voulant qu'amuser nos Français et non faire ruisseler les larmes de leurs épouses, de mon coupable amant j'ai fait un jeune seigneur de ce temps-là, prodigue, assez galant, même un peu libertin, à peu près comme les autres seigneurs de ce temps-là. Mais qu'oserait-on dire au théâtre d'un seigneur, sans les offenser tous, sinon de lui reprocher son trop de galanterie ? N'est-ce pas là le défaut le moins contesté par eux-mêmes ? J'en vois beaucoup, d'ici, rougir modestement (et c'est un noble effort) en convenant que j'ai raison.

Voulant donc faire le mien coupable, j'ai eu le respect généreux de ne lui prêter aucun des vices du peuple. Direz-vous que je ne le pouvais pas, que c'eût été blesser toutes les vraisemblances ? Concluez donc en faveur de ma pièce, puisque enfin je ne l'ai pas fait.

Le défaut même dont je l'accuse n'aurait produit aucun mouvement comique, si je ne lui avais gaiement opposé l'homme le plus dégourdi de sa nation, le *véritable* Figaro, qui, tout en défendant Suzanne, sa propriété, se moque des projets de son maître et s'indigne très plaisamment qu'il ose jouter de ruse avec lui, maître passé dans ce genre d'escrime.

Ainsi, d'une lutte assez vive entre l'abus de la puissance, l'oubli des principes, la prodigalité, l'occasion, tout ce que la séduction a de plus entraînant, et le feu, l'esprit, les ressources que l'infériorité, piquée au jeu, peut opposer à cette attaque, il naît dans ma pièce un jeu plaisant d'intrigue, où l'*époux suborneur*, contrarié, lassé, harassé, toujours arrêté dans ses vues, est obligé, trois fois dans cette journée, de tomber aux pieds de sa femme, qui, bonne, indulgente et sensible, finit par lui pardonner : c'est ce qu'elles font toujours. Qu'a donc cette moralité de blâmable, messieurs ?

La trouvez-vous un peu badine pour le ton grave que je prends ? accueillez-en une plus sévère qui blesse vos yeux dans l'ouvrage, quoique vous ne l'y cherchiez pas — c'est qu'un seigneur assez vicieux pour vouloir prostituer à ses caprices tout ce qui lui est subordonné, pour se jouer dans ses domaines de la pudicité de toutes ses jeunes vassales, doit finir, comme celui-ci, par être la risée de ses valets. Et c'est ce que l'auteur a très fortement prononcé, lorsqu'en fureur, au cinquième acte, Almaviva, croyant confondre une femme infidèle, montre à son jardinier un cabinet, en lui criant : «Entres-y, toi, Antonio ; conduis devant son juge l'infâme qui m'a déshonoré» ; et que celui-ci lui répond : «Il y a, parguenne, une bonne Providence ! Vous en avez tant fait dans le pays qu'il faut bien aussi qu'à votre tour !...»

Cette profonde moralité se fait sentir dans tout l'ouvrage ; et s'il convenait à l'auteur de démontrer aux adversaires qu'à travers sa forte leçon il a porté la considération pour la dignité du coupable plus loin qu'on ne devait l'attendre de la fermeté de son pinceau, je leur ferais remarquer que, croisé dans tous ses projets, le comte Almaviva se voit toujours humilié, sans être jamais avili.

En effet, si la comtesse usait de ruse pour aveugler sa jalousie dans le dessein de le trahir, devenue coupable elle-même, elle ne pourrait mettre à ses pieds son époux, sans le dégrader à nos yeux. La vicieuse intention de l'épouse brisant un lien respecté, l'on reprocherait justement à l'auteur d'avoir tracé des mœurs blâmables ; car nos jugements sur les mœurs se rapportent toujours aux femmes ; on n'estime pas assez les hommes pour tant exiger d'eux sur ce point délicat. Mais, loin qu'elle ait ce vil projet, ce qu'il y a de mieux établi dans l'ouvrage est que nul ne veut faire une tromperie au comte mais seulement l'empêcher d'en faire à tout le monde. C'est la pureté des motifs qui sauve ici les moyens du reproche ; et, de cela seul que la comtesse ne veut que ramener son mari, toutes les confusions qu'il éprouve sont certainement très morales, aucune n'est avilissante.

Pour que cette vérité vous frappe davantage, l'auteur oppose à ce mari peu délicat la plus vertueuse des femmes par goût et par principes.

Abandonnée d'un époux trop aimé, quand l'expose-t-on à vos regards ? Dans le moment critique où sa bienveillance pour un aimable enfant, son filleul, peut devenir un goût dangereux, si elle permet au ressentiment qui l'appuie de prendre trop d'empire sur elle. C'est pour faire mieux sortir l'amour vrai du devoir que l'auteur la met un moment aux prises avec un goût naissant qui le combat. Oh ! combien on s'est étayé de ce léger mouvement dramatique pour nous accuser d'indécence ! On accorde à la tragédie que toutes les reines, les princesses, aient des passions bien allumées qu'elles combattent plus ou moins, et l'on ne souffre pas que, dans la comédie, une femme ordinaire puisse lutter contre la moindre faiblesse ! Ô grande *influence de l'affiche* ! jugement sûr et conséquent ! Avec la différence du genre, on blâme ici ce qu'on approuvait là. Et cependant en ces deux cas c'est toujours le même principe : point de vertu sans sacrifice.

J'ose en appeler à vous, jeunes infortunées que votre malheur attache à des Almaviva ! Distingueriez-vous toujours votre vertu de vos chagrins, si quelque intérêt important, tendant trop à les dissiper, ne vous avertissait enfin qu'il est temps de combattre pour elle ? Le chagrin de perdre un mari n'est pas ici ce qui nous touche ; un regret aussi personnel est trop loin d'être une vertu! Ce qui nous plaît dans la comtesse, c'est de la voir lutter franchement contre un goût naissant qu'elle blâme et des ressentiments légitimes. Les efforts qu'elle fait alors pour ramener son infidèle époux, mettant dans le plus heureux jour les deux sacrifices pénibles de son goût et de sa colère, on n'a nul besoin d'y penser pour applaudir à son triomphe; elle est un modèle de vertu, l'exemple de son sexe et l'amour du nôtre.

Si cette métaphysique de l'honnêteté des scènes, si ce principe avoué de toute décence théâtrale n'a point frappé nos juges à la représentation, c'est vainement que j'en étendrais ici le développement, les conséquences; un tribunal d'iniquité n'écoute point les défenses de l'accusé qu'il est chargé de perdre; et ma comtesse n'est point traduite au parlement de la nation, c'est une commission qui la juge.

On a vu la légère esquisse de son aimable caractère dans la charmante pièce d'*Heureusement* [1]. Le goût naissant que la jeune femme éprouve pour son petit cousin l'officier n'y parut blâmable à personne, quoique la tournure des scènes pût laisser à penser que la soirée eût fini d'autre manière, si l'époux ne fût pas rentré, comme dit l'auteur, «heureusement». Heureusement aussi l'on n'avait pas le projet de calomnier cet auteur: chacun se livra de bonne foi à ce doux intérêt qu'inspire une jeune femme honnête et sensible qui réprime ses premiers goûts; et notez que dans cette pièce, l'époux ne paraît qu'un peu sot; dans la mienne il est infidèle; ma comtesse a plus de mérite.

Aussi, dans l'ouvrage que je défends, le plus véritable intérêt se porte-t-il sur la comtesse; le reste est dans le même esprit.

---

1. Comédie en un acte (1762) de Jacques Rochon de Chabannes (1730-1800).

Pourquoi Suzanne la camariste[1], spirituelle, adroite et rieuse, a-t-elle aussi le droit de nous intéresser ? C'est qu'attaquée par un séducteur puissant, avec plus d'avantage qu'il n'en faudrait pour vaincre une fille de son état, elle n'hésite pas à confier les intentions du comte aux deux personnes les plus intéressées à bien surveiller sa conduite : sa maîtresse et son fiancé ; c'est que, dans tout son rôle, presque le plus long de la pièce, il n'y a pas une phrase, un mot, qui ne respire la sagesse et l'attachement à ses devoirs. La seule ruse qu'elle se permette est en faveur de sa maîtresse, à qui son dévouement est cher, et dont tous les vœux sont honnêtes.

Pourquoi, dans ses libertés sur son maître, Figaro m'amuse-t-il, au lieu de m'indigner ? C'est que, l'opposé des valets, il n'est pas, et vous le savez, le malhonnête homme de la pièce : en le voyant forcé par son état de repousser l'insulte avec adresse, on lui pardonne tout, dès qu'on sait qu'il ne ruse avec son seigneur que pour garantir ce qu'il aime et sauver sa propriété.

Donc, hors le comte et ses agents, chacun fait dans la pièce à peu près ce qu'il doit. Si vous les croyez malhonnêtes parce qu'ils disent du mal les uns des autres, c'est une règle très fautive. Voyez nos honnêtes gens du siècle : on passe la vie à ne faire autre chose ! Il est même tellement reçu de déchirer sans pitié les absents que moi, qui les défends toujours, j'entends murmurer très souvent : « Quel diable d'homme, et qu'il est contrariant ! Il dit du bien de tout le monde ! »

Est-ce mon page, enfin, qui vous scandalise ? et l'immoralité qu'on reproche au fond de l'ouvrage serait-elle dans l'accessoire ? Ô censeurs délicats ! beaux esprits sans fatigue !

---

1. Camériste : Beaumarchais suit l'espagnol *camarista* pour son orthographe.

inquisiteurs pour la morale, qui condamnez en un clin d'œil les réflexions de cinq années! soyez justes une fois, sans tirer à conséquence[1]. Un enfant de treize ans, aux premiers battements du cœur, cherchant tout sans rien démêler, idolâtre, ainsi qu'on l'est à cet âge heureux, d'un objet céleste pour lui dont le hasard fit sa marraine, est-il un sujet de scandale? Aimé de tout le monde au château, vif, espiègle et brûlant, comme tous les enfants spirituels, par son agitation extrême, il dérange dix fois, sans le vouloir, les coupables projets du comte. Jeune adepte de la nature, tout ce qu'il voit a droit de l'agiter; peut-être il n'est plus un enfant, mais il n'est pas encore un homme, et c'est le moment que j'ai choisi pour qu'il obtînt de l'intérêt sans forcer personne à rougir. Ce qu'il éprouve innocemment, il l'inspire partout de même. Direz-vous qu'on l'aime d'amour? Censeurs! ce n'est pas là le mot: vous êtes trop éclairés pour ignorer que l'amour, même le plus pur, a un motif intéressé: on ne l'aime donc pas encore; on sent qu'un jour on l'aimera. Et c'est ce que l'auteur a mis, avec gaieté dans la bouche de Suzanne, quand elle dit à cet enfant: «Oh! dans trois ou quatre ans, je prédis que vous serez le plus grand petit vaurien!...»

Pour lui imprimer plus fortement le caractère de l'enfance, nous le faisons exprès tutoyer par Figaro. Supposez-lui deux ans de plus, quel valet dans le château prendrait ces libertés? Voyez-le à la fin de son rôle; à peine a-t-il un habit d'officier, qu'il porte la main à l'épée aux premières railleries du comte, sur le quiproquo d'un soufflet. Il sera fier, notre étourdi! mais c'est un enfant, rien de plus. N'ai-je pas vu nos dames, dans les loges, aimer mon page à la folie? Que lui voulaient-elles? hélas! rien: c'était de l'intérêt aussi;

---

1. Sans tirer de conclusions hâtives et défavorables.

mais, comme celui de la comtesse, un pur et naïf intérêt, un intérêt… sans intérêt.

Mais est-ce la personne du page ou la conscience du seigneur qui fait le tourment du dernier, toutes les fois que l'auteur les condamne à se rencontrer dans la pièce ? Fixez ce léger aperçu, il peut vous mettre sur sa voie ; ou plutôt apprenez de lui que cet enfant n'est amené que pour ajouter à la moralité de l'ouvrage, en vous montrant que l'homme le plus absolu chez lui, dès qu'il suit un projet coupable, peut être mis au désespoir par l'être le moins important, par celui qui redoute le plus de se rencontrer sur sa route.

Quand mon page aura dix-huit ans, avec le caractère vif et bouillant que je lui ai donné, je serai coupable, à mon tour, si je le montre sur la scène. Mais à treize ans qu'inspire-t-il ? quelque chose de sensible et doux qui n'est ni amitié ni amour, et qui tient un peu de tous deux.

J'aurais de la peine à faire croire à l'innocence de ces impressions, si nous vivions dans un siècle moins chaste, dans un de ces siècles de calcul où, voulant tout prématuré, comme les fruits de leurs serres chaudes, les grands mariaient leurs enfants à douze ans, et faisaient plier la nature, la décence et le goût aux plus sordides convenances, en se hâtant surtout d'arracher, de ces êtres non formés, des enfants encore moins formables dont le bonheur n'occupait personne et qui n'étaient que le prétexte d'un certain trafic d'avantages qui n'avait nul rapport à eux, mais uniquement à leur nom. Heureusement nous en sommes bien loin, et le caractère de mon page, sans conséquence pour lui-même, en a une relative au comte, que le moraliste aperçoit, mais qui n'a pas encore frappé le grand commun de nos jugeurs.

Ainsi, dans cet ouvrage, chaque rôle important a quelque

but moral. Le seul qui semble y déroger est le rôle de Marceline.

Coupable d'un ancien égarement, dont son Figaro fut le fruit, elle devrait, dit-on, se voir au moins punie par la confusion de sa faute, lorsqu'elle reconnaît son fils. L'auteur eût pu même en tirer une moralité plus profonde : dans les mœurs qu'il veut corriger, la faute d'une jeune fille séduite est celle des hommes, et non la sienne. Pourquoi donc ne l'a-t-il pas fait ?

Il l'a fait, censeurs raisonnables ! étudiez la scène suivante, qui faisait le nerf du troisième acte et que les Comédiens m'ont prié de retrancher, craignant qu'un morceau si sévère n'obscurcît la gaieté de l'action.

Quand Molière a bien humilié la coquette ou coquine du *Misanthrope*, par la lecture publique de ses lettres à tous ses amants, il la laisse avilie sous les coups qu'il lui a portés ; il a raison : qu'en ferait-il ? vicieuse par goût et par choix, veuve aguerrie, femme de cour, sans aucune excuse d'erreur, et fléau d'un fort honnête homme, il l'abandonne à nos mépris, et telle est sa moralité. Quant à moi, saisissant l'aveu naïf de Marceline au moment de la reconnaissance, je montrais cette femme humiliée et Bartholo qui la refuse, et Figaro, leur fils commun, dirigeant l'attention publique sur les vrais fauteurs du désordre où l'on entraîne sans pitié toutes les jeunes filles du peuple douées d'une jolie figure.

Telle est la marche de la scène.

> BRID'OISON, *parlant de Figaro qui vient de reconnaître sa mère en Marceline* : C'est clair : i-il ne l'épousera pas.
>
> BARTHOLO : Ni moi non plus.
>
> MARCELINE : Ni vous ! et votre fils ? Vous m'aviez juré…
>
> BARTHOLO : J'étais fou. Si pareils souvenirs engageaient, on serait tenu d'épouser tout le monde.

BRID'OISON : E-et si l'on y regardait de si près, pè-personne n'épouserait personne.

BARTHOLO : Des fautes si connues! une jeunesse déplorable!

MARCELINE, *s'échauffant par degrés* : Oui, déplorable, et plus qu'on ne croit! Je n'entends pas nier mes fautes, ce jour les a trop bien prouvées! mais qu'il est dur de les expier après trente ans d'une vie modeste! J'étais née, moi, pour être sage, et je la suis devenue sitôt qu'on m'a permis d'user de ma raison. Mais dans l'âge des illusions, de l'inexpérience et des besoins, où les séducteurs nous assiègent, pendant que la misère nous poignarde, que peut opposer une enfant à tant d'ennemis rassemblés? Tel nous juge ici sévèrement, qui, peut-être, en sa vie a perdu dix infortunées!

FIGARO : Les plus coupables sont les moins généreux; c'est la règle.

MARCELINE, *vivement* : Hommes plus qu'ingrats, qui flétrissez par le mépris les jouets de vos passions, vos victimes! c'est vous qu'il faut punir des erreurs de notre jeunesse; vous et vos magistrats, si vains du droit de nous juger, et qui nous laissent enlever, par leur coupable négligence, tout honnête moyen de subsister. Est-il un seul état pour les malheureuses filles? Elles avaient un droit naturel à toute la parure des femmes : on y laisse former mille ouvriers de l'autre sexe.

FIGARO, *en colère* : Ils font broder jusqu'aux soldats.

MARCELINE, *exaltée* : Dans les rangs même plus élevés, les femmes n'obtiennent de vous qu'une considération dérisoire; leurrées de respects apparents, dans une servitude réelle; traitées en mineures pour nos biens, punies en majeures pour nos fautes! ah, sous tous les aspects, votre conduite avec nous fait horreur ou pitié!

FIGARO : Elle a raison!

LE COMTE, *à part* : Que trop raison!

BRID'OISON : Elle a, mon-on Dieu! raison.

MARCELINE : Mais que nous font, mon fils, les refus d'un homme injuste? ne regarde pas d'où tu viens, vois où tu vas ; cela seul importe à chacun. Dans quelques mois, ta fiancée ne dépendra plus que d'elle-même ; elle t'acceptera, j'en réponds : vis entre une épouse, une mère tendres qui te chériront à qui mieux mieux. Sois indulgent pour elles, heureux pour toi, mon fils ; gai, libre et bon pour tout le monde : il ne manquera rien à ta mère.

FIGARO : Tu parles d'or, maman, et je me tiens à ton avis. Qu'on est sot, en effet ! il y a des mille, mille ans que le monde roule, et dans cet océan de durée où j'ai par hasard attrapé quelques chétifs trente ans qui ne reviendront plus, j'irais me tourmenter pour savoir à qui je les dois ! tant pis pour qui s'en inquiète ! Passer ainsi la vie à chamailler, c'est peser sur le collier sans relâche, comme les malheureux chevaux de la remonte des fleuves qui ne reposent pas, même quand ils s'arrêtent, et qui tirent toujours, quoiqu'ils cessent de marcher. Nous attendrons.

J'ai bien regretté ce morceau, et maintenant que la pièce est connue, si les Comédiens avaient le courage de le restituer à ma prière, je pense que le public leur en saurait beaucoup de gré. Ils n'auraient plus même à répondre, comme je fus forcé de le faire à certains censeurs du beau monde qui me reprochaient, à la lecture, de les intéresser pour une femme de mauvaises mœurs : « Non, messieurs, je n'en parle pas pour excuser ses mœurs, mais pour vous faire rougir des vôtres sur le point le plus destructeur de toute honnêteté publique : *la corruption des jeunes personnes* ; et j'avais raison de le dire, que vous trouvez ma pièce trop gaie, parce qu'elle est souvent trop sévère. Il n'y a que façon de s'entendre.

— Mais votre Figaro est un soleil tournant[1], qui brûle, en jaillissant, les manchettes de tout le monde. — Tout le monde est exagéré. Qu'on me sache gré du moins s'il ne

---

1. Pièce de feu d'artifice.

brûle pas aussi les doigts de ceux qui croient s'y reconnaître : au temps qui court, on a beau jeu sur cette matière
au théâtre. M'est-il permis de composer en auteur qui sort
du collège, de toujours faire rire des enfants sans jamais
rien dire à des hommes ? et ne devez-vous pas me passer
un peu de morale, en faveur de ma gaieté, comme on passe
aux Français un peu de folie, en faveur de leur raison ? »

Si je n'ai versé sur nos sottises qu'un peu de critique
badine, ce n'est pas que je ne sache en former de plus
sévères : quiconque a dit tout ce qu'il sait dans son ouvrage,
y a mis plus que moi dans le mien. Mais je garde une foule
d'idées qui me pressent pour un des sujets les plus moraux
du théâtre, aujourd'hui sur mon chantier : *La Mère coupable* ;
et si le dégoût dont on m'abreuve me permet jamais de
l'achever, mon projet étant d'y faire verser des larmes à
toutes les femmes sensibles, j'élèverai mon langage à la hauteur de mes situations, j'y prodiguerai les traits de la plus
austère morale, et je tonnerai fortement sur les vices que
j'ai trop ménagés. Apprêtez-vous donc bien, messieurs, à
me tourmenter de nouveau : ma poitrine a déjà grondé ; j'ai
noirci beaucoup de papier au service de votre colère.

Et vous, honnêtes indifférents, qui jouissez de tout sans
prendre parti sur rien, jeunes personnes modestes et
timides qui vous plaisez à ma *Folle Journée* (et je n'entreprends sa défense que pour justifier votre goût), lorsque
vous verrez dans le monde un de ces hommes tranchants
critiquer vaguement la pièce, tout blâmer sans rien désigner,
surtout la trouver indécente, examinez bien cet homme-là ;
sachez son rang, son état, son caractère, et vous connaîtrez
sur-le-champ le mot qui l'a blessé dans l'ouvrage.

On sent bien que je ne parle pas de ces écumeurs littéraires qui vendent leurs bulletins ou leurs affiches à tant de
liards le paragraphe. Ceux-là, comme l'abbé Bazile, peuvent
calomnier : *ils médiraient qu'on ne les croirait pas.*

Je parle moins encore de ces libellistes honteux qui n'ont trouvé d'autre moyen de satisfaire leur rage, l'assassinat étant trop dangereux, que de lancer du cintre de nos salles des vers infâmes contre l'auteur, pendant que l'on jouait sa pièce. Ils savent que je les connais ; si j'avais eu dessein de les nommer, ç'aurait été au ministère public : leur supplice est de l'avoir craint, il suffit à mon ressentiment. Mais on n'imaginera jamais jusqu'où ils ont osé élever les soupçons du public sur une aussi lâche épigramme ! semblables à ces vils charlatans du Pont-Neuf, qui, pour accréditer leurs drogues, farcissent d'ordres, de cordons, le tableau qui leur sert d'enseigne.

Non, je cite nos importants, qui, blessés, on ne sait pourquoi, des critiques semées dans l'ouvrage, se chargent d'en dire du mal, sans cesser de venir aux noces.

C'est un plaisir assez piquant de les voir d'en bas au spectacle, dans le très plaisant embarras de n'oser montrer ni satisfaction ni colère ; s'avançant sur le bord des loges, prêts à se moquer de l'auteur, et se retirant aussitôt pour celer un peu de grimace ; emportés par un mot de la scène, et soudainement rembrunis par le pinceau du moraliste ; au plus léger trait de gaieté, jouer tristement les étonnés, prendre un air gauche en faisant les pudiques et regardant les femmes dans les yeux, comme pour leur reprocher de soutenir un tel scandale ; puis, aux grands applaudissements, lancer sur le public un regard méprisant, dont il est écrasé ; toujours prêts à lui dire, comme ce courtisan dont parle Molière, lequel, outré du succès de *L'École des femmes*, criait des balcons au public : « Ris donc, public, ris donc ! » En vérité c'est un plaisir, et j'en ai joui bien des fois.

Celui-là m'en rappelle un autre. Le premier jour de *La Folle Journée*, on s'échauffait dans le foyer (même d'honnêtes plébéiens) sur ce qu'ils nommaient spirituellement « mon audace ». Un petit vieillard sec et brusque, impatienté de tous ces cris, frappe le plancher de sa canne et dit en s'en allant : « Nos Français sont comme les enfants, qui braillent quand on les éberne[1]. » Il avait du sens, ce vieillard. Peut-être on pouvait mieux parler, mais pour mieux penser, j'en défie.

Avec cette intention de tout blâmer, on conçoit que les traits les plus sensés ont été pris en mauvaise part. N'ai-je pas entendu vingt fois un murmure descendre des loges à cette réponse de Figaro :

> LE COMTE : Une réputation détestable !
>
> FIGARO : Et si je vaux mieux qu'elle ? y a-t-il beaucoup de seigneurs qui puissent en dire autant ?

Je dis, moi, qu'il n'y en a point ; qu'il ne saurait y en avoir, à moins d'une exception bien rare. Un homme obscur ou peu connu peut valoir mieux que sa réputation, qui n'est que l'opinion d'autrui. Mais de même qu'un sot en place en paraît une fois plus sot parce qu'il ne peut plus rien cacher, de même un grand seigneur, l'homme élevé en dignités, que la fortune et sa naissance ont placé sur le grand théâtre, et qui, en entrant dans le monde, eut toutes les préventions pour lui, vaut presque toujours moins que sa réputation s'il parvient à la rendre mauvaise. Une assertion si simple et si loin du sarcasme devait-elle exciter le murmure ? si son application paraît fâcheuse aux grands peu soigneux de leur gloire, en quel sens fait-elle épigramme sur ceux qui méritent nos respects ? et quelle maxime plus juste au théâtre peut servir de frein aux puissants et tenir lieu de leçon à ceux qui n'en reçoivent point d'autres ?

Non qu'il faille oublier (a dit un écrivain sévère, et je me plais à le citer, parce que je suis de son avis), « non qu'il

---

1. Ébrener ou éberner : nettoyer les langes salis des enfants.

faille oublier, dit-il, ce qu'on doit aux rangs élevés : il est juste au contraire que l'avantage de la naissance soit le moins contesté de tous, parce que ce bienfait gratuit de l'hérédité, relatif aux exploits, vertus ou qualités des aïeux de qui le reçut, ne peut aucunement blesser l'amour-propre de ceux auxquels il fut refusé ; parce que dans une monarchie, si l'on ôtait les rangs intermédiaires, il y aurait trop loin du monarque aux sujets ; bientôt on n'y verrait qu'un despote et des esclaves ; le maintien d'une échelle graduée du laboureur au potentat intéresse également les hommes de tous les rangs, et peut-être est le plus ferme appui de la constitution monarchique ».

Mais quel auteur parlait ainsi ? qui faisait cette profession de foi sur la noblesse, dont on me suppose si loin ? C'était Pierre-Augustin Caron de Beaumarchais, plaidant par écrit au parlement d'Aix, en 1778, une grande et sévère question qui décida bientôt de l'honneur d'un noble et du sien. Dans l'ouvrage que je défends, on n'attaque point les états, mais les abus de chaque état ; les gens seuls qui s'en rendent coupables ont intérêt à le trouver mauvais ; voilà les rumeurs expliquées ; mais quoi donc, les abus sont-ils devenus si sacrés qu'on n'en puisse attaquer aucun sans lui trouver vingt défenseurs ?

Un avocat célèbre, un magistrat respectable iront-ils donc s'approprier le plaidoyer d'un Bartholo, le jugement d'un Brid'oison ? Ce mot de Figaro sur l'indigne abus des plaidoiries de nos jours (« c'est dégrader le plus noble institut ») a bien montré le cas que je fais du noble métier d'avocat, et mon respect pour la magistrature ne sera pas plus suspecté, quand on saura dans quelle école j'en ai recherché la leçon, quand on lira le morceau suivant, aussi tiré d'un moraliste, lequel, parlant des magistrats, s'exprime en ces termes formels :

« Quel homme aisé voudrait, pour le plus modique honoraire, faire le métier cruel de se lever à quatre heures pour aller au Palais tous les jours s'occuper, sous des formes prescrites, d'intérêts qui ne sont jamais les siens; d'éprouver sans cesse l'ennui de l'importunité, le dégoût des sollicitations, le bavardage des plaideurs, la monotonie des audiences, la fatigue des délibérations et la contention d'esprit nécessaire aux prononcés des arrêts, s'il ne se croyait pas payé de cette vie laborieuse et pénible par l'estime et la considération publique? et cette estime est-elle autre chose qu'un jugement qui n'est même aussi flatteur pour les bons magistrats qu'en raison de sa rigueur excessive contre les mauvais?»

Mais quel écrivain m'instruisait ainsi par ses leçons? Vous allez croire encore que c'est Pierre-Augustin? Vous l'avez dit: c'est lui, en 1773, dans son quatrième Mémoire[1], en défendant jusqu'à la mort sa triste existence attaquée par un soi-disant magistrat. Je respecte donc hautement ce que chacun doit honorer, et je blâme ce qui peut nuire.

«Mais dans cette *Folle Journée*, au lieu de saper les abus, vous vous donnez des libertés très répréhensibles au théâtre; votre monologue surtout contient, sur les gens disgraciés, des traits qui passent la licence! — Eh! croyez-vous, messieurs, que j'eusse un talisman pour tromper, séduire, enchaîner la censure et l'autorité, quand je leur soumis mon ouvrage? que je n'aie pas dû justifier ce que j'avais osé écrire?» Que vais-je dire à Figaro, parlant à l'homme déplacé? «Que les sottises imprimées n'ont d'importance qu'aux lieux où l'on en gêne le cours.» Est-ce donc là une vérité d'une conséquence dangereuse? Au lieu de ces inquisitions puériles et fatigantes, et qui seules don-

---

1. Le plus fameux des *Mémoires contre Goëzman* (écrit plus précisément en 1774), du nom de l'avocat que Beaumarchais satirise.

nent de l'importance à ce qui n'en aurait jamais, si, comme
en Angleterre, on était assez sage ici pour traiter les sottises avec ce mépris qui les tue, loin de sortir du vil fumier
qui les enfante, elles y pourriraient en germant, et ne se
propageraient point. Ce qui multiplie les libelles est la faiblesse de les craindre ; ce qui fait vendre les sottises est la
sottise de les défendre.

Et comment conclut Figaro ? « Que sans la liberté de blâmer, il n'est point d'éloge flatteur ; et qu'il n'y a que les
petits hommes qui redoutent les petits écrits. » Sont-ce là
des hardiesses coupables, ou bien des aiguillons de gloire ?
des moralités insidieuses ou des maximes réfléchies, aussi
justes qu'encourageantes ?

Supposez-les le fruit des souvenirs. Lorsque, satisfait du
présent, l'auteur veille pour l'avenir, dans la critique du
passé, qui peut avoir droit de s'en plaindre ? et si, ne dési-
gnant ni temps, ni lieu, ni personnes, il ouvre la voie, au
théâtre, à des réformes désirables, n'est-ce pas aller à son
but ?

*La Folle Journ*ée explique donc comment, dans un temps
prospère, sous un roi juste et des ministres modérés, l'écrivain peut tonner sur les oppresseurs sans craindre de blesser personne. C'est pendant le règne d'un bon prince qu'on
écrit sans danger l'histoire des méchants rois ; et, plus le
gouvernement est sage, est éclairé, moins la liberté de dire
est en presse[1] ; chacun y faisant son devoir, on n'y craint
pas les allusions ; nul homme en place ne redoutant ce qu'il
est forcé d'estimer, on n'affecte point alors d'opprimer
chez nous cette même littérature, qui fait notre gloire au-
dehors et nous y donne une sorte de primauté que nous ne
pouvons tirer d'ailleurs.

---

1. Dans une situation difficile.

En effet, à quel titre y prétendrions-nous ? Chaque peuple tient à son culte et chérit son gouvernement. Nous ne sommes pas restés plus braves que ceux qui nous ont battus à leur tour. Nos mœurs plus douces, mais non meilleures, n'ont rien qui nous élève au-dessus d'eux. Notre littérature seule, estimée de toutes les nations, étend l'empire de la langue française et nous obtient de l'Europe entière une prédilection avouée qui justifie, en l'honorant, la protection que le gouvernement lui accorde.

Et comme chacun cherche toujours le seul avantage qui lui manque, c'est alors qu'on peut voir dans nos académies l'homme de la cour siéger avec les gens de lettres, les talents personnels et la considération héritée se disputer ce noble objet, et les archives académiques se remplir presque également de papiers et de parchemins.

Revenons à *La Folle Journée*.

Un monsieur de beaucoup d'esprit, mais qui l'économise un peu trop, me disait un soir au spectacle : « Expliquez-moi donc, je vous prie, pourquoi, dans votre pièce, on trouve autant de phrases négligées qui ne sont pas de votre style ? — De mon style, monsieur ? Si par malheur j'en avais un, je m'efforcerais de l'oublier quand je fais une comédie, ne connaissant rien d'insipide au théâtre comme ces fades camaïeux où tout est bleu, où tout est rose, où tout est l'auteur, quel qu'il soit. »

Lorsque mon sujet me saisit, j'évoque tous mes personnages et les mets en situation. « Songe à toi, Figaro, ton maître va te deviner. Sauvez-vous vite, Chérubin, c'est le comte que vous touchez. Ah ! comtesse, quelle imprudence, avec un époux si violent ! » Ce qu'ils diront, je n'en sais rien ; c'est ce qu'ils feront qui m'occupe. Puis, quand ils sont bien animés, j'écris sous leur dictée rapide, sûr qu'ils ne me tromperont pas, que je reconnaîtrai Bazile, lequel n'a pas l'esprit de Figaro, qui n'a pas le ton noble du comte, qui n'a pas la sensibilité de la comtesse, qui n'a pas la gaieté de Suzanne, qui n'a pas l'espièglerie du page, et surtout aucun d'eux la sublimité de Brid'oison. Chacun y parle son langage: eh! que le dieu du naturel les préserve d'en parler d'autre! Ne nous attachons donc qu'à l'examen de leurs idées, et non à rechercher si j'ai dû leur prêter mon style.

Quelques malveillants ont voulu jeter de la défaveur sur cette phrase de Figaro: «Sommes-nous des soldats qui tuent et se font tuer pour des intérêts qu'ils ignorent? Je veux savoir, moi, pourquoi je me fâche.» À travers le nuage d'une conception indigeste ils ont feint d'apercevoir *que je répands une lumière décourageante sur l'état pénible du soldat, et il y a des choses qu'il ne faut jamais dire.* Voilà dans toute sa force l'argument de la méchanceté; reste à en prouver la bêtise.

Si, comparant la dureté du service à la modicité de la paye, ou discutant tel autre inconvénient de la guerre et comptant la gloire pour rien, je versais de la défaveur sur ce plus noble des affreux métiers, on me demanderait justement compte d'un mot indiscrètement échappé. Mais, du soldat au colonel, au général exclusivement, quel imbécile homme de guerre a jamais eu la prétention qu'il dût pénétrer les secrets du cabinet pour lesquels il fait la campagne? C'est de cela seul qu'il s'agit dans la phrase de Figaro. Que ce fou-là se montre, s'il existe; nous l'enverrons étudier sous le philosophe Babouc, lequel éclaircit disertement ce point de discipline militaire[1].

En raisonnant sur l'usage que l'homme fait de sa liberté dans les occasions difficiles, Figaro pouvait également opposer à sa situation tout état qui exige une obéissance implicite; et le cénobite zélé, dont le devoir est de tout croire

---

1. Référence au conte de Voltaire *Le Monde comme il va.*

sans jamais rien examiner, comme le guerrier valeureux, dont la gloire est de tout affronter sur des ordres non motivés, de *tuer et se faire tuer pour des intérêts qu'il ignore.* Le mot de Figaro ne dit donc rien, sinon qu'un homme libre de ses actions doit agir sur d'autres principes que ceux dont le devoir est d'obéir aveuglément.

Qu'aurait-ce été, bon Dieu! si j'avais fait usage d'un mot qu'on attribue au Grand Condé, et que j'entends louer à outrance par ces mêmes logiciens qui déraisonnent sur ma phrase? À les croire, le Grand Condé montra la plus noble présence d'esprit, lorsque arrêtant Louis XIV prêt à pousser son cheval dans le Rhin, il dit à ce monarque: «Sire, avez-vous besoin du bâton de maréchal?»

Heureusement on ne prouve nulle part que ce grand homme ait dit cette grande sottise. C'eût été dire au roi, devant toute son armée: «Vous moquez-vous donc, Sire, de vous exposer dans un fleuve? Pour courir de pareils dangers, il faut avoir besoin d'avancement ou de fortune!»

Ainsi l'homme le plus vaillant, le plus grand général du siècle, aurait compté pour rien l'honneur, le patriotisme et la gloire! un misérable calcul d'intérêt eût été, selon lui, le seul principe de la bravoure! il eût dit là un affreux mot! et si j'en avais pris le sens pour l'enfermer dans quelque trait, je mériterais le reproche qu'on fait gratuitement au mien.

Laissons donc les cerveaux fumeux louer ou blâmer, au hasard, sans se rendre compte de rien, s'extasier sur une sottise qui n'a pu jamais être dite, et proscrire un mot juste et simple qui ne montre que du bon sens.

Un autre reproche assez fort, mais dont je n'ai pu me laver, est d'avoir assigné pour retraite à la comtesse un certain couvent d'Ursulines. «Ursulines!» a dit un seigneur, joignant les mains avec éclat; «Ursulines!» a dit une dame en se renversant de surprise sur un jeune Anglais de sa loge; «"Ursulines!" ah Milord! si vous entendiez le français!... — Je sens, je sens beaucoup, madame, dit le jeune homme en rougissant. — C'est qu'on n'a jamais mis au théâtre aucune femme aux "Ursulines"! Abbé, parlez-nous donc! L'abbé (toujours appuyée sur l'Anglais), comment trouvez-vous "Ursulines"? — Fort indécent», répond l'abbé sans cesser de lorgner Suzanne. Et tout le beau monde a répété: «"Ursulines" est fort indécent.» Pauvre auteur! on te croit jugé, quand chacun songe à son affaire. En vain j'essayais d'établir que dans l'événement de la scène, moins la comtesse a dessein de se cloîtrer, plus elle doit le feindre et faire croire à son époux que sa retraite est bien choisie; ils ont proscrit mes «Ursulines»!

Dans le plus fort de la rumeur, moi, bon homme, j'avais été jusqu'à prier une des actrices qui font le charme de ma pièce de demander aux mécontents à quel autre couvent de filles ils estimaient qu'il fût *décent* que l'on fît entrer la comtesse? À moi, cela m'était égal, je l'aurais mise où l'on aurait voulu: aux Augustines, aux Célestines, aux Clairettes, aux Visitandines, même aux Petites Cordelières, tant je tiens peu aux Ursulines! Mais on agit si durement!

Enfin, le bruit croissant toujours, pour arranger l'affaire avec douceur, j'ai laissé le mot «Ursulines» à la place où je l'avais mis: chacun alors, content de soi, de tout l'esprit qu'il avait montré, s'est apaisé sur «Ursulines», et l'on a parlé d'autre chose.

Je ne suis point, comme l'on voit, l'ennemi de mes ennemis. En disant bien du mal de moi ils n'en ont point fait à ma pièce, et s'ils sentaient seulement autant de joie à la déchirer que j'eus de plaisir à la faire, il n'y aurait personne d'affligé. Le malheur est qu'ils ne rient point; et ils ne rient point à ma pièce parce qu'on ne rit point à la leur. Je connais plusieurs amateurs qui sont même beaucoup maigris depuis le succès du *Mariage*: excusons donc l'effet de leur colère.

À des moralités d'ensemble et de détail, répandues dans les flots d'une inaltérable gaieté, à un dialogue assez vif dont la facilité nous cache le travail, si l'auteur a joint une intrigue aisément filée, où l'art se dérobe sous l'art, qui se noue et se dénoue sans cesse à travers une foule de situations comiques, de tableaux piquants et variés qui soutiennent, sans la fatiguer, l'attention du public pendant les trois heures et demie que dure le même spectacle (essai que nul homme de lettres n'avait encore osé tenter!), que restait-il à faire à de pauvres méchants que tout cela irrite? attaquer, poursuivre l'auteur par des injures verbales, manuscrites, imprimées: c'est ce qu'on a fait sans relâche. Ils ont même épuisé jusqu'à la calomnie pour tâcher de me perdre dans l'esprit de tout ce qui influe en France sur le repos d'un citoyen. Heureusement que mon ouvrage est sous les yeux de la nation, qui depuis dix grands mois le voit, le juge et l'apprécie. Le laisser jouer tant qu'il fera plaisir est la seule vengeance que je me sois permise. Je n'écris point ceci pour les lecteurs actuels; le récit d'un mal trop connu touche peu; mais dans quatre-vingts ans il portera son fruit. Les auteurs de ce temps-là compareront leur sort au nôtre, et nos enfants sauront à quel prix on pouvait amuser leurs pères.

Allons au fait; ce n'est pas tout cela qui blesse. Le vrai motif qui se cache et qui dans les replis du cœur produit tous les autres reproches, est renfermé dans ce quatrain:

> Pourquoi ce Figaro qu'on va tant écouter
> Est-il avec fureur déchiré par les sots?
> *Recevoir, prendre et demander:*
> *Voilà le secret en trois mots.*

En effet, Figaro, parlant du métier de courtisan, le définit dans ces termes sévères. Je ne puis le nier, je l'ai dit. Mais reviendrai-je sur ce point ? Si c'est un mal, le remède serait pire : il faudrait poser méthodiquement ce que je n'ai fait qu'indiquer, revenir à montrer qu'il n'y a point de synonyme en français entre *l'homme de la cour, l'homme de cour*, et *le courtisan par métier*.

Il faudrait répéter qu'*homme de la cour* peint seulement un noble état ; qu'il s'entend de l'homme de qualité vivant avec la noblesse et l'éclat que son rang lui impose ; que, si cet *homme de la cour* aime le bien par goût, sans intérêt, si, loin de jamais nuire à personne, il se fait estimer de ses maîtres, aimer de ses égaux et respecter des autres, alors cette acception reçoit un nouveau lustre, et j'en connais plus d'un que je nommerais avec plaisir s'il en était question.

Il faudrait montrer qu'*homme de cour*, en bon français, est moins l'énoncé d'un état que le résumé d'un caractère adroit, liant, mais réservé, pressant la main de tout le monde en glissant chemin à travers, menant finement son intrigue avec l'air de toujours servir, ne se faisant point d'ennemis, mais donnant, près d'un fossé, dans l'occasion, de l'épaule au meilleur ami pour assurer sa chute et le remplacer sur la crête, laissant à part tout préjugé qui pourrait ralentir sa marche, souriant à ce qui lui déplaît et critiquant ce qu'il approuve, selon les hommes qui l'écoutent ; dans les liaisons utiles de sa femme ou de sa maîtresse, ne voyant que ce qu'il doit voir, enfin...

> Prenant tout, pour le faire court,
> En véritable homme de cour.

LA FONTAINE.

Cette acception n'est pas aussi défavorable que celle du *courtisan par métier*, et c'est l'homme dont parle Figaro.

Mais, quand j'étendrais la définition de ce dernier, quand,

parcourant tous les possibles, je le montrerais avec son maintien équivoque, haut et bas à la fois, rampant avec orgueil,
ayant toutes les prétentions sans en justifier une, se donnant l'air du *protègement* [1] pour se faire chef de parti, déni-
grant tous les concurrents qui balanceraient son crédit,
faisant un métier lucratif de ce qui ne devrait qu'honorer,
vendant ses maîtresses à son maître, lui faisant payer ses
plaisirs, etc., etc., et quatre pages d'etc., il faudrait toujours
revenir au distique de Figaro : « Recevoir, prendre et demander : voilà le secret en trois mots. »

Pour ceux-ci, je n'en connais point ; il y en eut, dit-on,
sous Henri III, sous d'autres rois encore, mais c'est l'affaire
de l'historien ; et, quant à moi, je suis d'avis que les vicieux
du siècle en sont comme les saints : qu'il faut cent ans pour
les canoniser. Mais, puisque j'ai promis la critique de ma
pièce, il faut enfin que je la donne.

En général son grand défaut est *que je ne l'ai point faite en
observant le monde ; qu'elle ne peint rien de ce qui existe et ne
rappelle jamais l'image de la société où l'on vit ; que ses mœurs
basses et corrompues n'ont pas même le mérite d'être vraies*. Et
c'est ce qu'on lisait dernièrement dans un beau discours
imprimé, composé par un homme de bien, auquel il n'a manqué qu'un peu d'esprit pour être un écrivain médiocre [2].
Mais, médiocre ou non, moi qui ne fis jamais usage de cette
allure oblique et torse avec laquelle un sbire qui n'a pas l'air
de vous regarder vous donne du stylet au flanc, je suis de
l'avis de celui-ci. Je conviens qu'à la vérité, la génération
passée ressemblait beaucoup à ma pièce, que la génération

---

1. Néologisme de Beaumarchais, plus expressif que *protection*, qui a
ici une valeur politique.
2. Beaumarchais vise Jean-Baptiste Suard (1732-1817), ancien « philosophe » mais censeur très sévère de la pièce, notamment dans son
discours à l'Académie française le 15 juin 1784.

future lui ressemblera beaucoup aussi ; mais que, pour la génération présente, elle ne lui ressemble aucunement ; que je n'ai jamais rencontré ni mari suborneur, ni seigneur libertin, ni courtisan avide, ni juge ignorant ou passionné, ni avocat injuriant, ni gens médiocres avancés, ni traducteur bassement jaloux ; et que, si des âmes pures, qui ne s'y reconnaissent point du tout, s'irritent contre ma pièce et la déchirent sans relâche, c'est uniquement par respect pour leurs grands-pères et sensibilité pour leurs petits-enfants. J'espère, après cette déclaration, qu'on me laissera bien tranquille ; ET J'AI FINI.

Caractères et habillements
de la pièce

LE COMTE ALMAVIVA doit être joué très noblement, mais avec grâce et liberté. La corruption du cœur ne doit rien ôter au *bon ton* de ses manières. Dans les mœurs *de ce temps-là*, les grands traitaient en badinant toute entreprise sur les femmes. Ce rôle est d'autant plus pénible à bien rendre que le personnage est toujours sacrifié. Mais, joué par un comédien excellent (M. Molé), il a fait ressortir tous les rôles et assuré le succès de la pièce.

Son vêtement du premier et second acte est un habit de chasse, avec des bottines à mi-jambe de l'ancien costume espagnol. Du troisième acte jusqu'à la fin, un habit superbe de ce costume.

LA COMTESSE, agitée de deux sentiments contraires, ne doit montrer qu'une sensibilité réprimée, ou une colère très modérée ; rien surtout qui dégrade aux yeux du spectateur son caractère aimable et vertueux. Ce rôle, un des plus difficiles de la pièce, a fait infiniment d'honneur au grand talent de Mlle Saint-Val cadette.

Son vêtement du premier, second et quatrième acte est une lévite[1] commode, et nul ornement sur la tête : elle est

_____

1. Robe longue d'intérieur.

chez elle et censée incommodée. Au cinquième acte, elle a l'habillement et la haute coiffure de Suzanne.

FIGARO. L'on ne peut trop recommander à l'acteur qui jouera ce rôle de bien se pénétrer de son esprit, comme l'a fait M. Dazincourt. S'il y voyait autre chose que de la raison assaisonnée de gaieté et de saillies, surtout s'il y mettait la moindre charge, il avilirait un rôle que le premier comique du théâtre, M. Préville [1], a jugé devoir honorer le talent de tout comédien qui saurait en saisir les nuances multipliées et pourrait s'élever à son entière conception.

Son vêtement comme dans *Le Barbier de Séville*.

SUZANNE. Jeune personne adroite, spirituelle et rieuse, mais non de cette gaieté presque effrontée de nos soubrettes corruptrices ; son joli caractère est dessiné dans la préface, et c'est là que l'actrice qui n'a point vu Mlle Contat doit l'étudier pour le bien rendre.

Son vêtement des quatre premiers actes est un juste blanc à basquines [2], très élégant, la jupe de même, avec une toque appelée depuis par nos marchandes : « à la Suzanne ». Dans la fête du quatrième acte, le comte lui pose sur la tête une toque à long voile, à hautes plumes et à rubans blancs. Elle porte au cinquième acte la lévite de sa maîtresse, et nul ornement sur la tête.

MARCELINE est une femme d'esprit, née un peu vive, mais dont les fautes et l'expérience ont réformé le carac-

---

1. Acteur de la Comédie-Française et ami de Beaumarchais. Il avait tenu le rôle de Figaro dans *Le Barbier de Séville* en 1775. Pour *Le Mariage de Figaro*, en 1784, à soixante-trois ans, il se contenta de celui de Brid'oison.
2. Corsage étroit à petites basques.

tère. Si l'actrice qui le joue s'élève avec une fierté bien placée à la hauteur très morale qui suit la reconnaissance du troisième acte, elle ajoutera beaucoup à l'intérêt de l'ouvrage.

Son vêtement est celui des duègnes espagnoles, d'une couleur modeste, un bonnet noir sur la tête.

ANTONIO ne doit montrer qu'une demi-ivresse qui se dissipe par degrés, de sorte qu'au cinquième acte on n'en aperçoive presque plus.

Son vêtement est celui d'un paysan espagnol, où les manches pendent par-derrière ; un chapeau et des souliers blancs.

FANCHETTE est une enfant de douze ans, très naïve. Son petit habit est un juste brun avec des ganses et des boutons d'argent, la jupe de couleur tranchante, et une toque noire à plumes sur la tête. Il sera celui des autres paysannes de la noce.

CHÉRUBIN. Ce rôle ne peut être joué, comme il l'a été, que par une jeune et très jolie femme ; nous n'avons point à nos théâtres de très jeune homme assez formé pour en bien sentir les finesses. Timide à l'excès devant la comtesse, ailleurs un charmant polisson, un désir inquiet et vague est le fond de son caractère. Il s'élance à la puberté mais sans projet, sans connaissances, et tout entier à chaque événement ; enfin il est ce que toute mère, au fond du cœur, voudrait peut-être que fût son fils, quoiqu'elle dût beaucoup en souffrir.

Son riche vêtement, aux premier et second actes, est celui d'un page de cour espagnol, blanc et brodé d'argent ; le léger manteau bleu sur l'épaule, et un chapeau chargé de plumes. Au quatrième acte, il a le corset, la jupe et la toque des jeunes paysannes qui l'amènent. Au cinquième acte, un habit uniforme d'officier, une cocarde et une épée.

BARTHOLO. Le caractère et l'habit comme dans *Le Barbier de Séville*; il n'est ici qu'un rôle secondaire.

BAZILE. Caractère et vêtement comme dans *Le Barbier de Séville*; il n'est aussi qu'un rôle secondaire.

BRID'OISON doit avoir cette bonne et franche assurance des bêtes qui n'ont plus leur timidité. Son bégaiement n'est qu'une grâce de plus qui doit être à peine sentie, et l'acteur se tromperait lourdement et jouerait à contresens s'il y cherchait le plaisant de son rôle. Il est tout entier dans l'opposition de la gravité de son état au ridicule du caractère; et moins l'acteur le chargera, plus il montrera de vrai talent.

Son habit est une robe de juge espagnol, moins ample que celle de nos procureurs, presque une soutane; une grosse perruque, une gonille ou rabat espagnol au col, et une longue baguette blanche à la main.

DOUBLE-MAIN. Vêtu comme le juge, mais la baguette blanche plus courte.

L'HUISSIER OU ALGUAZIL. Habit, manteau, épée de Crispin [1], mais portée à son côté sans ceinture de cuir. Point de bottines, une chaussure noire, une perruque blanche naissante [2] et longue à mille boucles, une courte baguette blanche.

---

1. Crispin, personnage de valet dans la Comédie-Italienne, arborait une rapière tenue par un baudrier.
2. Perruque qui imite les «cheveux naissants», c'est-à-dire des cheveux frisés en long.

GRIPPE-SOLEIL. Habit de paysan, les manches pendantes ; veste de couleur tranchée, chapeau blanc.

UNE JEUNE BERGÈRE. Son vêtement comme celui de Fanchette.

PÉDRILLE. En veste, gilet, ceinture, fouet et bottes de poste, une réçille sur la tête, chapeau de courrier.

PERSONNAGES MUETS, les uns en habits de juges, d'autres en habits de paysans, les autres en habits de livrée.

PERSONNAGES

LE COMTE ALMAVIVA, grand corrégidor[1] d'Andalousie

LA COMTESSE, sa femme

FIGARO, valet de chambre du comte, et concierge[2] du château

SUZANNE, première camariste de la comtesse, et fiancée de Figaro

MARCELINE, femme de charge[3]

ANTONIO, jardinier du château, oncle de Suzanne et père de Fanchette

FANCHETTE, fille d'Antonio

CHÉRUBIN, premier page du comte

BARTHOLO, médecin de Séville

BAZILE, maître de clavecin de la comtesse

DON GUSMAN BRID'OISON, lieutenant du siège

DOUBLE-MAIN, greffier, secrétaire de don Gusman

UN HUISSIER-AUDIENCIER

GRIPPE-SOLEIL, jeune pastoureau[4]

UNE JEUNE BERGÈRE

PÉDRILLE, piqueur du comte

---

1. Premier officier de justice.
2. Au sens d'*intendant*.
3. Femme qui s'occupe du linge et de la vaisselle.
4. Petit pasteur.

TROUPE DE VALETS }
TROUPE DE PAYSANNES } personnages muets
TROUPE DE PAYSANS }

> *La scène est au château d'Aguas-Frescas,*
> *à trois lieues de Séville.*

PLACEMENT DES ACTEURS

Pour faciliter les jeux du théâtre, on a eu l'attention d'écrire au commencement de chaque scène le nom des personnages dans l'ordre où le spectateur les voit. S'ils font quelque mouvement grave dans la scène, il est désigné par un nouvel ordre de noms, écrit en marge à l'instant qu'il arrive. Il est important de conserver les bonnes positions théâtrales ; le relâchement dans la tradition donnée par les premiers acteurs en produit bientôt un total dans le jeu des pièces, qui finit par assimiler les troupes négligentes aux plus faibles comédiens de société.

Acte I

Le théâtre représente une chambre à demi démeublée; un grand fauteuil de malade est au milieu. Figaro, avec une toise, mesure le plancher. Suzanne attache à sa tête, devant une glace, le petit bouquet de fleurs d'orange appelé chapeau de la mariée.

Scène I

FIGARO, SUZANNE ·

FIGARO: Dix-neuf pieds sur vingt-six.

SUZANNE: Tiens, Figaro, voilà mon petit chapeau; le trouves-tu mieux ainsi?

FIGARO *lui prend les mains*: Sans comparaison, ma charmante. Oh! que ce joli bouquet virginal, élevé sur la tête d'une belle fille, est doux, le matin des noces, à l'œil amoureux d'un époux!...

SUZANNE *se retire*: Que mesures-tu donc là, mon fils?

FIGARO: Je regarde, ma petite Suzanne, si ce beau lit que Monseigneur nous donne aura bonne grâce ici.

SUZANNE : Dans cette chambre ?

FIGARO : Il nous la cède.

SUZANNE : Et moi je n'en veux point.

FIGARO : Pourquoi ?

15 SUZANNE : Je n'en veux point.

FIGARO : Mais encore ?

SUZANNE : Elle me déplaît.

FIGARO : On dit une raison.

SUZANNE : Si je n'en veux pas dire ?

20 FIGARO : Oh ! quand elles sont sûres de nous !

SUZANNE : Prouver que j'ai raison serait accorder que je puis avoir tort. Es-tu mon serviteur, ou non ?

FIGARO : Tu prends de l'humeur contre la chambre du château la plus commode, et qui tient le milieu des deux 25 appartements. La nuit, si Madame est incommodée, elle sonnera de son côté ; zeste[1] ! en deux pas tu es chez elle. Monseigneur veut-il quelque chose ? il n'a qu'à tinter du sien ; crac ! en trois sauts me voilà rendu.

SUZANNE : Fort bien ! mais quand il aura « tinté » le 30 matin pour te donner quelque bonne et longue commission, zeste ! en deux pas, il est à ma porte, et crac ! en trois sauts...

FIGARO : Qu'entendez-vous par ces paroles ?

SUZANNE : Il faudrait m'écouter tranquillement.

35 FIGARO : Eh qu'est-ce qu'il y a ? bon Dieu !

SUZANNE : Il y a, mon ami, que las de courtiser les beautés des environs, M. le comte Almaviva veut rentrer au château, mais non pas chez sa femme ; c'est sur la tienne, entends-tu, qu'il a jeté ses vues, auxquelles il espère que ce 40 logement ne nuira pas. Et c'est ce que le loyal Bazile, hon-

---

1. Interjection qui marque la rapidité.

nête agent de ses plaisirs et mon noble maître à chanter, me répète chaque jour en me donnant leçon.

FIGARO : Bazile ! ô mon mignon ! si jamais volée de bois vert appliquée sur une échine a dûment redressé la moelle
45 épinière à quelqu'un…

SUZANNE : Tu croyais, bon garçon ! que cette dot qu'on me donne était pour les beaux yeux de ton mérite ?

FIGARO : J'avais assez fait pour l'espérer.

SUZANNE : Que les gens d'esprit sont bêtes !
50 FIGARO : On le dit.

SUZANNE : Mais c'est qu'on ne veut pas le croire !

FIGARO : On a tort.

SUZANNE : Apprends qu'il la destine à obtenir de moi, secrètement, certain quart d'heure, seul à seule, qu'un
55 ancien droit du seigneur… Tu sais s'il était triste !

FIGARO : Je le sais tellement que, si monsieur le comte, en se mariant, n'eût pas aboli ce droit honteux, jamais je ne t'eusse épousée dans ses domaines.

SUZANNE : Eh bien ! s'il l'a détruit, il s'en repent ; et
60 c'est de ta fiancée qu'il veut le racheter en secret aujourd'hui.

FIGARO, *se frottant la tête* : Ma tête s'amollit de surprise ; et mon front fertilisé…

SUZANNE : Ne le frotte donc pas !

FIGARO : Quel danger ?
65 SUZANNE, *riant* : S'il y venait un petit bouton… Des gens superstitieux…

FIGARO : Tu ris, friponne ! Ah ! s'il y avait moyen d'attraper ce grand trompeur, de le faire donner dans un bon piège, et d'empocher son or !
70 SUZANNE : De l'intrigue et de l'argent ; te voilà dans ta sphère.

FIGARO : Ce n'est pas la honte qui me retient.

SUZANNE : La crainte ?

FIGARO : Ce n'est rien d'entreprendre une chose dan-
75 gereuse, mais d'échapper[1] au péril en la menant à bien : car,
d'entrer chez quelqu'un la nuit, de lui souffler sa femme et
d'y recevoir cent coups de fouet pour la peine, il n'est rien
plus aisé ; mille sots coquins l'ont fait. Mais…

On sonne de l'intérieur.

SUZANNE : Voilà Madame éveillée ; elle m'a bien recom-
80 mandé d'être la première à lui parler le matin de mes noces.

FIGARO : Y a-t-il encore quelque chose là-dessous ?

SUZANNE : Le berger dit que cela porte bonheur aux
épouses délaissées. Adieu, mon petit Fi, Fi, Figaro. Rêve à
notre affaire.

85 FIGARO : Pour m'ouvrir l'esprit, donne un petit baiser.

SUZANNE : À mon amant[2] aujourd'hui ? Je t'en souhaite ! Et qu'en dirait demain mon mari ?

Figaro l'embrasse.

SUZANNE : Hé bien ! hé bien !

FIGARO : C'est que tu n'as pas d'idée de mon amour.

90 SUZANNE, se *défripant* : Quand cesserez-vous, impor-
tun, de m'en parler du matin au soir ?

FIGARO, *mystérieusement* : Quand je pourrai te le prouver du soir jusqu'au matin.

On sonne une seconde fois.

SUZANNE, *de loin, les doigts unis sur sa bouche* : Voilà
95 votre baiser, monsieur ; je n'ai plus rien à vous.

---

1. Formulation elliptique, comprendre : « Ce n'est rien […] mais
ce qui est beau c'est d'échapper […] ».
2. Au sens de celui qu'on aime, fiancé.

FIGARO *court après elle*: Oh! mais ce n'est pas ainsi que vous l'avez reçu…

Scène 2

FIGARO, *seul.*

La charmante fille! toujours riante, verdissante, pleine de gaieté, d'esprit, d'amour et de délices! mais sage!… *(Il* 100 *marche vivement en se frottant les mains.)* Ah, monseigneur! mon cher monseigneur! vous voulez m'en donner… à garder[1]? Je cherchais aussi pourquoi, m'ayant nommé concierge, il m'emmène à son ambassade et m'établit courrier de dépêches. J'entends, monsieur le comte: trois promotions 105 à la fois; vous, compagnon ministre[2]; moi, casse-cou politique, et Suzon, dame du lieu, l'ambassadrice de poche; et puis fouette courrier! pendant que je galoperais d'un côté, vous feriez faire de l'autre à ma belle un joli chemin! Me crottant, m'échinant pour la gloire de votre famille; vous, 110 daignant concourir à l'accroissement de la mienne! Quelle douce réciprocité! Mais, monseigneur, il y a de l'abus. Faire à Londres, en même temps, les affaires de votre maître et celles de votre valet! représenter à la fois le roi et moi, dans une cour étrangère, c'est trop de moitié, c'est trop. 115 Pour toi, Bazile! fripon mon cadet! je veux t'apprendre à clocher devant les boiteux; je veux… non, dissimulons avec eux pour les enferrer l'un par l'autre. Attention sur la journée, monsieur Figaro! D'abord avancer l'heure de votre

---

1. Tromper, duper.
2. Tournure plaisante pour parler de quelqu'un qui entre dans la carrière diplomatique.

petite fête, pour épouser plus sûrement; écarter une Mar-
120 celine qui de vous est friande en diable; empocher l'or et
les présents; donner le change aux petites passions de
Monsieur le comte; étriller rondement monsieur du Bazile
et...

Scène 3

MARCELINE, BARTHOLO, FIGARO

FIGARO *s'interrompt*: ... Héééé, voilà le gros docteur, la
125 fête sera complète. Hé, bonjour, cher docteur de mon cœur.
Est-ce ma noce avec Suzon qui vous attire au château?

BARTHOLO, *avec dédain*: Ah! mon cher monsieur,
point du tout.

FIGARO: Cela serait bien généreux!

130 BARTHOLO: Certainement, et par trop sot.

FIGARO: Moi qui eus le malheur de troubler la vôtre!

BARTHOLO: Avez-vous autre chose à nous dire?

FIGARO: On n'aura pas pris soin de votre mule!

BARTHOLO, *en colère*: Bavard enragé! laissez-nous.

135 FIGARO: Vous vous fâchez, docteur? les gens de votre
état sont bien durs! pas plus de pitié des pauvres animaux... en vérité... que si c'était des hommes! Adieu, Marceline: avez-vous toujours envie de plaider contre moi?

Pour n'aimer pas, faut-il qu'on se haïsse[1]?

---

1. Vers tiré de *Nanine* (acte III, sc. 6, v. 1256), comédie «attendris-
sante» de Voltaire (1749).

140   Je m'en rapporte au docteur.

BARTHOLO : Qu'est-ce que c'est ?

FIGARO : Elle vous le contera de reste.

Il sort.

Scène 4

MARCELINE, BARTHOLO

BARTHOLO *le regarde aller* : Ce drôle est toujours le
même ! et à moins qu'on ne l'écorche vif, je prédis qu'il
145 mourra dans la peau du plus fier insolent...

MARCELINE *le retourne* : Enfin vous voilà donc, éternel
docteur ? toujours si grave et compassé qu'on pourrait
mourir en attendant vos secours, comme on s'est marié
jadis malgré vos précautions.

150   BARTHOLO : Toujours amère et provocante ! Eh bien,
qui[1] rend donc ma présence au château si nécessaire ? Monsieur le comte a-t-il eu quelque accident ?

MARCELINE : Non, docteur.

BARTHOLO : La Rosine, sa trompeuse comtesse, est-
155 elle incommodée, Dieu merci ?

MARCELINE : Elle languit.

BARTHOLO : Et de quoi ?

MARCELINE : Son mari la néglige.

BARTHOLO, *avec joie* : Ah, le digne époux qui me venge !

160   MARCELINE : On ne sait comment définir le comte ; il
est jaloux et libertin.

---

1. Qu'est-ce qui...

BARTHOLO : Libertin par ennui, jaloux par vanité ; cela
va sans dire.

MARCELINE : Aujourd'hui, par exemple, il marie notre
165 Suzanne à son Figaro qu'il comble en faveur de cette union…

BARTHOLO : Que Son Excellence a rendue nécessaire !

MARCELINE : Pas tout à fait ; mais dont Son Excellence
voudrait égayer en secret l'événement avec l'épousée…

BARTHOLO : De M. Figaro ? C'est un marché qu'on peut
170 conclure avec lui.

MARCELINE : Bazile assure que non.

BARTHOLO : Cet autre maraud loge ici ? C'est une
caverne[1] ! Eh, qu'y fait-il ?

MARCELINE : Tout le mal dont il est capable. Mais le pis
175 que j'y trouve est cette ennuyeuse passion qu'il a pour moi
depuis si longtemps.

BARTHOLO : Je me serais débarrassée vingt fois de sa
poursuite.

MARCELINE : De quelle manière ?
180 BARTHOLO : En l'épousant.

MARCELINE : Railleur fade et cruel, que ne vous débar-
rassez-vous de la mienne à ce prix ? ne le devez-vous pas ?
où est le souvenir de vos engagements ? qu'est devenu celui
de notre petit Emmanuel, ce fruit d'un amour oublié, qui
185 devait nous conduire à des noces ?

BARTHOLO, *ôtant son chapeau* : Est-ce pour écouter ces
sornettes que vous m'avez fait venir de Séville ? Et cet accès
d'hymen qui vous reprend si vif…

MARCELINE : Eh bien ! n'en parlons plus. Mais si rien n'a
190 pu vous porter à la justice de m'épouser, aidez-moi donc du
moins à en épouser un autre.

---

1. C'est-à-dire un repère de brigands ou de voleurs.

BARTHOLO : Ah ! volontiers : parlons. Mais quel mortel abandonné du Ciel et des femmes ?...

195 MARCELINE : Eh ! qui pourrait-ce être, docteur, sinon le beau, le gai, l'aimable Figaro ?

BARTHOLO : Ce fripon-là ?

MARCELINE : Jamais fâché ; toujours en belle humeur ; donnant le présent à la joie, et s'inquiétant de l'avenir tout aussi peu que du passé ; sémillant, généreux ! généreux...

200 BARTHOLO : Comme un voleur.

MARCELINE : Comme un seigneur. Charmant enfin ; mais c'est le plus grand monstre !

BARTHOLO : Et sa Suzanne ?

MARCELINE : Elle ne l'aurait pas, la rusée, si vous vouliez
205 m'aider, mon petit docteur, à faire valoir un engagement que j'ai de lui.

BARTHOLO : Le jour de son mariage ?

MARCELINE : On en rompt de plus avancés ; et si je ne craignais d'éventer un petit secret des femmes !...

210 BARTHOLO : En ont-elles pour le médecin du corps ?

MARCELINE : Ah, vous savez que je n'en ai pas pour vous ! Mon sexe est ardent, mais timide : un certain charme a beau nous attirer vers le plaisir, la femme la plus aventu-rée[1] sent en elle une voix qui lui dit : sois belle si tu peux,
215 sage si tu veux ; mais sois considérée, il le faut. Or, puisqu'il faut être au moins considérée, que toute femme en sent l'importance, effrayons d'abord la Suzanne sur la divulgation des offres qu'on lui fait.

BARTHOLO : Où cela mènera-t-il ?

220 MARCELINE : Que la honte la prenant au collet, elle continuera de refuser le comte, lequel pour se venger,

---

1. Emploi original du mot pour parler de quelqu'un tenté par l'aventure.

appuiera l'opposition que j'ai faite à son mariage ; alors le mien devient certain.

BARTHOLO : Elle a raison. Parbleu, c'est un bon tour
225 que de faire épouser ma vieille gouvernante au coquin qui fit enlever ma jeune maîtresse [1].

MARCELINE, *vite* : Et qui croit ajouter à ses plaisirs en trompant mes espérances.

BARTHOLO, *vite* : Et qui m'a volé dans le temps cent
230 écus que j'ai sur le cœur.

MARCELINE : Ah ! quelle volupté !...

BARTHOLO : De punir un scélérat...

MARCELINE : De l'épouser, docteur, de l'épouser !

Scène 5

MARCELINE, BARTHOLO, SUZANNE

SUZANNE, *un bonnet de femme avec un large ruban dans*
235 *la main, une robe de femme sur le bras* : L'épouser ! l'épouser ! qui donc ? Mon Figaro ?

MARCELINE, *aigrement* : Pourquoi non ? Vous l'épousez bien !

BARTHOLO, *riant* : Le bon argument de femme en
240 colère ! Nous parlions, belle Suzon, du bonheur qu'il aura de vous posséder.

MARCELINE : Sans compter Monseigneur dont on ne parle pas.

SUZANNE, *une révérence* : Votre servante, madame ; il y
245 a toujours quelque chose d'amer dans vos propos.

---

1. Femme aimée.

MARCELINE, *une révérence*: Bien la vôtre, madame; où donc est l'amertume? N'est-il pas juste qu'un libéral[1] seigneur partage un peu la joie qu'il procure à ses gens?

SUZANNE: Qu'il procure?

250   MARCELINE: Oui, madame.

SUZANNE: Heureusement la jalousie de Madame est aussi connue que ses droits sur Figaro sont légers.

MARCELINE: On eût pu les rendre plus forts en les cimentant à la façon de Madame.

255   SUZANNE: Oh! cette façon, madame, est celle des dames savantes.

MARCELINE: Et l'enfant ne l'est pas du tout! Innocente comme un vieux juge!

BARTHOLO, *attirant Marceline*: Adieu, jolie fiancée de
260 notre Figaro.

MARCELINE, *une révérence*: L'accordée secrète de Monseigneur.

SUZANNE, *une révérence*: Qui vous estime beaucoup, madame.

265   MARCELINE, *une révérence*: Me fera-t-elle aussi l'honneur de me chérir un peu, madame?

SUZANNE, *une révérence*: À cet égard, Madame n'a rien à désirer.

MARCELINE, *une révérence*: C'est une si jolie personne
270 que Madame!

SUZANNE, *une révérence*: Eh! mais assez pour désoler Madame.

MARCELINE, *une révérence*: Surtout bien respectable!

SUZANNE, *une révérence*: C'est aux duègnes[2] à l'être.

---

1. Généreux.
2. Femmes d'un certain âge commises à la surveillance et la formation d'une jeune personne dans la société espagnole.

275   MARCELINE, *outrée*: Aux duègnes! aux duègnes!

BARTHOLO, *l'arrêtant*: Marceline!

MARCELINE: Allons, docteur; car je n'y tiendrais pas.
Bonjour, madame. *(Une révérence.)*

Scène 6

SUZANNE, *seule.*

Allez, madame! allez, pédante! je crains aussi peu vos
280 efforts que je méprise vos outrages. Voyez cette vieille
sibylle[1]! parce qu'elle a fait quelques études et tourmenté
la jeunesse de Madame, elle veut tout dominer au château!
(Elle jette la robe qu'elle tient sur une chaise.) Je ne sais plus ce
que je venais prendre.

Scène 7

SUZANNE, CHÉRUBIN

285   CHÉRUBIN, *accourant*: Ah, Suzon! depuis deux heures
j'épie le moment de te trouver seule. Hélas! tu te maries,
et moi je vais partir.

SUZANNE: Comment mon mariage éloigne-t-il du château le premier page de Monseigneur?

290   CHÉRUBIN, *piteusement*: Suzanne, il me renvoie.

---

1. Expression familière pour désigner une femme âgée qui veut
montrer de l'esprit. À l'origine, les sibylles étaient des femmes inspi-
rées des dieux qui avaient le pouvoir de prédire l'avenir.

SUZANNE *le contrefait* : Chérubin, quelque sottise !

CHÉRUBIN : Il m'a trouvé hier au soir chez ta cousine Fanchette, à qui je faisais répéter son petit rôle d'innocente, pour la fête de ce soir : il s'est mis dans une fureur en me
295 voyant ! «Sortez, m'a-t-il dit, petit... » Je n'ose pas prononcer devant une femme le gros mot qu'il a dit... «Sortez ; et demain vous ne coucherez pas au château. » Si Madame, si ma belle marraine ne parvient pas à l'apaiser, c'est fait, Suzon, je suis à jamais privé du bonheur de te voir.

300 SUZANNE : De me voir ! moi ? c'est mon tour ! Ce n'est donc plus pour ma maîtresse que vous soupirez en secret ?

CHÉRUBIN : Ah ! Suzon, qu'elle est noble et belle ! mais qu'elle est imposante !

SUZANNE : C'est-à-dire que je ne le suis pas, et qu'on
305 peut oser avec moi...

CHÉRUBIN : Tu sais trop bien, méchante, que je n'ose pas oser. Mais que tu es heureuse ! à tous moments la voir, lui parler, l'habiller le matin et la déshabiller le soir, épingle à épingle... ah ! Suzon ! je donnerais... Qu'est-ce que tu
310 tiens donc là ?

SUZANNE, *raillant* : Hélas ! l'heureux bonnet et le fortuné ruban qui renferment la nuit les cheveux de cette belle marraine...

CHÉRUBIN, *vivement* : Son ruban de nuit ! Donne-le-moi,
315 mon cœur.

SUZANNE, *le retirant* : Eh ! que non pas ; «son cœur ! » Comme il est familier donc ! si ce n'était pas un morveux sans conséquence... *(Chérubin arrache le ruban.)* Ah ! le ruban !

320 CHÉRUBIN *tourne autour du grand fauteuil* : Tu diras qu'il est égaré, gâté ; qu'il est perdu. Tu diras tout ce que tu voudras.

SUZANNE *tourne après lui* : Oh ! dans trois ou quatre

ans, je prédis que vous serez le plus grand petit vaurien !...
325 Rendez-vous le ruban ?

> *Elle veut le reprendre.*

CHÉRUBIN *tire une romance de sa poche*: Laisse, ah,
laisse-le-moi, Suzon ; je te donnerai ma romance, et pendant que le souvenir de ta belle maîtresse attristera tous
mes moments, le tien y versera le seul rayon de joie qui
330 puisse encore amuser mon cœur.

SUZANNE *arrache la romance*: Amuser votre cœur, petit
scélérat ! vous croyez parler à votre Fanchette ; on vous
surprend chez elle ; et vous soupirez pour Madame ; et vous
m'en contez à moi, par-dessus le marché !

335 CHÉRUBIN, *exalté*: Cela est vrai, d'honneur ! je ne sais
plus ce que je suis ; mais depuis quelque temps je sens ma
poitrine agitée ; mon cœur palpite au seul aspect d'une
femme ; les mots *amour* et *volupté* le font tressaillir et le
troublent. Enfin le besoin de dire à quelqu'un *je vous aime*
340 est devenu pour moi si pressant que je le dis tout seul, en
courant dans le parc, à ta maîtresse, à toi, aux arbres, aux
nuages, au vent qui les emporte avec mes paroles perdues.
Hier je rencontrai Marceline...

SUZANNE, *riant*: Ah, ah, ah, ah !

345 CHÉRUBIN: Pourquoi non ? elle est femme ! elle est
fille ! une fille ! une femme ! ah que ces noms sont doux !
qu'ils sont intéressants[1] !

SUZANNE: Il devient fou !

CHÉRUBIN: Fanchette est douce ; elle m'écoute au
350 moins ; tu ne l'es pas, toi !

SUZANNE: C'est bien dommage ; écoutez donc Monsieur !

---

1. Qui suscitent l'émotion.

Elle veut arracher le ruban.

CHÉRUBIN *tourne en fuyant* : Ah ! ouiche ! on ne l'aura, vois-tu, qu'avec ma vie. Mais, si tu n'es pas contente du prix, 355 j'y joindrai mille baisers.

Il lui donne chasse à son tour.

SUZANNE *tourne en fuyant* : Mille soufflets, si vous approchez. Je vais m'en plaindre à ma maîtresse ; et loin de supplier pour vous, je dirai moi-même à Monseigneur : C'est bien fait, monseigneur ; chassez-nous ce petit voleur ; 360 renvoyez à ses parents un petit mauvais sujet qui se donne les airs d'aimer Madame, et qui veut toujours m'embrasser par contrecoup.

CHÉRUBIN *voit le comte entrer ; il se jette derrière le fauteuil avec effroi* : Je suis perdu !

365 SUZANNE : Quelle frayeur ?

Scène 8

SUZANNE, LE COMTE, CHÉRUBIN *caché.*

SUZANNE *aperçoit le comte* : Ah !... *(Elle s'approche du fauteuil pour masquer Chérubin.)*

LE COMTE *s'avance* : Tu es émue, Suzon ! tu parlais seule, et ton petit cœur paraît dans une agitation... bien pardon- 370 nable, au reste, un jour comme celui-ci.

SUZANNE, *troublée* : Monseigneur, que me voulez-vous ? Si l'on vous trouvait avec moi...

LE COMTE : Je serais désolé qu'on m'y surprît ; mais tu sais tout l'intérêt que je prends à toi. Bazile ne t'a pas laissé

375 ignorer mon amour. Je n'ai rien qu'un instant pour t'expliquer mes vues ; écoute.

> *Il s'assied dans le fauteuil.*

SUZANNE, *vivement* : Je n'écoute rien.

LE COMTE *lui prend la main* : Un seul mot. Tu sais que le roi m'a nommé son ambassadeur à Londres. J'emmène avec
380 moi Figaro ; je lui donne un excellent poste ; et comme le devoir d'une femme est de suivre son mari...

SUZANNE : Ah ! si j'osais parler !

LE COMTE *la rapproche de lui* : Parle, parle, ma chère ; use aujourd'hui d'un droit que tu prends sur moi pour la
385 vie.

SUZANNE, *effrayée* : Je n'en veux point, monseigneur, je n'en veux point. Quittez-moi, je vous prie.

LE COMTE : Mais dis auparavant.

SUZANNE, *en colère* : Je ne sais plus ce que je disais.

390 LE COMTE : Sur le devoir des femmes.

SUZANNE : Eh bien ! lorsque Monseigneur enleva la sienne de chez le docteur, et qu'il l'épousa par amour, lorsqu'il abolit pour elle un certain affreux droit du seigneur...

LE COMTE, *gaiement* : Qui faisait bien de la peine aux
395 filles ! Ah Suzette ! ce droit charmant ! si tu venais en jaser sur la brune [1] au jardin, je mettrais un tel prix à cette légère faveur...

BAZILE *parle en dehors* : Il n'est pas chez lui, monseigneur.

LE COMTE *se lève* : Quelle est cette voix ?

400 SUZANNE : Que je suis malheureuse !

LE COMTE : Sors, pour qu'on n'entre pas.

SUZANNE, *troublée* : Que je vous laisse ici ?

---

1. À la tombée du jour.

BAZILE *crie en dehors*: Monseigneur était chez Madame, il en est sorti: je vais voir.

405 LE COMTE: Et pas un lieu pour se cacher! ah! derrière ce fauteuil... assez mal; mais renvoie-le bien vite.

> *Suzanne lui barre le chemin; il la pousse doucement, elle recule, et se met ainsi entre lui et le petit page; mais pendant que le comte s'abaisse et prend sa place, Chérubin tourne et se jette effrayé sur le fauteuil à genoux, et s'y blottit. Suzanne prend la robe qu'elle apportait, en couvre le page et se met devant le fauteuil.*

Scène 9

LE COMTE *et* CHÉRUBIN *cachés*, SUZANNE, BAZILE

BAZILE: N'auriez-vous pas vu Monseigneur, mademoiselle?

SUZANNE, *brusquement*: Hé! pourquoi l'aurais-je vu?
410 Laissez-moi.

BAZILE *s'approche*: Si vous étiez plus raisonnable, il n'y aurait rien d'étonnant à ma question. C'est Figaro qui le cherche.

SUZANNE: Il cherche donc l'homme qui lui veut le plus
415 de mal après vous?

LE COMTE, *à part*: Voyons un peu comme il me sert.

BAZILE: Désirer du bien à une femme, est-ce vouloir du mal à son mari?

SUZANNE: Non, dans vos affreux principes, agent de
420 corruption.

BAZILE: Que vous demande-t-on ici que vous n'alliez prodiguer à un autre? Grâce à la douce cérémonie, ce qu'on vous défendait hier, on vous le prescrira demain.

SUZANNE: Indigne!

425   BAZILE: De toutes les choses sérieuses le mariage étant la plus bouffonne, j'avais pensé...

SUZANNE, *outrée*: Des horreurs! Qui vous permet d'entrer ici?

BAZILE: Là, là, mauvaise! Dieu vous apaise! il n'en sera
430   que ce que vous voulez; mais ne croyez pas non plus que je regarde Monsieur Figaro comme l'obstacle qui nuit à Monseigneur; et sans le petit page...

SUZANNE, *timidement*: Don Chérubin?

BAZILE *la contrefait*: *Cherubino di amore*, qui tourne autour
435   de vous sans cesse, et qui ce matin encore, rôdait ici pour y entrer quand je vous ai quittée; dites que cela n'est pas vrai?

SUZANNE: Quelle imposture! Allez-vous-en, méchant homme!

440   BAZILE: On est un méchant homme parce qu'on y voit clair. N'est-ce pas pour vous aussi cette romance dont il fait mystère?

SUZANNE, *en colère*: Ah! oui, pour moi!

BAZILE: À moins qu'il ne l'ait composée pour Madame!
445   en effet, quand il sert à table on dit qu'il la regarde avec des yeux!... mais, peste, qu'il ne s'y joue pas ! Monseigneur est *brutal* sur l'article.

SUZANNE, *outrée*: Et vous bien scélérat, d'aller semant de pareils bruits pour perdre un malheureux enfant tombé
450   dans la disgrâce de son maître.

BAZILE: L'ai-je inventé? Je le dis parce que tout le monde en parle.

LE COMTE *se lève* : Comment, tout le monde en parle !

SUZANNE* : Ah Ciel !

455   BAZILE : Ah ! Ah !

LE COMTE : Courez, Bazile, et qu'on le chasse.

BAZILE : Ah ! Que je suis fâché d'être entré !

SUZANNE, *troublée* : Mon Dieu ! Mon Dieu !

LE COMTE, *à Bazile* : Elle est saisie. Asseyons-la dans ce
450   fauteuil.

SUZANNE *le repousse vivement* : Je ne veux pas m'asseoir. Entrer ainsi librement, c'est indigne !

LE COMTE : Nous sommes deux avec toi, ma chère. Il
n'y a plus le moindre danger !

455   BAZILE : Moi je suis désolé de m'être égayé sur le page
puisque vous l'entendiez. Je n'en usais ainsi que pour pénétrer ses sentiments, car au fond...

LE COMTE : Cinquante pistoles, un cheval, et qu'on le
renvoie à ses parents.

460   BAZILE : Monseigneur, pour un badinage ?

LE COMTE : Un petit libertin que j'ai surpris encore hier
avec la fille du jardinier.

BAZILE : Avec Fanchette ?

LE COMTE : Et dans sa chambre.

465   SUZANNE, *outrée* : Où Monseigneur avait sans doute
affaire aussi !

LE COMTE, *gaiement* : J'en aime assez la remarque.

BAZILE : Elle est d'un bon augure.

LE COMTE, *gaiement* : Mais non ! j'allais chercher ton
470   oncle Antonio, mon ivrogne de jardinier, pour lui donner
des ordres. Je frappe, on est longtemps à m'ouvrir ; ta cou-

---

* Les notes appelées par des astérisques sont de Beaumarchais.
Ici : Chérubin dans le fauteuil. Le comte. Suzanne. Bazile.

sine a l'air empêtré; je prends un soupçon, je lui parle, et
tout en causant j'examine. Il y avait derrière la porte une
espèce de rideau, de portemanteau, de je ne sais pas quoi,
475 qui couvrait des hardes; sans faire semblant de rien je vais
doucement, doucement lever ce rideau* *(pour imiter le geste,*
il lève la robe du fauteuil) et je vois… *(Il aperçoit le page.)*
Ah…

BAZILE: Ha! Ha!

480 LE COMTE: Ce tour-ci vaut l'autre.

BAZILE: Encore mieux.

LE COMTE, *à Suzanne*: À merveille, mademoiselle: à
peine fiancée vous faites de ces apprêts[1]? C'était pour
recevoir mon page que vous désiriez d'être seule? Et vous,
485 monsieur, qui ne changez point de conduite, il vous man-
quait de vous adresser, sans respect pour votre marraine, à
sa première camariste, à la femme de votre ami! Mais je ne
souffrirai pas que Figaro, qu'un homme que j'estime et que
j'aime soit victime d'une pareille tromperie: était-il avec
490 vous, Bazile?

SUZANNE, *outrée*: Il n'y a tromperie ni victime; il était
là lorsque vous me parliez.

LE COMTE, *emporté*: Puisses-tu mentir en le disant! son
plus cruel ennemi n'oserait lui souhaiter ce malheur.

495 SUZANNE: Il me priait d'engager Madame à vous demander sa grâce. Votre arrivée l'a si fort troublé qu'il s'est mas-
qué de ce fauteuil.

LE COMTE, *en colère*: Ruse d'enfer! je m'y suis assis en
entrant.

500 CHÉRUBIN: Hélas, monseigneur, j'étais tremblant derrière.

---

* Suzanne. Chérubin dans le fauteuil. Le comte. Bazile.
1. Préparatifs.

LE COMTE : Autre fourberie ! je viens de m'y placer moi-même.

505 CHÉRUBIN : Pardon, mais c'est alors que je me suis blotti dedans.

LE COMTE, *plus outré* : C'est donc une couleuvre, que ce petit... serpent-là ! il nous écoutait !

CHÉRUBIN : Au contraire, monseigneur, j'ai fait ce que j'ai pu pour ne rien entendre.

510 LE COMTE : Ô perfidie ! *(À Suzanne :)* Tu n'épouseras pas Figaro.

BAZILE : Contenez-vous, on vient.

LE COMTE, *tirant Chérubin du fauteuil et le mettant sur ses pieds* : Il resterait là devant toute la terre !

Scène 10

CHÉRUBIN, SUZANNE, FIGARO, LA COMTESSE,
LE COMTE, FANCHETTE, BAZILE ; *beaucoup de valets,
paysannes, paysans vêtus en habits de fête.*

515 FIGARO, *tenant une toque de femme garnie de plumes blanches et de rubans blancs, parle à la comtesse* : Il n'y a que vous, madame, qui puissiez nous obtenir cette faveur.

LA COMTESSE : Vous les voyez, monsieur le comte, ils me supposent un crédit que je n'ai point : mais comme leur 520 demande n'est pas déraisonnable...

LE COMTE, *embarrassé* : Il faudrait qu'elle le fût beaucoup...

FIGARO, *bas à Suzanne* : Soutiens bien mes efforts.

SUZANNE, *bas à Figaro* : Qui ne mèneront à rien.

525 FIGARO, *bas* : Va toujours.

LE COMTE, *à Figaro*: Que voulez-vous?

FIGARO: Monseigneur, vos vassaux, touchés de l'aboli-
tion d'un certain droit fâcheux, que votre amour pour
Madame...

530   LE COMTE: Eh bien, ce droit n'existe plus, que veux-tu
dire?

FIGARO, *malignement*: Qu'il est bien temps que la vertu
d'un si bon maître éclate; elle m'est d'un tel avantage
aujourd'hui que je désire être le premier à la célébrer à mes
535   noces.

LE COMTE, *plus embarrassé*: Tu te moques, ami! l'aboli-
tion d'un droit honteux n'est que l'acquit[1] d'une dette
envers l'honnêteté. Un Espagnol peut vouloir conquérir la
beauté par des soins; mais en exiger le premier, le plus
540   doux emploi, comme une servile redevance, ah! c'est la
tyrannie d'un Vandale, et non le droit avoué d'un noble
Castillan.

FIGARO, *tenant Suzanne par la main*: Permettez donc
que cette jeune créature, de qui votre sagesse a préservé
545   l'honneur, reçoive de votre main publiquement la toque virginale, ornée de plumes et de rubans blancs, symbole de la
pureté de vos intentions; adoptez-en la cérémonie pour
tous les mariages, et qu'un quatrain chanté en chœur rappelle à jamais le souvenir...

550   LE COMTE, *embarrassé*: Si je ne savais pas qu'amoureux,
poète et musicien sont trois titres d'indulgence pour toutes
les folies...

FIGARO: Joignez-vous à moi, mes amis!

TOUS ENSEMBLE: Monseigneur! Monseigneur!

555   SUZANNE, *au comte*: Pourquoi fuir un éloge que vous
méritez si bien?

─────────────

1. Acquittement.

LE COMTE, *à part*: La perfide !

FIGARO : Regardez-la donc, monseigneur ; jamais plus jolie fiancée ne montrera mieux la grandeur de votre sacrifice.

560 SUZANNE: Laisse là ma figure, et ne vantons que sa vertu.

LE COMTE, *à part*: C'est un jeu que tout ceci.

LA COMTESSE : Je me joins à eux, monsieur le comte ; et cette cérémonie me sera toujours chère, puisqu'elle doit 565 son motif à l'amour charmant que vous aviez pour moi.

LE COMTE: Que j'ai toujours, madame ; et c'est à ce titre que je me rends.

TOUS ENSEMBLE: Vivat !

LE COMTE, *à part*: Je suis pris. (*Haut.*) Pour que la céré- 570 monie eût un peu plus d'éclat, je voudrais seulement qu'on la remît à tantôt. (*À part.*) Faisons vite chercher Marceline.

FIGARO, *à Chérubin*: Eh bien, espiègle ! vous n'applaudissez pas ?

SUZANNE: Il est au désespoir ; Monseigneur le renvoie.

575 LA COMTESSE: Ah ! monsieur, je vous demande sa grâce.

LE COMTE: Il ne la mérite point.

LA COMTESSE: Hélas ! il est si jeune !

LE COMTE: Pas tant que vous le croyez.

580 CHÉRUBIN, *tremblant*: Pardonner généreusement n'est pas le droit du seigneur auquel vous avez renoncé en épousant Madame.

LA COMTESSE: Il n'a renoncé qu'à celui qui vous affligeait tous.

585 SUZANNE: Si Monseigneur avait cédé le droit de pardonner, ce serait sûrement le premier qu'il voudrait racheter en secret.

LE COMTE, *embarrassé*: Sans doute.

LA COMTESSE : Eh ! pourquoi le racheter ?

590　CHÉRUBIN, *au comte* : Je fus léger dans ma conduite, il est vrai, monseigneur ; mais jamais la moindre indiscrétion dans mes paroles…

LE COMTE, *embarrassé* : Eh bien, c'est assez…

FIGARO : Qu'entend-il ?

595　LE COMTE, *vivement* : C'est assez, c'est assez, tout le monde exige son pardon, je l'accorde, et j'irai plus loin : je lui donne une compagnie dans ma légion.

TOUS ENSEMBLE : Vivat !

LE COMTE : Mais c'est à condition qu'il partira sur-le-
600　champ pour joindre[1] en Catalogne.

FIGARO : Ah ! monseigneur, demain.

LE COMTE *insiste* : Je le veux.

CHÉRUBIN : J'obéis.

LE COMTE : Saluez votre marraine, et demandez sa pro-
605　tection. (*Chérubin met un genou en terre devant la comtesse, et ne peut parler.*)

LA COMTESSE, *émue* : Puisqu'on ne peut vous garder seulement aujourd'hui, partez, jeune homme. Un nouvel état vous appelle ; allez le remplir dignement. Honorez votre
610　bienfaiteur. Souvenez-vous de cette maison, où votre jeunesse a trouvé tant d'indulgence. Soyez soumis, honnête et brave ; nous prendrons part à vos succès.

Chérubin se relève et retourne à sa place.

LE COMTE : Vous êtes bien émue, madame !

LA COMTESSE : Je ne m'en défends pas. Qui sait le sort
615　d'un enfant jeté dans une carrière aussi dangereuse ? Il est allié de mes parents ; et de plus, il est mon filleul.

---

1. C'est-à-dire rejoindre son régiment.

LE COMTE, *à part*: Je vois que Bazile avait raison. *(Haut.)* Jeune homme, embrassez Suzanne… pour la dernière fois.

FIGARO: Pourquoi cela, monseigneur? Il viendra passer
620 ses hivers. Baise-moi donc aussi, capitaine! *(Il l'embrasse.)* Adieu, mon petit Chérubin. Tu vas mener un train de vie bien différent, mon enfant: dame! tu ne rôderas plus tout le jour au quartier des femmes: plus d'échaudés, de goûters à la crème; plus de main chaude ou de colin-maillard. De
625 bons soldats, morbleu! basanés, mal vêtus; un grand fusil bien lourd; tourne à droite, tourne à gauche, en avant, marche à la gloire; et ne va pas broncher en chemin; à moins qu'un bon coup de feu…

SUZANNE: Fi donc, l'horreur!

630 LA COMTESSE: Quel pronostic!

LE COMTE: Où donc est Marceline? Il est bien singulier qu'elle ne soit pas des vôtres!

FANCHETTE: Monseigneur, elle a pris le chemin du bourg, par le petit sentier de la ferme.

635 LE COMTE: Et elle en reviendra?…

BAZILE: Quand il plaira à Dieu.

FIGARO: S'il lui plaisait qu'il ne lui plût jamais…

FANCHETTE: Monsieur le docteur lui donnait le bras.

LE COMTE, *vivement*: Le docteur est ici?

640 BAZILE: Elle s'en est d'abord[1] emparée…

LE COMTE, *à part*: Il ne pouvait venir plus à propos.

FANCHETTE: Elle avait l'air bien échauffé, elle parlait tout haut en marchant, puis elle s'arrêtait, et faisait comme ça, de grands bras… et Monsieur le docteur lui faisait
645 comme ça de la main, en l'apaisant: elle paraissait si courroucée! elle nommait mon cousin Figaro.

---

1. D'emblée, dès son arrivée.

LE COMTE *lui prend le menton*: Cousin… futur.

FANCHETTE, *montrant Chérubin*: Monseigneur, nous avez-vous pardonné d'hier?…

650   LE COMTE *interrompt*: Bonjour, bonjour, petite.

FIGARO: C'est son chien d'amour qui la berce; elle aurait troublé notre fête.

LE COMTE, *à part*: Elle la troublera, je t'en réponds. *(Haut.)* Allons, madame, entrons. Bazile, vous passerez chez 655   moi.

SUZANNE, *à Figaro*: Tu me rejoindras, mon fils?

FIGARO, *bas à Suzanne*: Est-il bien enfilé[1]?

SUZANNE, *bas*: Charmant garçon!

Ils sortent tous.

Scène 11

CHÉRUBIN, FIGARO, BAZILE. *Pendant qu'on sort,*
Figaro les arrête tous deux et les ramène.

FIGARO: Ah çà, vous autres! la cérémonie adoptée, ma 660   fête de ce soir en est la suite; il faut bravement nous recorder[2]: ne faisons point comme ces acteurs qui ne jouent jamais si mal que le jour où la critique est le plus éveillée. Nous n'avons point de lendemain qui nous excuse, nous. Sachons bien nos rôles aujourd'hui.

665   BAZILE, *malignement*: Le mien est plus difficile que tu ne crois.

---

1. Terme de jeu : trompé.
2. Il faut adroitement accorder nos jeux.

FIGARO, *faisant, sans qu'il le voie, le geste de le rosser* : Tu es loin aussi de savoir tout le succès qu'il te vaudra.

CHÉRUBIN : Mon ami, tu oublies que je pars.

670   FIGARO : Et toi, tu voudrais bien rester !

CHÉRUBIN : Ah ! si je le voudrais !

FIGARO : Il faut ruser. Point de murmure à ton départ. Le manteau de voyage à l'épaule ; arrange ouvertement ta trousse, et qu'on voie ton cheval à la grille ; un temps de
675   galop jusqu'à la ferme ; reviens à pied par les derrières ; Monseigneur te croira parti : tiens-toi seulement hors de sa vue ; je me charge de l'apaiser après la fête.

CHÉRUBIN : Mais Fanchette qui ne sait pas son rôle !

BAZILE : Que diable lui apprenez-vous donc, depuis huit
680   jours que vous ne la quittez pas ?

FIGARO : Tu n'as rien à faire aujourd'hui, donne-lui par grâce une leçon.

BAZILE : Prenez garde, jeune homme, prenez garde ! le père n'est pas satisfait ; la fille a été souffletée ; elle n'étudie
685   pas avec vous : Chérubin ! Chérubin ! vous lui causerez des chagrins ! « Tant va la cruche à l'eau » !…

FIGARO : Ah ! voilà notre imbécile, avec ses vieux proverbes ! Eh bien ! pédant ! que dit la sagesse des nations ? « Tant va la cruche à l'eau qu'à la fin… »

690   BAZILE : Elle s'emplit.

FIGARO, *en s'en allant* : Pas si bête, pourtant, pas si bête !

FIN DU PREMIER ACTE

Acte II

Le théâtre représente une chambre à coucher superbe, un grand lit en alcôve, une estrade au-devant. La porte pour entrer s'ouvre et se ferme à la troisième coulisse à droite, celle d'un cabinet à la première coulisse à gauche. Une porte dans le fond, va chez les femmes [1]. *Une fenêtre s'ouvre de l'autre côté.*

Scène I

SUZANNE, LA COMTESSE
entrent par la porte à droite.

LA COMTESSE se *jette dans une bergère*: Ferme la porte, Suzanne, et conte-moi tout, dans le plus grand détail.

SUZANNE: Je n'ai rien caché à Madame.

695   LA COMTESSE: Quoi, Suzon, il voulait te séduire?

SUZANNE: Oh! que non! Monseigneur n'y met pas tant de façons avec sa servante: il voulait m'acheter.

LA COMTESSE: Et le petit page était présent?

---

1. C'est-à-dire les femmes de chambre.

SUZANNE: C'est-à-dire, caché derrière le grand fau-
700 teuil. Il venait me prier de vous demander sa grâce.

LA COMTESSE: Eh! pourquoi ne pas s'adresser à moi-
même? est-ce que je l'aurais refusé, Suzon?

SUZANNE: C'est ce que j'ai dit: mais ses regrets de
partir, et surtout de quitter Madame! «Ah! Suzon, qu'elle
705 est noble et belle! mais qu'elle est imposante!»

LA COMTESSE: Est-ce que j'ai cet air-là, Suzon? moi qui
l'ai toujours protégé.

SUZANNE: Puis il a vu votre ruban de nuit que je tenais,
il s'est jeté dessus...

710 LA COMTESSE, *souriant*: Mon ruban?... quelle enfance[1]!

SUZANNE: J'ai voulu le lui ôter; madame, c'était un
lion; ses yeux brillaient... «Tu ne l'auras qu'avec ma vie»,
disait-il, en forçant sa petite voix douce et grêle.

LA COMTESSE, *rêvant*: Eh bien, Suzon?

715 SUZANNE: Eh bien, madame, est-ce qu'on peut faire
finir ce petit démon-là? ma marraine par-ci; je voudrais
bien par l'autre; et parce qu'il n'oserait seulement baiser la
robe de Madame, il voudrait toujours m'embrasser, moi.

LA COMTESSE, *rêvant*: Laissons... laissons ces folies...
720 Enfin, ma pauvre Suzanne, mon époux a fini par te dire...?

SUZANNE: Que si je ne voulais pas l'entendre, il allait
protéger Marceline.

LA COMTESSE *se lève et se promène, en se servant fortement de l'éventail*: Il ne m'aime plus du tout.

725 SUZANNE: Pourquoi tant de jalousie?

LA COMTESSE: Comme tous les maris, ma chère! uniquement par orgueil. Ah! je l'ai trop aimé! je l'ai lassé de
mes tendresses, et fatigué de mon amour; voilà mon seul

---

1. Quel enfantillage!

tort avec lui. Mais je n'entends pas que cet honnête aveu te
730 nuise, et tu épouseras Figaro. Lui seul peut nous y aider :
viendra-t-il ?

SUZANNE : Dès qu'il verra partir la chasse.

LA COMTESSE, *se servant de l'éventail* : Ouvre un peu la
croisée sur le jardin. Il fait une chaleur ici !…

735 SUZANNE : C'est que Madame parle et marche avec
action.

Elle va ouvrir la croisée du fond.

LA COMTESSE, *rêvant longtemps* : Sans cette constance à
me fuir… Les hommes sont bien coupables !

SUZANNE *crie de la fenêtre* : Ah ! voilà Monseigneur qui
740 traverse à cheval le grand potager, suivi de Pédrille, avec
deux, trois, quatre lévriers.

LA COMTESSE : Nous avons du temps devant nous. *(Elle
s'assied.)* On frappe, Suzon ?

SUZANNE *court ouvrir en chantant* : Ah ! c'est mon Figaro !
745 ah ! c'est mon Figaro !

Scène 2

FIGARO, SUZANNE ; LA COMTESSE, *assise*.

SUZANNE : Mon cher ami, viens donc. Madame est dans
une impatience !…

FIGARO : Et toi, ma petite Suzanne ? Madame n'en doit
prendre aucune. Au fait, de quoi s'agit-il ? d'une misère.
750 Monsieur le comte trouve notre jeune femme aimable, il
voudrait en faire sa maîtresse ; et c'est bien naturel.

SUZANNE : Naturel ?

FIGARO: Puis il m'a nommé courrier de dépêches, et Suzon conseiller d'ambassade. Il n'y a pas là d'étourderie.

755 SUZANNE: Tu finiras?

FIGARO: Et parce que Suzanne, ma fiancée, n'accepte pas le diplôme, il va favoriser les vues de Marceline; quoi de plus simple encore? Se venger de ceux qui nuisent à nos projets en renversant les leurs; c'est ce que chacun fait;
760 ce que nous allons faire nous-mêmes. Eh bien! voilà tout pourtant.

LA COMTESSE: Pouvez-vous, Figaro, traiter si légèrement un dessein qui nous coûte à tous le bonheur?

FIGARO: Qui dit cela, madame?

765 SUZANNE: Au lieu de t'affliger de nos chagrins...

FIGARO: N'est-ce pas assez que je m'en occupe? Or, pour agir aussi méthodiquement que lui, tempérons d'abord son ardeur de nos possessions, en l'inquiétant sur les siennes.

LA COMTESSE: C'est bien dit: mais comment?

770 FIGARO: C'est déjà fait, madame; un faux avis donné sur vous...

LA COMTESSE: Sur moi? la tête vous tourne!

FIGARO: Oh! c'est à lui qu'elle doit tourner.

LA COMTESSE: Un homme aussi jaloux!...

775 FIGARO: Tant mieux: pour tirer parti des gens de ce caractère, il ne faut qu'un peu leur fouetter le sang; c'est ce que les femmes entendent si bien! Puis, les tient-on fâchés tout rouge, avec un brin d'intrigue on les mène où l'on veut, par le nez, dans le Guadalquivir. Je vous ai fait rendre
780 à Bazile un billet inconnu, lequel avertit Monseigneur qu'un galant doit chercher à vous voir aujourd'hui pendant le bal.

LA COMTESSE: Et vous vous jouez ainsi de la vérité sur le compte d'une femme d'honneur!

FIGARO: Il y en a peu, madame, avec qui je l'eusse osé,
785 crainte de rencontrer juste.

LA COMTESSE : Il faudra que je l'en remercie !

FIGARO : Mais dites-moi s'il n'est pas charmant de lui avoir taillé ses morceaux de la journée[1], de façon qu'il passe à rôder, à jurer après sa dame, le temps qu'il destinait
790 à se complaire avec la nôtre ? Il est déjà tout dérouté : galopera-t-il celle-ci ? surveillera-t-il celle-là ? dans son trouble d'esprit, tenez, tenez, le voilà qui court la plaine, et force un lièvre qui n'en peut mais. L'heure du mariage arrive en poste[2] ; il n'aura pas pris de parti contre ; et jamais il n'osera
795 s'y opposer devant Madame.

SUZANNE : Non ; mais Marceline, le bel esprit, osera le faire, elle.

FIGARO : Brrr. Cela m'inquiète bien, ma foi ! Tu feras dire à Monseigneur que tu te rendras sur la brune au jardin.

800 SUZANNE : Tu comptes sur celui-là ?

FIGARO : Oh ! dame ! écoutez donc ; les gens qui ne veulent rien faire de rien, n'avancent rien et ne sont bons à rien. Voilà mon mot.

SUZANNE : Il est joli !

805 LA COMTESSE : Comme son idée : vous consentiriez qu'elle s'y rendît ?

FIGARO : Point du tout. Je fais endosser un habit de Suzanne à quelqu'un : surpris par nous au rendez-vous, le comte pourra-t-il s'en dédire ?

810 SUZANNE : À qui mes habits ?

FIGARO : Chérubin.

LA COMTESSE : Il est parti.

FIGARO : Non pas pour moi : veut-on me laisser faire ?

SUZANNE : On peut s'en fier à lui pour mener une
815 intrigue.

---

1. De lui avoir dicté ce qu'il doit faire.
2. Avec rapidité.

FIGARO : Deux, trois, quatre à la fois ; bien embrouillées, qui se croisent. J'étais né pour être courtisan.

SUZANNE : On dit que c'est un métier si difficile !

FIGARO : Recevoir, prendre, et demander ; voilà le
820 secret en trois mots.

LA COMTESSE : Il a tant d'assurance qu'il finit par m'en inspirer.

FIGARO : C'est mon dessein.

SUZANNE : Tu disais donc ?

825 FIGARO : Que pendant l'absence de Monseigneur je vais vous envoyer le Chérubin : coiffez-le, habillez-le ; je le renferme et l'endoctrine ; et puis dansez, monseigneur.

Il sort.

Scène 3

SUZANNE, LA COMTESSE, *assise.*

LA COMTESSE, *tenant sa boîte à mouches* : Mon Dieu, Suzon, comme je suis faite !... ce jeune homme qui va
830 venir !...

SUZANNE : Madame ne veut donc pas qu'il en réchappe ?

LA COMTESSE *rêve devant sa petite glace* : Moi ?... tu verras comme je vais le gronder.

SUZANNE : Faisons-lui chanter sa romance.

Elle la met sur la comtesse.

835 LA COMTESSE : Mais c'est qu'en vérité, mes cheveux sont dans un désordre...

SUZANNE, *riant* : Je n'ai qu'à reprendre ces deux boucles, Madame le grondera bien mieux.

LA COMTESSE, *revenant à elle*: Qu'est-ce que vous dites
840 donc, mademoiselle?

Scène 4

CHÉRUBIN *l'air honteux*, SUZANNE,
LA COMTESSE *assise*.

SUZANNE: Entrez, monsieur l'officier; on est visible.

CHÉRUBIN *avance en tremblant*: Ah, que ce nom m'af-
flige, madame! il m'apprend qu'il faut quitter des lieux...
une marraine si... bonne!...

845 SUZANNE: Et si belle!

CHÉRUBIN, *avec un soupir*: Ah! oui.

SUZANNE *le contrefait*: «Ah! Oui.» Le bon jeune
homme! avec ses longues paupières hypocrites. Allons, bel
oiseau bleu, chantez la romance à Madame.

850 LA COMTESSE *la déplie*: De qui... dit-on qu'elle est?

SUZANNE: Voyez la rougeur du coupable: en a-t-il un
pied sur les joues?

CHÉRUBIN: Est-ce qu'il est défendu... de chérir...

SUZANNE *lui met le poing sous le nez*: Je dirai tout,
855 vaurien!

LA COMTESSE: Là... chante-t-il?

CHÉRUBIN: Oh! madame, je suis si tremblant!...

SUZANNE, *en riant*: Et gnian, gnian, gnian, gnian, gnian,
gnian, gnian; dès que[1] Madame le veut, modeste auteur! Je
860 vais l'accompagner.

---

1. Puisque.

LA COMTESSE : Prends ma guitare.

> *La comtesse, assise, tient le papier pour*
> *suivre. Suzanne est derrière son fauteuil, et*
> *prélude en regardant la musique par-dessus*
> *sa maîtresse. Le petit page est devant elle,*
> *les yeux baissés. Ce tableau est juste la*
> *belle estampe d'après Van Loo, appelée* La
> Conversation espagnole*.

ROMANCE
Air : « Marlbroug s'en va-t-en guerre. »

Premier couplet

Mon coursier hors d'haleine,
(Que mon cœur, mon cœur a de peine !)
J'errais de plaine en plaine,
865   Au gré du destrier.

Deuxième couplet

Au gré du destrier,
Sans varlet, n'écuyer ;
Là près d'une fontaine**,
(Que mon cœur, mon cœur a de peine !)
870   Songeant à ma marraine,
Sentais mes pleurs couler.

Troisième couplet

Sentais mes pleurs couler,
Prêt à me désoler ;
Je gravais sur un frêne
875   (Que mon cœur, mon cœur a de peine !)

---

* Chérubin. La comtesse. Suzanne.
** Au spectacle, on a commencé la romance à ce vers en disant :
Auprès d'une fontaine…

Sa lettre sans la mienne ;
Le Roi vint à passer.

Quatrième couplet

Le Roi vint à passer,
Ses barons, son clergier.
880 « Beau page, dit la reine,
(Que mon cœur, mon cœur a de peine !)
Qui vous met à la gêne[1] ?
Qui vous fait tant plorer ?

Cinquième couplet

Qui vous fait tant plorer ?
885 Nous faut le déclarer.
— Madame et Souveraine,
(Que mon cœur, mon cœur a de peine !)
J'avais une marraine,
Que toujours adorai*.

Sixième couplet

890 Que toujours adorai :
Je sens que j'en mourrai.
— Beau page, dit la reine,
(Que mon cœur, mon cœur a de peine !)
N'est-il qu'une marraine ?
895 Je vous en servirai.

Septième couplet

Je vous en servirai ;
Mon page vous ferai ;
Puis à ma jeune Hélène,
(Que mon cœur, mon cœur a de peine !)
900 Fille d'un capitaine,
Un jour vous marirai.

---

* Ici la comtesse arrête le page en fermant le papier. Le reste ne se
chante pas au théâtre.
1. À la torture.

Huitième couplet

Un jour vous marirai.
— Nenni, n'en faut parler ;
Je veux, traînant ma chaîne,
905   (Que mon cœur, mon cœur a de peine !)
Mourir de cette peine ;
Mais non m'en consoler. »

LA COMTESSE : Il y a de la naïveté… du sentiment même.

SUZANNE *va poser la guitare sur un fauteuil*** : Oh ! pour
910 du sentiment, c'est un jeune homme qui… Ah çà ! monsieur
l'officier, vous a-t-on dit que pour égayer la soirée, nous
voulons savoir d'avance si un de mes habits vous ira passa-
blement ?

LA COMTESSE : J'ai peur que non.

915   SUZANNE *se mesure avec lui* : Il est de ma grandeur.
Ôtons d'abord le manteau. *(Elle le détache.)*

LA COMTESSE : Et si quelqu'un entrait ?

SUZANNE : Est-ce que nous faisons du mal donc ? Je vais
fermer la porte ; *(elle court)* mais c'est la coiffure que je veux
920 voir.

LA COMTESSE : Sur ma toilette, une baigneuse[1] à moi.

*Suzanne entre dans le cabinet dont la porte
est au bord du théâtre.*

---

* Chérubin. Suzanne. La comtesse.
1. Sur la table de toilette se trouve un bonnet à bords rabattus.

Scène 5

CHÉRUBIN, LA COMTESSE *assise.*

LA COMTESSE : Jusqu'à l'instant du bal le comte ignorera
que vous soyez au château. Nous lui dirons après que le
temps d'expédier[1] votre brevet nous a fait naître l'idée…

925 CHÉRUBIN *le lui montre* : Hélas ! madame, le voici ; Bazile
me l'a remis de sa part.

LA COMTESSE : Déjà ? l'on a craint d'y perdre une minute.
(Elle lit.) Ils se sont tant pressés qu'ils ont oublié d'y mettre
son cachet.

Elle le lui rend.

Scène 6

CHÉRUBIN, LA COMTESSE, SUZANNE

930 SUZANNE *entre avec un grand bonnet* : Le cachet, à quoi ?
LA COMTESSE : À son brevet.
SUZANNE : Déjà ?
LA COMTESSE : C'est ce que je disais. Est-ce là ma
baigneuse ?

935 SUZANNE *s'assied près de la comtesse*[*] : Et la plus belle
de toutes. *(Elle chante avec des épingles dans sa bouche :)*

---

* Chérubin. Suzanne. La comtesse.
1. Mettre les formes officielles, en apposant notamment un cachet.

Tournez-vous donc envers ici,
Jean de Lyra, mon bel ami.

(Chérubin se met à genoux. Elle le coiffe.) Madame, il est char-
940 mant !

LA COMTESSE : Arrange son collet, d'un air un peu plus
féminin.

SUZANNE *l'arrange* : Là… mais voyez donc ce morveux,
comme il est joli en fille ! j'en suis jalouse, moi ! *(Elle lui
945 prend le menton.)* Voulez-vous bien n'être pas joli comme
ça ?

LA COMTESSE : Qu'elle est folle ! Il faut relever la
manche, afin que l'amadis [1] prenne mieux… *(Elle la retrousse.)*
Qu'est-ce qu'il a donc au bras ? un ruban !

950 SUZANNE : Et un ruban à vous. Je suis bien aise que
Madame l'ait vu. Je lui avais dit que je le dirais, déjà ! Oh ! si
Monseigneur n'était pas venu, j'aurais bien repris le ruban ;
car je suis presque aussi forte que lui.

LA COMTESSE : Il y a du sang ! *(Elle détache le ruban.)*

955 CHÉRUBIN, *honteux* : Ce matin, comptant partir, j'arran-
geais la gourmette de mon cheval ; il a donné de la tête, et
la bossette m'a effleuré le bras.

LA COMTESSE : On n'a jamais mis un ruban…

SUZANNE : Et surtout un ruban volé. Voyons donc… ce
960 que la bossette… la courbette… la cornette du cheval… Je
n'entends rien à tous ces noms-là. Ah ! qu'il a le bras blanc !
c'est comme une femme ! plus blanc que le mien ! regardez
donc, madame ! *(Elle les compare.)*

LA COMTESSE, *d'un ton glacé* : Occupez-vous plutôt de
965 m'avoir du taffetas gommé, dans ma toilette.

---

1. Bout de la manche qui se boutonne sur le poignet.

> *Suzanne lui pousse la tête, en riant ; il*
> *tombe sur les deux mains. Elle entre dans le*
> *cabinet au bord du théâtre.*

Scène 7

CHÉRUBIN *à genoux,* LA COMTESSE *assise.*

LA COMTESSE *reste un moment sans parler, les yeux sur son ruban. Chérubin la dévore de ses regards :* Pour mon ruban, monsieur… comme c'est celui dont la couleur m'agrée le plus… j'étais fort en colère de l'avoir perdu.

Scène 8

CHÉRUBIN *à genoux,* LA COMTESSE *assise,*
SUZANNE

970   SUZANNE, *revenant :* Et la ligature à son bras ?

> *Elle remet à la comtesse du taffetas gommé*
> *et des ciseaux.*

LA COMTESSE : En allant lui chercher tes hardes[1], prends le ruban d'un autre bonnet.

> *Suzanne sort par la porte du fond, en*
> *emportant le manteau du page.*

---

1. Vêtements, sans la connotation misérabiliste que le terme a de nos jours.

Scène 9

CHÉRUBIN *à genoux*, LA COMTESSE *assise*.

CHÉRUBIN, *les yeux baissés* : Celui qui m'est ôté m'aurait guéri en moins de rien.

975 LA COMTESSE : Par quelle vertu ? *(Lui montrant le taffetas.)* Ceci vaut mieux.

CHÉRUBIN, *hésitant* : Quand un ruban… a serré la tête… ou touché la peau d'une personne…

LA COMTESSE, *coupant la phrase* : … étrangère, il devient
980 bon pour les blessures ? J'ignorais cette propriété. Pour l'éprouver, je garde celui-ci qui vous a serré le bras. À la première égratignure… de mes femmes, j'en ferai l'essai.

CHÉRUBIN, *pénétré* : Vous le gardez, et moi, je pars.

LA COMTESSE : Non pour toujours.

985 CHÉRUBIN : Je suis si malheureux !

LA COMTESSE, *émue* : Il pleure à présent ! c'est ce vilain Figaro avec son pronostic !

CHÉRUBIN, *exalté* : Ah ! je voudrais toucher au terme qu'il m'a prédit ! sûr de mourir à l'instant, peut-être ma
990 bouche oserait…

LA COMTESSE *l'interrompt et lui essuie les yeux avec son mouchoir* : Taisez-vous, taisez-vous, enfant. Il n'y a pas un brin de raison dans tout ce que vous dites. *(On frappe à la porte, elle élève la voix.)* Qui frappe ainsi chez moi ?

Scène 10

CHÉRUBIN, LA COMTESSE, LE COMTE,
en dehors.

995   LE COMTE, *en dehors*: Pourquoi donc enfermée?

LA COMTESSE, *troublée, se lève*: C'est mon époux! grands dieux!… *(À Chérubin qui s'est levé aussi:)* Vous sans manteau, le col et les bras nus! seul avec moi! cet air de désordre, un billet reçu, sa jalousie!…

1000   LE COMTE, *en dehors*: Vous n'ouvrez pas?

LA COMTESSE: C'est que… je suis seule.

LE COMTE, *en dehors*: Seule! Avec qui parlez-vous donc?

LA COMTESSE, *cherchant*: … Avec vous sans doute.

CHÉRUBIN, *à part*: Après les scènes d'hier, et de ce
1005 matin, il me tuerait sur la place!

> *Il court au cabinet de toilette, y entre, et*
> *tire la porte sur lui.*

Scène 11

LA COMTESSE, *seule, en ôte la clef*
et court ouvrir au comte.

Ah! quelle faute! quelle faute!

Scène 12

LE COMTE, LA COMTESSE

LE COMTE, *un peu sévère*: Vous n'êtes pas dans l'usage de vous enfermer!

LA COMTESSE, *troublée*: Je... je chiffonnais... oui, je 1010 chiffonnais avec Suzanne; elle est passée un moment chez elle.

LE COMTE *l'examine*: Vous avez l'air et le ton bien altérés!

LA COMTESSE: Cela n'est pas étonnant... pas étonnant 1015 du tout... je vous assure... nous parlions de vous... elle est passée, comme je vous dis...

LE COMTE: Vous parliez de moi!... Je suis ramené par l'inquiétude: en montant à cheval, un billet, qu'on m'a remis, mais auquel je n'ajoute aucune foi, m'a... pourtant agité.

1020 LA COMTESSE: Comment, monsieur?... quel billet?

LE COMTE: Il faut avouer, madame, que vous ou moi sommes entourés d'êtres... bien méchants! On me donne avis que dans la journée, quelqu'un que je crois absent doit chercher à vous entretenir.

1025 LA COMTESSE: Quel que soit cet audacieux, il faudra qu'il pénètre ici; car mon projet est de ne pas quitter ma chambre de tout le jour.

LE COMTE: Ce soir, pour la noce de Suzanne?

LA COMTESSE: Pour rien au monde; je suis très incom-1030 modée.

LE COMTE: Heureusement le docteur est ici. *(Le page fait tomber une chaise dans le cabinet.)* Quel bruit entends-je?

LA COMTESSE, *plus troublée* : Du bruit ?

1035 LE COMTE : On a fait tomber un meuble.

LA COMTESSE : Je… je n'ai rien entendu, pour moi.

LE COMTE : Il faut que vous soyez furieusement préoccupée !

LA COMTESSE : Préoccupée ! de quoi ?

1040 LE COMTE : Il y a quelqu'un dans ce cabinet, madame.

LA COMTESSE : Hé… qui voulez-vous qu'il y ait, monsieur ?

LE COMTE : C'est moi qui vous le demande ; j'arrive.

LA COMTESSE : Hé mais… Suzanne apparemment qui
1045 range.

LE COMTE : Vous avez dit qu'elle était passée chez elle !

LA COMTESSE : Passée… ou entrée là ; je ne sais lequel.

LE COMTE : Si c'est Suzanne, d'où vient le trouble où je
vous vois ?

1050 LA COMTESSE : Du trouble pour ma camariste ?

LE COMTE : Pour votre camariste, je ne sais ; mais pour
du trouble, assurément.

LA COMTESSE : Assurément, monsieur, cette fille vous
trouble, et vous occupe beaucoup plus que moi.

1055 LE COMTE, *en colère* : Elle m'occupe à tel point, madame,
que je veux la voir à l'instant.

LA COMTESSE : Je crois en effet, que vous le voulez
souvent ; mais voilà bien les soupçons les moins fondés…

Scène 13

LE COMTE, LA COMTESSE ; SUZANNE
entre avec des hardes et pousse la porte du fond.

LE COMTE : Ils en seront plus aisés à détruire. *(Il parle*
1060 *au cabinet.)* Sortez, Suzon ; je vous l'ordonne.

Suzanne s'arrête auprès de l'alcôve dans
le fond.

LA COMTESSE : Elle est presque nue, monsieur ; vient-
on troubler ainsi des femmes dans leur retraite ? Elle essayait
des hardes que je lui donne en la mariant ; elle s'est enfuie
quand elle vous a entendu.

1065 LE COMTE : Si elle craint tant de se montrer, au moins
elle peut parler. *(Il se tourne vers la porte du cabinet.)* Répon-
dez-moi, Suzanne ; êtes-vous dans ce cabinet ?

Suzanne, restée au fond, se jette dans l'al-
côve et s'y cache.

LA COMTESSE, *vivement, parlant au cabinet* : Suzon, je
vous défends de répondre. *(Au comte :)* On n'a jamais poussé
1070 si loin la tyrannie !

LE COMTE *s'avance au cabinet* : Oh ! bien, puisqu'elle ne
parle pas, vêtue ou non, je la verrai.

LA COMTESSE *se met au-devant* : Partout ailleurs je ne
puis l'empêcher ; mais j'espère aussi que chez moi...

1075 LE COMTE : Et moi j'espère savoir dans un moment[1]
quelle est cette Suzanne mystérieuse. Vous demander la

---

1. Tout de suite.

clef serait, je le vois, inutile! mais il est un moyen sûr de
jeter en dedans cette légère porte. Holà! quelqu'un!

LA COMTESSE: Attirer vos gens, et faire un scandale
1080 public d'un soupçon qui nous rendrait la fable du château?

LE COMTE: Fort bien, madame; en effet, j'y suffirai; je
vais à l'instant prendre chez moi ce qu'il faut... *(Il marche
pour sortir et revient.)* Mais pour que tout reste au même
état, voudrez-vous bien m'accompagner sans scandale et
1085 sans bruit, puisqu'il vous déplaît tant?... une chose aussi
simple, apparemment, ne me sera pas refusée!

LA COMTESSE, *troublée*: Eh! monsieur, qui songe à vous
contrarier?

LE COMTE: Ah! j'oubliais la porte qui va chez vos
1090 femmes; il faut que je la ferme aussi, pour que vous soyez
pleinement justifiée.

> *Il va fermer la porte du fond et en ôte la
> clef.*

LA COMTESSE, *à part*: Ô Ciel! étourderie funeste!

LE COMTE, *revenant à elle*: Maintenant que cette chambre
est close, acceptez mon bras, je vous prie; *(il élève la voix)*
1095 et quant à la Suzanne du cabinet, il faudra qu'elle ait la
bonté de m'attendre, et le moindre mal qui puisse lui arriver à mon retour...

LA COMTESSE: En vérité, monsieur, voilà bien la plus
odieuse aventure...

> *Le comte l'emmène et ferme la porte à la
> clef.*

Scène 14

SUZANNE, CHÉRUBIN

1100 SUZANNE *sort de l'alcôve, accourt au cabinet et parle à la serrure*: Ouvrez, Chérubin, ouvrez vite, c'est Suzanne; ouvrez et sortez.

CHÉRUBIN *sort**: Ah! Suzon, quelle horrible scène!

SUZANNE: Sortez, vous n'avez pas une minute.

1105 CHÉRUBIN, *effrayé*: Eh! par où sortir?

SUZANNE: Je n'en sais rien, mais sortez.

CHÉRUBIN: S'il n'y a pas d'issue?

SUZANNE: Après la rencontre de tantôt, il vous écraserait, et nous serions perdues. Courez conter à Figaro...

1110 CHÉRUBIN: La fenêtre du jardin n'est peut-être pas bien haute. *(Il court y regarder.)*

SUZANNE, *avec effroi*: Un grand étage! Impossible! Ah! ma pauvre maîtresse! Et mon mariage, ô Ciel!

CHÉRUBIN *revient*: Elle donne sur la melonnière; quitte 1115 à gâter une couche ou deux...

SUZANNE *le retient et s'écrie*: Il va se tuer!

CHÉRUBIN, *exalté*: Dans un gouffre allumé, Suzon! oui, je m'y jetterais, plutôt que de lui nuire... Et ce baiser va me porter bonheur.

Il l'embrasse et court sauter par la fenêtre.

---

* Chérubin. Suzanne.

Scène 15

SUZANNE, *seule, un cri de frayeur.*

1120   Ah!… *(Elle tombe assise un moment. Elle va péniblement regarder à la fenêtre et revient.)* Il est déjà bien loin. Oh! le petit garnement! aussi leste que joli! si celui-là manque de femmes… Prenons sa place au plus tôt. *(En entrant dans le cabinet.)* Vous pouvez à présent, monsieur le comte, rompre
1125   la cloison, si cela vous amuse; au diantre qui répond un mot!

Elle s'enferme.

Scène 16

LE COMTE, LA COMTESSE *rentrent
dans la chambre.*

LE COMTE, *une pince à la main, qu'il jette sur le fauteuil*:
Tout est bien comme je l'ai laissé. Madame, en m'exposant
à briser cette porte, réfléchissez aux suites: encore une
fois, voulez-vous l'ouvrir?

1130   LA COMTESSE: Eh, monsieur, quelle horrible humeur
peut altérer ainsi les égards entre deux époux? Si l'amour
vous dominait au point de vous inspirer ces fureurs, malgré
leur déraison je les excuserais; j'oublierais peut-être, en
faveur du motif, ce qu'elles ont d'offensant pour moi. Mais la
1135   seule vanité peut-elle jeter dans cet excès un galant homme?

LE COMTE: Amour ou vanité, vous ouvrirez la porte;
ou je vais à l'instant…

LA COMTESSE, *au-devant*: Arrêtez, monsieur, je vous prie. Me croyez-vous capable de manquer à ce que je me
1140 dois?

LE COMTE: Tout ce qu'il vous plaira, madame; mais je verrai qui est dans ce cabinet.

LA COMTESSE, *effrayée*: Eh bien, monsieur, vous le verrez. Écoutez-moi… tranquillement.

1145 LE COMTE: Ce n'est donc pas Suzanne?

LA COMTESSE, *timidement*: Au moins n'est-ce pas non plus une personne… dont vous deviez rien redouter… Nous disposions une plaisanterie… bien innocente en vérité, pour ce soir… et je vous jure…

1150 LE COMTE: Et vous me jurez?

LA COMTESSE: Que nous n'avions pas plus de dessein de vous offenser l'un que l'autre.

LE COMTE, *vite*: L'un que l'autre? c'est un homme?

LA COMTESSE: Un enfant, monsieur.

1155 LE COMTE: Hé qui donc?

LA COMTESSE: À peine osé-je le nommer!

LE COMTE, *furieux*: Je le tuerai.

LA COMTESSE: Grands dieux!

LE COMTE: Parlez donc!

1160 LA COMTESSE: Ce jeune… Chérubin…

LE COMTE: Chérubin! l'insolent! voilà mes soupçons et le billet expliqués.

LA COMTESSE, *joignant les mains*: Ah! monsieur, gardez de penser…

1165 LE COMTE, *frappant du pied*: (À part.) Je trouverai partout ce maudit page! (Haut.) Allons, madame, ouvrez; je sais tout maintenant. Vous n'auriez pas été si émue en le congédiant ce matin, il serait parti quand je l'ai ordonné, vous n'auriez pas mis tant de fausseté dans votre conte de

1170 Suzanne, il ne se serait pas si soigneusement caché, s'il n'y
avait rien de criminel.

LA COMTESSE : Il a craint de vous irriter en se montrant.

LE COMTE, *hors de lui, crie au cabinet* : Sors donc, petit
malheureux !

1175 LA COMTESSE *le prend à bras-le-corps, en l'éloignant* : Ah !
monsieur, monsieur, votre colère me fait trembler pour lui.
N'en croyez pas un injuste soupçon, de grâce ; et que le
désordre où vous l'allez trouver...

LE COMTE : Du désordre !

1180 LA COMTESSE : Hélas oui ; prêt à s'habiller en femme,
une coiffure à moi sur la tête, en veste et sans manteau, le
col ouvert, les bras nus ; il allait essayer...

LE COMTE : Et vous vouliez garder votre chambre !
Indigne épouse ! ah ! vous la garderez... longtemps ; mais il
1185 faut avant que j'en chasse un insolent, de manière à ne plus
le rencontrer nulle part.

LA COMTESSE *se jette à genoux, les bras élevés* : Monsieur le comte, épargnez un enfant ; je ne me consolerais
pas d'avoir causé...

1190 LE COMTE : Vos frayeurs aggravent son crime.

LA COMTESSE : Il n'est pas coupable, il partait : c'est moi
qui l'ai fait appeler.

LE COMTE, *furieux* : Levez-vous. Ôtez-vous... Tu es bien
audacieuse d'oser me parler pour un autre !

1195 LA COMTESSE : Eh bien ! je m'ôterai, monsieur, je me
lèverai ; je vous remettrai même la clef du cabinet : mais, au
nom de votre amour...

LE COMTE : De mon amour ! Perfide !

LA COMTESSE *se lève et lui présente la clef* : Promettez-
1200 moi que vous laisserez aller cet enfant sans lui faire aucun
mal ; et puisse après tout votre courroux tomber sur moi ;
si je ne vous convaincs pas...

LE COMTE, *prenant la clef*: Je n'écoute plus rien.

LA COMTESSE *se jette sur une bergère, un mouchoir sur les*
1205 *yeux*: Oh! Ciel! il va périr.

LE COMTE *ouvre la porte et recule*: C'est Suzanne!

Scène 17

LA COMTESSE, LE COMTE, SUZANNE

SUZANNE *sort en riant*: « Je le tuerai, je le tuerai. » Tuez-
le donc, ce méchant page!

LE COMTE, *à part*: Ah! quelle école [1]! *(Regardant la com-*
1210 *tesse qui est restée stupéfaite.)* Et vous aussi, vous jouez
l'étonnement?… Mais peut-être elle n'y est pas seule.

Il entre.

Scène 18

LA COMTESSE *assise*, SUZANNE

SUZANNE *accourt à sa maîtresse*: Remettez-vous,
madame, il est bien loin, il a fait un saut…

LA COMTESSE: Ah, Suzon, je suis morte.

---

1. Terme de jeu: quelle sottise (j'ai commise)!

Scène 19

LA COMTESSE *assise*, SUZANNE, LE COMTE

1215   LE COMTE *sort du cabinet d'un air confus. Après un court silence*: Il n'y a personne, et pour le coup j'ai tort. Madame... vous jouez fort bien la comédie.

SUZANNE, *gaiement*: Et moi, monseigneur?

> *La comtesse, son mouchoir sur sa bouche pour se remettre, ne parle pas*.*

LE COMTE *s'approche*: Quoi, madame, vous plaisantiez?

1220   LA COMTESSE, *se remettant un peu*: Eh! pourquoi non, monsieur?

LE COMTE: Quel affreux badinage! et par quel motif, je vous prie?...

LA COMTESSE: Vos folies méritent-elles de la pitié?

1225   LE COMTE: Nommer folies ce qui touche à l'honneur!

LA COMTESSE, *assurant son ton par degrés*: Me suis-je unie à vous pour être éternellement dévouée à l'abandon et à la jalousie, que vous seul osez concilier?

LE COMTE: Ah! madame, c'est sans ménagement.

1230   SUZANNE: Madame n'avait qu'à vous laisser appeler les gens.

LE COMTE: Tu as raison, et c'est à moi de m'humilier... Pardon, je suis d'une confusion!...

SUZANNE: Avouez, monseigneur, que vous la méritez
1235   un peu!

------

* Suzanne. La comtesse, assise. Le comte.

LE COMTE : Pourquoi donc ne sortais-tu pas lorsque je
t'appelais ? Mauvaise !

SUZANNE : Je me rhabillais de mon mieux, à grand ren-
fort d'épingles, et Madame qui me le défendait avait bien ses
1240 raisons pour le faire.

LE COMTE : Au lieu de rappeler mes torts, aide-moi plutôt à l'apaiser.

LA COMTESSE : Non, monsieur ; un pareil ouvrage ne se
couvre point[1]. Je vais me retirer aux Ursulines, et je vois
1245 trop qu'il en est temps.

LE COMTE : Le pourriez-vous sans quelques regrets ?

SUZANNE : Je suis sûre, moi, que le jour du départ
serait la veille des larmes.

LA COMTESSE : Eh ! quand cela serait, Suzon ? j'aime
1250 mieux le regretter que d'avoir la bassesse de lui pardonner ;
il m'a trop offensée.

LE COMTE : Rosine !…

LA COMTESSE : Je ne la suis plus, cette Rosine que vous
avez tant poursuivie ! Je suis la pauvre comtesse Almaviva,
1255 la triste femme délaissée, que vous n'aimez plus.

SUZANNE : Madame !

LE COMTE, *suppliant* : Par pitié !

LA COMTESSE : Vous n'en aviez aucune pour moi.

LE COMTE : Mais aussi ce billet… Il m'a tourné le sang !
1260 LA COMTESSE : Je n'avais pas consenti qu'on l'écrivît.

LE COMTE : Vous le saviez ?

LA COMTESSE : C'est cet étourdi de Figaro…

LE COMTE : Il en était ?

LA COMTESSE : … qui l'a remis à Bazile.
1265 LE COMTE : Qui m'a dit le tenir d'un paysan. Ô perfide

---

1. Ne peut trouver d'excuses.

chanteur! lame à deux tranchants! c'est toi qui payeras pour tout le monde.

LA COMTESSE: Vous demandez pour vous un pardon que vous refusez aux autres: voilà bien les hommes! Ah! Si
1270 jamais je consentais à pardonner en faveur de[1] l'erreur où vous a jeté ce billet, j'exigerais que l'amnistie fût générale.

LE COMTE: Eh bien! de tout mon cœur, comtesse. Mais comment réparer une faute aussi humiliante?

LA COMTESSE *se lève*: Elle l'était pour tous deux.

1275 LE COMTE: Ah! dites pour moi seul. Mais je suis encore à concevoir comment les femmes prennent si vite et si juste l'air et le ton des circonstances. Vous rougissiez, vous pleuriez, votre visage était défait... D'honneur il l'est encore.

LA COMTESSE, *s'efforçant de sourire*: Je rougissais... du
1280 ressentiment de vos soupçons. Mais les hommes sont-ils assez délicats pour distinguer l'indignation d'une âme honnête outragée, d'avec la confusion qui naît d'une accusation méritée?

LE COMTE, *souriant*: Et ce page en désordre, en veste et
1285 presque nu...

LA COMTESSE, *montrant Suzanne*: Vous le voyez devant vous. N'aimez-vous pas mieux l'avoir trouvé que l'autre? en général, vous ne haïssez pas de rencontrer celui-ci.

LE COMTE, *riant plus fort*: Et ces prières, ces larmes
1290 feintes...

LA COMTESSE: Vous me faites rire, et j'en ai peu d'envie.

LE COMTE: Nous croyons valoir quelque chose en politique, et nous ne sommes que des enfants. C'est vous, c'est vous, madame, que le roi devrait envoyer en ambassade à
1295 Londres! Il faut que votre sexe ait fait une étude bien réfléchie de l'art de se composer pour réussir à ce point!

---

1. En prenant en considération.

LA COMTESSE: C'est toujours vous qui nous y forcez.

SUZANNE: Laissez-nous prisonniers sur parole, et vous verrez si nous sommes gens d'honneur.

1300 LA COMTESSE: Brisons là, monsieur le comte. J'ai peut-être été trop loin; mais mon indulgence en un cas aussi grave doit au moins m'obtenir la vôtre.

LE COMTE: Mais vous répéterez que vous me pardonnez.

LA COMTESSE: Est-ce que je l'ai dit, Suzon?

1305 SUZANNE: Je ne l'ai pas entendu, madame.

LE COMTE: Eh bien! que ce mot vous échappe.

LA COMTESSE: Le méritez-vous, ingrat?

LE COMTE: Oui, par mon repentir.

SUZANNE: Soupçonner un homme dans le cabinet de
1310 Madame!

LE COMTE: Elle m'en a si sévèrement puni!

SUZANNE: Ne pas s'en fier à elle quand elle dit que c'est sa camariste!

LE COMTE: Rosine, êtes-vous donc implacable?

1315 LA COMTESSE: Ah! Suzon! que je suis faible! quel exemple je te donne! *(Tendant la main au comte.)* On ne croira plus à la colère des femmes.

SUZANNE: Bon! madame, avec eux ne faut-il pas toujours en venir là?

> *Le comte baise ardemment la main de sa femme.*

Scène 20

SUZANNE, FIGARO, LA COMTESSE, LE COMTE

1320 FIGARO, *arrivant tout essoufflé*: On disait Madame incommodée. Je suis vite accouru… je vois avec joie qu'il n'en est
rien.

LE COMTE, *sèchement*: Vous êtes fort attentif[1]!

FIGARO: Et c'est mon devoir. Mais puisqu'il n'en est
1325 rien, monseigneur, tous vos jeunes vassaux des deux sexes
sont en bas avec les violons et les cornemuses, attendant,
pour m'accompagner, l'instant où vous permettrez que je
mène ma fiancée…

LE COMTE: Et qui surveillera la comtesse au château?

1330 FIGARO: La veiller! elle n'est pas malade.

LE COMTE: Non; mais cet homme absent qui doit
l'entretenir?

FIGARO: Quel homme absent?

LE COMTE: L'homme du billet que vous avez remis à
1335 Bazile.

FIGARO: Qui dit cela?

LE COMTE: Quand je ne le saurais pas d'ailleurs, fripon!
ta physionomie qui t'accuse me prouverait déjà que tu mens.

FIGARO: S'il en est ainsi, ce n'est pas moi qui mens,
1340 c'est ma physionomie.

SUZANNE: Va, mon pauvre Figaro, n'use pas ton éloquence en défaites[2]; nous avons tout dit.

FIGARO: Et quoi dit? vous me traitez comme un Bazile!

---

1. Attentionné.
2. En mauvaises excuses.

SUZANNE: Que tu avais écrit le billet de tantôt pour
1345 faire accroire à Monseigneur, quand il entrerait, que le petit
page était dans ce cabinet où je me suis enfermée.

LE COMTE: Qu'as-tu à répondre?

LA COMTESSE: Il n'y a plus rien à cacher, Figaro; le
badinage est consommé.

1350 FIGARO, *cherchant à deviner*: Le badinage... est
consommé?

LE COMTE: Oui, consommé. Que dis-tu là-dessus?

FIGARO: Moi! je dis... que je voudrais bien qu'on en
pût dire autant de mon mariage; et si vous l'ordonnez...

1355 LE COMTE: Tu conviens donc enfin du billet?

FIGARO: Puisque Madame le veut, que Suzanne le veut,
que vous le voulez vous-même, il faut bien que je le veuille
aussi: mais à votre place, en vérité, monseigneur, je ne croirais pas un mot de tout ce que nous vous disons.

1360 LE COMTE: Toujours mentir contre l'évidence! à la fin
cela m'irrite.

LA COMTESSE, *en riant*: Eh, ce pauvre garçon! pourquoi
voulez-vous, monsieur, qu'il dise une fois la vérité?

FIGARO, *bas à Suzanne*: Je l'avertis de son danger; c'est
1365 tout ce qu'un honnête homme peut faire.

SUZANNE, *bas*: As-tu vu le petit page?

FIGARO, *bas*: Encore tout froissé.

SUZANNE, *bas*: Ah, pécaïre[1]!

LA COMTESSE: Allons, monsieur le comte, ils brûlent
1370 de s'unir: leur impatience est naturelle! entrons pour la
cérémonie.

LE COMTE, *à part*: Et Marceline, Marceline... (*Haut.*) Je
voudrais être... au moins vêtu.

LA COMTESSE: Pour nos gens! Est-ce que je le suis?

───────────

1. Interjection d'origine provençale.

Scène 21

FIGARO, SUZANNE, LA COMTESSE, LE COMTE, ANTONIO

1375   ANTONIO, *demi-gris, tenant un pot de giroflées écrasées*:
Monseigneur! Monseigneur!

LE COMTE: Que me veux-tu, Antonio?

ANTONIO: Faites donc une fois[1] griller les croisées qui
donnent sur mes couches. On jette toutes sortes de choses
1380   par ces fenêtres; et tout à l'heure encore on vient d'en
jeter un homme.

LE COMTE: Par ces fenêtres?

ANTONIO: Regardez comme on arrange mes giroflées!

SUZANNE, *bas à Figaro*: Alerte, Figaro! alerte.

1385   FIGARO: Monseigneur, il est gris dès le matin.

ANTONIO: Vous n'y êtes pas. C'est un petit reste d'hier.
Voilà comme on fait des jugements... ténébreux.

LE COMTE, *avec feu*: Cet homme! cet homme! où est-
il?

1390   ANTONIO: Où il est?

LE COMTE: Oui.

ANTONIO: C'est ce que je dis. Il faut me le trouver
déjà. Je suis votre domestique; il n'y a que moi qui prends
soin de votre jardin; il y tombe un homme, et vous sen-
1395   tez... que ma réputation en est effleurée.

SUZANNE, *bas à Figaro*: Détourne, détourne.

FIGARO: Tu boiras donc toujours?

---

1. Une fois pour toutes.

ANTONIO : Et si je ne buvais pas, je deviendrais enragé.

LA COMTESSE : Mais en prendre ainsi sans besoin…

1400 ANTONIO : Boire sans soif et faire l'amour en tout temps, madame, il n'y a que ça qui nous distingue des autres bêtes.

LE COMTE, *vivement* : Réponds-moi donc ou je vais te chasser.

1405 ANTONIO : Est-ce que je m'en irais ?

LE COMTE : Comment donc ?

ANTONIO, *se touchant le front* : Si vous n'avez pas assez de ça pour garder un bon domestique, je ne suis pas assez bête, moi, pour renvoyer un si bon maître.

1410 LE COMTE *le secoue avec colère* : On a, dis-tu, jeté un homme par cette fenêtre ?

ANTONIO : Oui, Mon Excellence ; tout à l'heure, en veste blanche, et qui s'est enfui, jarni[1], courant…

LE COMTE, *impatienté* : Après ?

1415 ANTONIO : J'ai bien voulu courir après ; mais je me suis donné contre la grille une si fière gourde[2] à la main que je ne peux plus remuer ni pied ni patte de ce doigt-là.

Levant le doigt.

LE COMTE : Au moins tu reconnaîtrais l'homme ?

ANTONIO : Oh ! que oui-da !… si je l'avais vu pourtant !

1420 SUZANNE, *bas à Figaro* : Il ne l'a pas vu.

FIGARO : Voilà bien du train pour un pot de fleurs ! combien te faut-il, pleurard ! avec ta giroflée ? Il est inutile de chercher, monseigneur, c'est moi qui ai sauté.

LE COMTE : Comment ? c'est vous !

---

1. Juron paysan.
2. Un tel coup.

1425   ANTONIO : « Combien te faut-il, pleurard ? » Votre corps
a donc bien grandi depuis ce temps-là ? car je vous ai trouvé
beaucoup plus moindre et plus fluet !

FIGARO : Certainement ; quand on saute, on se pelo-
tonne…

1430   ANTONIO : M'est avis que c'était plutôt… qui dirait, le
gringalet de page.

LE COMTE : Chérubin, tu veux dire ?

FIGARO : Oui, revenu tout exprès avec son cheval, de la
porte de Séville, où peut-être il est déjà.

1435   ANTONIO : Oh ! non, je ne dis pas ça, je ne dis pas ça ;
je n'ai pas vu sauter de cheval, car je le dirais de même.

LE COMTE : Quelle patience !

FIGARO : J'étais dans la chambre des femmes en veste
blanche : il fait un chaud !… J'attendais là ma Suzannette,
1440   quand j'ai ouï tout à coup la voix de Monseigneur et le
grand bruit qui se faisait : je ne sais quelle crainte m'a saisi à
l'occasion de ce billet ; et s'il faut avouer ma bêtise, j'ai
sauté sans réflexion sur les couches, où je me suis même un
peu foulé le pied droit.

Il frotte son pied.

1445   ANTONIO : Puisque c'est vous, il est juste de vous rendre
ce brimborion de papier qui a coulé[1] de votre veste en
tombant.

LE COMTE *se jette dessus* : Donne-le-moi.

Il ouvre le papier et le referme.

FIGARO, *à part* : Je suis pris.

1450   LE COMTE, *à Figaro* : La frayeur ne vous aura pas fait

_____

1. S'est échappé.

oublier ce que contient ce papier, ni comment il se trouvait dans votre poche ?

FIGARO, *embarrassé, fouille dans ses poches et en tire des papiers* : Non sûrement… Mais c'est que j'en ai tant. Il faut
1455 répondre à tout… *(Il regarde un des papiers.)* Ceci ? ah ! c'est une lettre de Marceline, en quatre pages ; elle est belle !… Ne serait-ce pas la requête de ce pauvre braconnier en prison ?… non, la voici… J'avais l'état des meubles du petit château dans l'autre poche…

Le comte rouvre le papier qu'il tient.

1460 LA COMTESSE, *bas à Suzanne* : Ah dieux ! Suzon. C'est le brevet d'officier.

SUZANNE, *bas à Figaro* : Tout est perdu, c'est le brevet.

LE COMTE *replie le papier* : Eh bien ! l'homme aux expédients, vous ne devinez pas ?

1465 ANTONIO, *s'approchant de Figaro** : Monseigneur dit si vous ne devinez pas !

FIGARO *le repousse* : Fi donc ! vilain, qui me parle dans le nez !

LE COMTE : Vous ne vous rappelez pas ce que ce peut
1470 être ?

FIGARO : A, a, a, ah ! *Povero*[1] ! ce sera le brevet de ce malheureux enfant, qu'il m'avait remis et que j'ai oublié de lui rendre. O, o, o, oh ! étourdi que je suis ! que fera-t-il sans son brevet ? Il faut courir…

1475 LE COMTE : Pourquoi vous l'aurait-il remis ?

FIGARO, *embarrassé* : Il… désirait qu'on y fît quelque chose.

LE COMTE *regarde son papier* : Il n'y manque rien.

---

* Antonio. Figaro. Suzanne. La comtesse. Le comte.
1. Pauvre de moi !

LA COMTESSE, *bas à Suzanne*: Le cachet.

1480   SUZANNE, *bas à Figaro*: Le cachet manque.

LE COMTE, *à Figaro*: Vous ne répondez pas?

FIGARO: C'est... qu'en effet il y manque peu de chose.
Il dit que c'est l'usage...

LE COMTE: L'usage! l'usage! l'usage de quoi?

1485   FIGARO: D'y apposer le sceau de vos armes. Peut-être
aussi que cela ne valait pas la peine.

LE COMTE *rouvre le papier et le chiffonne de colère*: Allons,
il est écrit que je ne saurai rien. *(À part.)* C'est ce Figaro qui
les mène et je ne m'en vengerais pas!

Il veut sortir avec dépit.

1490   FIGARO, *l'arrêtant*: Vous sortez sans ordonner mon
mariage?

Scène 22

BAZILE, BARTHOLO, MARCELINE, FIGARO,
LE COMTE, GRIPPE-SOLEIL, LA COMTESSE,
SUZANNE, ANTONIO; VALETS DU COMTE,
SES VASSAUX

MARCELINE, *au comte*: Ne l'ordonnez pas, monseigneur! Avant de lui faire grâce, vous nous devez justice. Il a
des engagements avec moi.

1495   LE COMTE, *à part*: Voilà ma vengeance arrivée.

FIGARO: Des engagements! de quelle nature? Expliquez-vous.

MARCELINE: Oui, je m'expliquerai, malhonnête!

La comtesse s'assied sur une bergère.
Suzanne est derrière elle.

LE COMTE : De quoi s'agit-il, Marceline ?

1500 MARCELINE : D'une obligation de mariage.

FIGARO : Un billet, voilà tout, pour de l'argent prêté.

MARCELINE, *au comte* : Sous condition de m'épouser.
Vous êtes un grand seigneur, le premier juge de la province…

LE COMTE : Présentez-vous au tribunal ; j'y rendrai jus-
1505 tice à tout le monde.

BAZILE, *montrant Marceline* : En ce cas, Votre Grandeur
permet que je fasse aussi valoir mes droits sur Marceline ?

LE COMTE, *à part* : Ah ! voilà mon fripon du billet.

FIGARO : Autre fou de la même espèce !

1510 LE COMTE, *en colère, à Bazile* : Vos droits ! vos droits ! Il
vous convient bien de parler devant moi, maître sot !

ANTONIO, *frappant dans sa main* : Il ne l'a, ma foi, pas
manqué du premier coup : c'est son nom.

LE COMTE : Marceline, on suspendra tout jusqu'à l'exa-
1515 men de vos titres, qui se fera publiquement dans la grand-
salle d'audience. Honnête Bazile ! agent fidèle et sûr ! allez
au bourg chercher les gens du Siège [1].

BAZILE : Pour son affaire ?

LE COMTE : Et vous m'amènerez le paysan du billet.

1520 BAZILE : Est-ce que je le connais ?

LE COMTE : Vous résistez !

BAZILE : Je ne suis pas entré au château pour en faire les
commissions.

LE COMTE : Quoi donc ?

1525 BAZILE : Homme à talent sur l'orgue du village, je montre

---

1. Hommes de justice.

le clavecin à Madame, à chanter à ses femmes, la mandoline
aux pages ; et mon emploi surtout est d'amuser votre compagnie avec ma guitare, quand il vous plaît de l'ordonner.

GRIPPE-SOLEIL *s'avance* : J'irai bien, monsigneu, si cela
1530 vous plaira.

LE COMTE : Quel est ton nom, et ton emploi ?

GRIPPE-SOLEIL : Je suis Grippe-Soleil, mon bon signeu ;
le petit patouriau des chèvres, commandé pour le feu d'artifice. C'est fête aujourd'hui dans le troupiau ; et je sais oùs-
1535 ce qu'est toute l'enragée boutique à procès du pays.

LE COMTE : Ton zèle me plaît ; vas-y : mais vous, *(à Bazile)*
accompagnez Monsieur en jouant de la guitare, et chantant
pour l'amuser en chemin. Il est de ma compagnie.

GRIPPE-SOLEIL, *joyeux* : Oh ! moi, je suis de la… ?

> *Suzanne l'apaise de la main, en lui mon-*
> *trant la comtesse.*

1540 BAZILE, surpris : Que j'accompagne Grippe-Soleil en
jouant ?…

LE COMTE : C'est votre emploi. Partez, ou je vous chasse.

> *Il sort.*

Scène 23

LES ACTEURS PRÉCÉDENTS, *excepté* LE COMTE

BAZILE, *à lui-même* : Ah ! je n'irai pas lutter contre le pot
de fer, moi qui ne suis…

1545 FIGARO : Qu'une cruche.

BAZILE, *à part* : Au lieu d'aider à leur mariage, je m'en

vais assurer le mien avec Marceline. *(À Figaro:)* Ne conclus rien, crois-moi, que je ne sois de retour.

> *Il va prendre la guitare sur le fauteuil du fond.*

FIGARO *le suit*: Conclure! oh! va, ne crains rien; quand
1550 même tu ne reviendrais jamais... Tu n'as pas l'air en train de chanter[1]; veux-tu que je commence?... allons gai, haut, la-mi-la[2], pour ma fiancée.

> *Il se met en marche à reculons, danse en chantant la séguedille suivante. Bazile accompagne, et tout le monde le suit.*

SÉGUEDILLE

Air noté.

Je préfère à richesse,
    La sagesse
1555   De ma Suzon;
    Zon, zon, zon,
    Zon, zon, zon,
    Zon, zon, zon,
    Zon, zon, zon.
1560 Aussi sa gentillesse
    Est maîtresse
    De ma raison;
    Zon, zon, zon,
    Zon, zon, zon,
1565   Zon, zon, zon,
    Zon, zon, zon.

> *Le bruit s'éloigne, on n'entend pas le reste.*

---

1. Tu n'as pas l'air en bonne disposition pour chanter.
2. Indication fournissant la tonalité qui équivaut à un ordre: «Musique!»

Scène 24

SUZANNE, LA COMTESSE

LA COMTESSE, *dans sa bergère* : Vous voyez, Suzanne, la jolie scène que votre étourdi m'a value avec son billet.

SUZANNE : Ah ! madame, quand je suis rentrée du cabi-
1570 net, si vous aviez vu votre visage ! il s'est terni tout à coup ; mais ce n'a été qu'un nuage ; et par degrés vous êtes deve- nue rouge, rouge, rouge !

LA COMTESSE : Il a donc sauté par la fenêtre ?

SUZANNE : Sans hésiter, le charmant enfant ! léger…
1575 comme une abeille !

LA COMTESSE : Ah ! ce fatal jardinier ! Tout cela m'a remuée au point… que je ne pouvais rassembler deux idées.

SUZANNE : Ah ! madame, au contraire ; et c'est là que j'ai vu combien l'usage du grand monde donne d'aisance aux
1580 dames comme il faut, pour mentir sans qu'il y paraisse.

LA COMTESSE : Crois-tu que le comte en soit la dupe ? et s'il trouvait cet enfant au château !

SUZANNE : Je vais recommander de le cacher si bien…

LA COMTESSE : Il faut qu'il parte. Après ce qui vient
1585 d'arriver, vous croyez bien que je ne suis pas tentée de l'envoyer au jardin à votre place.

SUZANNE : Il est certain que je n'irai pas non plus. Voilà donc mon mariage encore une fois…

LA COMTESSE *se lève* : Attends… Au lieu d'un autre ou
1590 de toi, si j'y allais moi-même ?

SUZANNE : Vous, madame ?

LA COMTESSE : Il n'y aurait personne d'exposé… Le comte alors ne pourrait nier… Avoir puni sa jalousie et lui

prouver son infidélité, cela serait… Allons : le bonheur d'un
1595 premier hasard[1] m'enhardit à tenter le second. Fais-lui savoir
promptement que tu te rendras au jardin. Mais surtout que
personne…

SUZANNE : Ah ! Figaro.

LA COMTESSE : Non, non. Il voudrait mettre ici du sien.
1600 Mon masque de velours et ma canne ; que j'aille y rêver sur
la terrasse.

Suzanne entre dans le cabinet de toilette.

Scène 25

LA COMTESSE, *seule.*

Il est assez effronté, mon petit projet ! *(Elle se retourne.)*
Ah ! le ruban ! mon joli ruban ! je t'oubliais ! *(Elle le prend sur
sa bergère et le roule.)* Tu ne me quitteras plus… tu me rap-
1605 pelleras la scène où ce malheureux enfant… Ah ! monsieur
le comte, qu'avez-vous fait ?… Et moi, que fais-je en ce
moment ?…

---

1. L'issue favorable d'une première aventure risquée.

Scène 26

LA COMTESSE, SUZANNE
(La comtesse met furtivement le ruban dans son sein.)

SUZANNE: Voici la canne et votre loup.

LA COMTESSE: Souviens-toi que je t'ai défendu d'en
1610 dire un mot à Figaro.

SUZANNE, *avec joie*: Madame, il est charmant votre projet. Je viens d'y réfléchir. Il rapproche tout, termine tout,
embrasse tout; et, quelque chose qui arrive, mon mariage
est maintenant certain.

> *Elle baise la main de sa maîtresse. Elles*
> *sortent.*

FIN DU SECOND ACTE

*Pendant l'entracte, des valets arrangent la salle d'audience:
on apporte les deux banquettes à dossier des avocats, que l'on
place aux deux côtés du théâtre, de façon que le passage soit
libre par-derrière. On pose une estrade à deux marches dans le
milieu du théâtre, vers le fond, sur laquelle on place le fauteuil
du comte. On met la table du greffier et son tabouret de côté
sur le devant, et des sièges pour Brid'oison et d'autres juges, des
deux côtés de l'estrade du comte.*

Acte III

Le théâtre représente une salle du château, appelée salle du trône et servant de salle d'audience, ayant sur le côté une impériale en dais [1] et, dessous, le portrait du roi.

Scène I

LE COMTE, PÉDRILLE, *en veste et botté,*
tenant un paquet cacheté.

1615 LE COMTE, *vite*: M'as-tu bien entendu?
PÉDRILLE: Excellence, oui.

Il sort.

---

1. Tenture suspendue et formant un plafond, qui protège le portrait du roi au nom duquel le comte va juger.

Scène 2

LE COMTE *seul, criant.*

Pédrille?

Scène 3

LE COMTE, PÉDRILLE *revient.*

PÉDRILLE : Excellence?

LE COMTE : On ne t'a pas vu?

1620 PÉDRILLE : Âme qui vive.

LE COMTE : Prenez le cheval barbe.

PÉDRILLE : Il est à la grille du potager, tout sellé.

LE COMTE : Ferme, d'un trait, jusqu'à Séville.

PÉDRILLE : Il n'y a que trois lieues, elles sont bonnes.

1625 LE COMTE : En descendant, sachez si le page est arrivé.

PÉDRILLE : Dans l'hôtel?

LE COMTE : Oui ; surtout depuis quel temps.

PÉDRILLE : J'entends.

LE COMTE : Remets-lui son brevet et reviens vite.

1630 PÉDRILLE : Et s'il n'y était pas?

LE COMTE : Revenez plus vite et m'en rendez compte.
Allez.

Scène 4

LE COMTE *seul, marche en rêvant.*

J'ai fait une gaucherie en éloignant Bazile !... la colère n'est bonne à rien. Ce billet remis par lui, qui m'avertit d'une
1635 entreprise sur la comtesse ; la camariste enfermée quand j'arrive ; la maîtresse affectée d'une terreur fausse ou vraie ; un homme qui saute par la fenêtre, et l'autre après qui avoue... ou qui prétend que c'est lui... Le fil m'échappe. Il y a là-dedans une obscurité... Des libertés chez mes vas-
1640 saux, qu'importe à gens de cette étoffe ? Mais la comtesse ! si quelque insolent attendait... où m'égaré-je ? En vérité quand la tête se monte, l'imagination la mieux réglée devient folle comme un rêve ! Elle s'amusait ; ces ris étouffés, cette joie mal éteinte ! Elle se respecte, et mon honneur... où
1645 diable on l'a placé ! De l'autre part où suis-je ? cette fri-ponne de Suzanne a-t-elle trahi mon secret ?... Comme il n'est pas encore le sien... Qui donc[1] m'enchaîne à cette fantaisie ? j'ai voulu vingt fois y renoncer... Étrange effet de l'irrésolution ! si je la voulais sans débat, je la désirerais
1650 mille fois moins. Ce Figaro se fait bien attendre ! il faut le sonder adroitement, *(Figaro paraît dans le fond ; il s'arrête)* et tâcher, dans la conversation que je vais avoir avec lui, de démêler d'une manière détournée s'il est instruit ou non de mon amour pour Suzanne.

---

1. Qu'est-ce donc qui...

Scène 5

LE COMTE, FIGARO

1655   FIGARO, *à part*: Nous y voilà.

LE COMTE: ... S'il en sait par elle un seul mot...

FIGARO, *à part*: Je m'en suis douté.

LE COMTE: ... Je lui fais épouser la vieille.

FIGARO, *à part*: Les amours de M. Bazile.

1660   LE COMTE: ... Et voyons ce que nous ferons de la jeune.

FIGARO, *à part*: Ah! ma femme, s'il vous plaît.

LE COMTE *se retourne*: Hein? quoi? qu'est-ce que c'est?

FIGARO *s'avance*: Moi, qui me rends à vos ordres.

1665   LE COMTE: Et pourquoi ces mots?

FIGARO: Je n'ai rien dit.

LE COMTE *répète*: «Ma femme, s'il vous plaît»?

FIGARO: C'est... la fin d'une réponse que je faisais: «Allez le dire à ma femme, s'il vous plaît.»

1670   LE COMTE *se promène*: «Sa femme»!... Je voudrais bien savoir quelle affaire peut arrêter Monsieur, quand je le fais appeler?

FIGARO, *feignant d'assurer son habillement*: Je m'étais sali sur ces couches en tombant; je me changeais.

1675   LE COMTE: Faut-il une heure?

FIGARO: Il faut le temps.

LE COMTE: Les domestiques ici... sont plus longs à s'habiller que les maîtres!

FIGARO: C'est qu'ils n'ont point de valets pour les y
1680   aider.

LE COMTE : ... Je n'ai pas trop compris ce qui vous avait forcé tantôt de courir un danger inutile, en vous jetant...

FIGARO : Un danger ! on dirait que je me suis engouffré tout vivant...

1685 LE COMTE : Essayez de me donner le change en feignant de le prendre [1], insidieux valet ! vous entendez fort bien que ce n'est pas le danger qui m'inquiète, mais le motif.

FIGARO : Sur un faux avis, vous arrivez furieux, renversant tout, comme le torrent de la Morena ; vous cherchez

1690 un homme ; il vous le faut, ou vous allez briser les portes, enfoncer les cloisons ! je me trouve là par hasard ; qui sait dans votre emportement si...

LE COMTE, *interrompant* : Vous pouviez fuir par l'escalier.

FIGARO : Et vous, me prendre au corridor.

1695 LE COMTE, *en colère* : Au corridor ! *(À part.)* Je m'emporte, et nuis à ce que je veux savoir.

FIGARO, *à part* : Voyons-le venir, et jouons serré.

LE COMTE, *radouci* : Ce n'est pas ce que je voulais dire, laissons cela. J'avais... oui, j'avais quelque envie de t'emmener

1700 à Londres, courrier de dépêches... mais toutes réflexions faites...

FIGARO : Monseigneur a changé d'avis ?

LE COMTE : Premièrement, tu ne sais pas l'anglais.

FIGARO : Je sais *God-dam*.

1705 LE COMTE : Je n'entends pas.

FIGARO : Je dis que je sais *God-dam*.

LE COMTE : Eh bien ?

FIGARO : Diable ! c'est une belle langue que l'anglais ; il en faut peu pour aller loin. Avec *God-dam* en Angleterre, on

1710 ne manque de rien nulle part. Voulez-vous tâter d'un bon

---

1. Essayez de me tromper en feignant de vous tromper vous-même.

poulet gras ? entrez dans une taverne, et faites seulement ce
geste au garçon. *(Il tourne la broche.)* God-dam ! on vous
apporte un pied de bœuf salé sans pain. C'est admirable !
Aimez-vous à boire un coup d'excellent bourgogne ou de
1715 clairet ? rien que celui-ci. *(Il débouche une bouteille.)* God-
dam ! on vous sert un pot de bière, en bel étain, la mousse
aux bords. Quelle satisfaction ! Rencontrez-vous une de ces
jolies personnes qui vont trottant menu, les yeux baissés,
coudes en arrière, et tortillant un peu des hanches ? mettez
1720 mignardement[1] tous les doigts unis sur la bouche. Ah ! God-
dam ! elle vous sangle un soufflet de crocheteur[2]. Preuve
qu'elle entend. Les Anglais, à la vérité, ajoutent par-ci, par-
là quelques autres mots en conversant ; mais il est bien aisé
de voir que God-dam est le fond de la langue ; et si Monsei-
1725 gneur n'a pas d'autre motif de me laisser en Espagne...

LE COMTE, *à part* : Il veut venir à Londres ; elle n'a pas
parlé.

FIGARO, *à part* : Il croit que je ne sais rien ; travaillons-le
un peu dans son genre.

1730   LE COMTE : Quel motif avait la comtesse pour me jouer
un pareil tour ?

FIGARO : Ma foi, monseigneur, vous le savez mieux que
moi.

LE COMTE : Je la préviens sur tout[3] et la comble de
1735 présents.

FIGARO : Vous lui donnez, mais vous êtes infidèle. Sait-
on gré du superflu à qui nous prive du nécessaire ?

LE COMTE : ... Autrefois tu me disais tout.

FIGARO : Et maintenant je ne vous cache rien.

---

1. De manière affectée en signe d'admiration.
2. Celui qui porte les charges sur son dos, portefaix.
3. Je préviens tous ses désirs.

1740   LE COMTE: Combien la comtesse t'a-t-elle donné pour
cette belle association?

FIGARO: Combien me donnâtes-vous pour la tirer des
mains du docteur? Tenez, monseigneur, n'humilions pas
l'homme qui nous sert bien, crainte d'en faire un mauvais
1745   valet.

LE COMTE: Pourquoi faut-il qu'il y ait toujours du
louche en ce que tu fais?

FIGARO: C'est qu'on en voit partout quand on cherche
des torts.

1750   LE COMTE: Une réputation détestable!

FIGARO: Et si je vaux mieux qu'elle? y a-t-il beaucoup
de seigneurs qui puissent en dire autant?

LE COMTE: Cent fois je t'ai vu marcher à la fortune, et
jamais aller droit.

1755   FIGARO: Comment voulez-vous? la foule est là: chacun
veut courir, on se presse, on pousse, on coudoie, on ren-
verse, arrive qui peut; le reste est écrasé. Aussi c'est fait;
pour moi, j'y renonce.

LE COMTE: À la fortune? *(À part.)* Voici du neuf.

1760   FIGARO: *(À part.)* À mon tour maintenant. *(Haut.)* Votre
Excellence m'a gratifié de la conciergerie du château; c'est
un fort joli sort; à la vérité je ne serai pas le courrier étrenné
des nouvelles intéressantes; mais en revanche, heureux avec
ma femme au fond de l'Andalousie…

1765   LE COMTE: Qui t'empêcherait de l'emmener à Londres?

FIGARO: Il faudrait la quitter si souvent que j'aurais
bientôt du mariage par-dessus la tête.

LE COMTE: Avec du caractère et de l'esprit, tu pourrais
un jour t'avancer dans les bureaux.

1770   FIGARO: De l'esprit pour s'avancer? Monseigneur se rit
du mien. Médiocre et rampant; et l'on arrive à tout.

LE COMTE : … Il ne faudrait qu'étudier un peu sous moi la politique.

FIGARO : Je la sais.

1775   LE COMTE : Comme l'anglais, le fond de la langue !

FIGARO : Oui, s'il y avait de quoi se vanter. Mais feindre d'ignorer ce qu'on sait, de savoir tout ce qu'on ignore, d'entendre ce qu'on ne comprend pas, de ne point ouïr ce qu'on entend, surtout de pouvoir au-delà de ses forces ; 1780 avoir souvent pour grand secret de cacher qu'il n'y en a point ; s'enfermer pour tailler des plumes et paraître profond, quand on n'est, comme on dit, que vide et creux ; jouer bien ou mal un personnage ; répandre des espions et pensionner des traîtres ; amollir des cachets ; intercepter 1785 des lettres ; et tâcher d'ennoblir la pauvreté des moyens par l'importance des objets : voilà toute la politique, ou je meure !

LE COMTE : Eh ! c'est l'intrigue que tu définis !

FIGARO : La politique, l'intrigue, volontiers ; mais comme 1790 je les crois un peu germaines, en fasse qui voudra. « J'aime mieux ma mie, ô gué ! » comme dit la chanson du bon roi.

LE COMTE, *à part* : Il veut rester. J'entends… Suzanne m'a trahi.

FIGARO, *à part* : Je l'enfile [1] et le paye en sa monnaie.

1795   LE COMTE : Ainsi tu espères gagner ton procès contre Marceline ?

FIGARO : Me feriez-vous un crime de refuser une vieille fille, quand Votre Excellence se permet de nous souffler toutes les jeunes ?

1800   LE COMTE, *raillant* : Au tribunal, le magistrat s'oublie et ne voit plus que l'ordonnance.

---

1. Je le trompe (terme de jeu).

FIGARO : Indulgente aux grands, dure aux petits…

LE COMTE : Crois-tu donc que je plaisante ?

FIGARO : Eh ! qui le sait, monseigneur ? *Tempo è galant'*
1805 *uomo*, dit l'italien ; il dit toujours la vérité : c'est lui qui m'apprendra qui me veut du mal ou du bien.

LE COMTE, *à part* : Je vois qu'on lui a tout dit ; il épousera la duègne.

FIGARO, *à part* : Il a joué au fin avec moi ; qu'a-t-il appris ?

Scène 6

LE COMTE, UN LAQUAIS, FIGARO

1810   LE LAQUAIS, *annonçant* : Don Gusman Brid'oison.

LE COMTE : Brid'oison ?

FIGARO : Eh ! sans doute. C'est le juge ordinaire ; le lieutenant du siège ; votre prud'homme [1].

LE COMTE : Qu'il attende.

Le laquais sort.

Scène 7

LE COMTE, FIGARO

1815   FIGARO *reste un moment à regarder le comte qui rêve* : …
Est-ce là ce que Monseigneur voulait ?

---

1. Conseiller juridique.

LE COMTE, *revenant à lui* : Moi ?... Je disais d'arranger ce salon pour l'audience publique.

FIGARO : Hé, qu'est-ce qu'il manque ? le grand fauteuil
1820 pour vous, de bonnes chaises aux prud'hommes, le tabouret du greffier, deux banquettes aux avocats, le plancher pour le beau monde, et la canaille derrière. Je vais renvoyer les frotteurs.

Il sort.

Scène 8

LE COMTE, *seul.*

Le maraud m'embarrassait ! en disputant[1], il prend son
1825 avantage, il vous serre, vous enveloppe... Ah ! friponne et fripon ! vous vous entendez pour me jouer ! Soyez amis, soyez amants, soyez ce qu'il vous plaira, j'y consens ; mais, parbleu, pour époux...

Scène 9

SUZANNE, LE COMTE

SUZANNE, *essoufflée* : Monseigneur... pardon, mon-
1830 seigneur.
LE COMTE, *avec humeur* : Qu'est-ce qu'il y a, made-moiselle ?

---

1. Au cours de la conversation.

SUZANNE: Vous êtes en colère!

LE COMTE: Vous voulez quelque chose apparemment?

1835 SUZANNE, *timidement*: C'est que ma maîtresse a ses vapeurs. J'accourais vous prier de nous prêter votre flacon d'éther. Je l'aurais rapporté dans l'instant.

LE COMTE *le lui donne*: Non, non, gardez-le pour vous-même. Il ne tardera pas à vous être utile.

1840 SUZANNE: Est-ce que les femmes de mon état ont des vapeurs, donc? c'est un mal de condition[1] qu'on ne prend que dans les boudoirs.

LE COMTE: Une fiancée bien éprise, et qui perd son futur…

1845 SUZANNE: En payant Marceline avec la dot que vous m'avez promise…

LE COMTE: Que je vous ai promise, moi?

SUZANNE *baissant les yeux*: Monseigneur, j'avais cru l'entendre.

1850 LE COMTE: Oui, si vous consentiez à m'entendre vous-même.

SUZANNE, *les yeux baissés*: Et n'est-ce pas mon devoir d'écouter Son Excellence?

LE COMTE: Pourquoi donc, cruelle fille! ne me l'avoir
1855 pas dit plus tôt?

SUZANNE: Est-il jamais trop tard pour dire la vérité?

LE COMTE: Tu te rendrais sur la brune au jardin?

SUZANNE: Est-ce que je ne m'y promène pas tous les soirs?

1860 LE COMTE: Tu m'as traité ce matin si durement!

SUZANNE: Ce matin? et le page derrière le fauteuil?

---

1. C'est-à-dire qui ne touche que les femmes de condition, issues de la noblesse.

LE COMTE: Elle a raison, je l'oubliais. Mais pourquoi ce refus obstiné, quand Bazile, de ma part?…

SUZANNE: Quelle nécessité qu'un Bazile?…

1865   LE COMTE: Elle a toujours raison. Cependant il y a un certain Figaro à qui je crains bien que vous n'ayez tout dit!

SUZANNE: Dame! oui, je lui dis tout — hors ce qu'il faut lui taire.

LE COMTE, *en riant*: Ah! charmante! Et, tu me le pro-
1870   mets? Si tu manquais à ta parole, entendons-nous, mon cœur: point de rendez-vous, point de dot, point de mariage.

SUZANNE, *faisant la révérence*: Mais aussi, point de mariage, point de droit du seigneur, monseigneur.

LE COMTE: Où prend-elle ce qu'elle dit? d'honneur j'en
1875   raffolerai! Mais ta maîtresse attend le flacon…

SUZANNE, *riant et rendant le flacon*: Aurais-je pu vous parler sans un prétexte?

LE COMTE *veut l'embrasser*: Délicieuse créature!

SUZANNE *s'échappe*: Voilà du monde.

1880   LE COMTE, *à part*: Elle est à moi.

Il s'enfuit.

SUZANNE: Allons vite rendre compte à Madame.

Scène 10

SUZANNE, FIGARO

FIGARO: Suzanne, Suzanne! où cours-tu donc si vite en quittant Monseigneur?

SUZANNE: Plaide à présent, si tu le veux; tu viens de
1885   gagner ton procès.

Elle s'enfuit.

FIGARO *la suit*: Ah! mais, dis donc...

Scène 11

LE COMTE *rentre seul.*

«Tu viens de gagner ton procès!» Je donnais là dans un bon piège! Ô mes chers insolents! je vous punirai de façon... Un bon arrêt, bien juste... mais s'il allait payer la
1890 duègne... avec quoi?... s'il payait... Eeeeh! n'ai-je pas le fier Antonio, dont le noble orgueil dédaigne en Figaro un inconnu pour sa nièce? En caressant cette manie... pourquoi non? dans le vaste champ de l'intrigue, il faut savoir tout cultiver, jusqu'à la vanité d'un sot. *(Il appelle.)* Anto...

Il voit entrer Marceline, etc. Il sort.

Scène 12

BARTHOLO, MARCELINE, BRID'OISON

1895 MARCELINE, *à Brid'oison*: Monsieur, écoutez mon affaire.
BRID'OISON, *en robe, et bégayant un peu*: Eh bien! pa-arlons-en verbalement.
BARTHOLO: C'est une promesse de mariage.
MARCELINE: Accompagnée d'un prêt d'argent.
1900 BRID'OISON: J'en-entends, *et caetera*, le reste.
MARCELINE: Non, monsieur, point d'*et caetera*.

BRID'OISON : J'en-entends : vous avez la somme ?

MARCELINE : Non, monsieur, c'est moi qui l'ai prêtée.

BRID'OISON : J'en-entends bien : vou-ous redemandez
1905 l'argent ?

MARCELINE : Non, monsieur ; je demande qu'il m'épouse.

BRID'OISON : Eh, mais, j'en-entends fort bien ; et lui,
veu-eut-il vous épouser ?

MARCELINE : Non, monsieur ; voilà tout le procès !

1910 BRID'OISON : Croyez-vous que je ne l'en-entende pas,
le procès ?

MARCELINE : Non, monsieur. *(À Bartholo :)* Où sommes-
nous ? *(À Brid'oison :)* Quoi ! c'est vous qui nous jugerez ?

BRID'OISON : Est-ce que j'ai a-acheté ma charge pour
1915 autre chose ?

MARCELINE, *en soupirant* : C'est un grand abus que de
les vendre !

BRID'OISON : Oui, l'on-on ferait mieux de nous les donner pour rien. Contre qui plai-aidez-vous ?

Scène 13

BARTHOLO, MARCELINE, BRID'OISON ; FIGARO
rentre en se frottant les mains.

1920 MARCELINE, *montrant Figaro* : Monsieur, contre ce malhonnête homme.

FIGARO, *très gaiement, à Marceline* : Je vous gêne,
peut-être. Monseigneur revient dans l'instant, monsieur le
conseiller.

1925 BRID'OISON : J'ai vu ce ga-arçon-là quelque part ?

FIGARO : Chez madame votre femme, à Séville, pour la
servir, monsieur le conseiller.

BRID'OISON : Dan-ans quel temps ?

FIGARO : Un peu moins d'un an avant la naissance de
1930 monsieur votre fils, le cadet, qui est un bien joli enfant, je
m'en vante.

BRID'OISON : Oui, c'est le plus jo-oli de tous. On dit
que tu-u fais ici des tiennes ?

FIGARO : Monsieur est bien bon. Ce n'est là qu'une
1935 misère.

BRID'OISON : Une promesse de mariage ! A-ah ! le
pauvre benêt !

FIGARO : Monsieur...

BRID'OISON : A-t-il vu mon-on secrétaire, ce bon
1940 garçon ?

FIGARO : N'est-ce pas Double-Main, le greffier ?

BRID'OISON : Oui, c'est qu'il mange à deux râteliers.

FIGARO : Manger ! je suis garant qu'il dévore. Oh ! que
oui, je l'ai vu, pour l'extrait et pour le supplément d'extrait ;
1945 comme cela se pratique, au reste.

BRID'OISON : On-on doit remplir les formes.

FIGARO : Assurément, monsieur : si le fond des procès
appartient aux plaideurs, on sait bien que la forme est le
patrimoine des tribunaux.

1950 BRID'OISON : Ce garçon-là n'è-est pas si niais que je
l'avais cru d'abord. Eh bien, l'ami, puisque tu en sais tant,
nou-ous aurons soin de ton affaire.

FIGARO : Monsieur, je m'en rapporte à votre équité,
quoique vous soyez de notre justice.

1955 BRID'OISON : Hein ?... Oui, je suis de la-a justice. Mais
si tu dois et que tu-u ne payes pas ?...

FIGARO : Alors Monsieur voit bien que c'est comme si
je ne devais pas.

BRID'OISON : San-ans doute. Hé mais ! qu'est-ce donc
1960 qu'il dit ?

Scène 14

BARTHOLO, MARCELINE, LE COMTE,
BRID'OISON, FIGARO, UN HUISSIER

L'HUISSIER, *précédant le comte, crie*: Monseigneur, messieurs.

LE COMTE: En robe ici, seigneur Brid'oison! ce n'est qu'une affaire domestique. L'habit de ville était trop bon.

1965 BRID'OISON: C'è-est vous qui l'êtes, monsieur le comte. Mais je ne vais jamais san-ans elle; parce que la forme, voyez-vous, la forme! Tel rit d'un juge en habit court, qui-i tremble au seul aspect d'un procureur en robe. La forme, la-a forme!

LE COMTE, *à l'huissier*: Faites entrer l'audience.

1970 L'HUISSIER *va ouvrir en glapissant*: L'audience!

Scène 15

LES ACTEURS PRÉCÉDENTS, ANTONIO,
LES VALETS DU CHÂTEAU, LES PAYSANS
ET PAYSANNES *en habits de fête*; LE COMTE
s'assied sur le grand fauteuil, BRID'OISON
sur une chaise à côté; LE GREFFIER *sur le tabouret*
derrière sa table; LES JUGES, LES AVOCATS
sur les banquettes; MARCELINE *à côté de* BARTHOLO;
FIGARO *sur l'autre banquette*;
LES PAYSANS ET VALETS *debout derrière*.

BRID'OISON, *à Double-Main*: Double-Main, a-appelez les causes.

DOUBLE-MAIN *lit un papier*: Noble, très noble, infiniment noble, *Dom Pedro George, Hidalgo, baron de Los Altos, y*
1975 *Montes Fieros, y otros montes*; contre *Alonzo Calderon*, jeune auteur dramatique. Il est question d'une comédie mort-née, que chacun désavoue et rejette sur l'autre.

LE COMTE: Ils ont raison tous deux. Hors de Cour[1]. S'ils font ensemble un autre ouvrage, pour qu'il marque un
1980 peu dans le grand monde, ordonné que le noble y mettra son nom, le poète son talent.

DOUBLE-MAIN *lit un autre papier*: André Petrutchio, laboureur; contre le receveur de la province. Il s'agit d'un forcement arbitraire[2].

1985 LE COMTE: L'affaire n'est pas de mon ressort. Je servirai mieux mes vassaux en les protégeant près du Roi. Passez.

DOUBLE-MAIN *en prend un troisième. (Bartholo et Figaro se lèvent.)*: Barbe-Agar-Raab-Madeleine-Nicole *Marceline de Verte-Allure*, fille majeure *(Marceline se lève et salue)*; contre
1990 *Figaro*... nom de baptême en blanc?

FIGARO: Anonyme.

BRID'OISON: A-anonyme! Què-el patron est-ce là?

FIGARO: C'est le mien.

DOUBLE-MAIN *écrit*: Contre anonyme *Figaro*. Qualités?
1995 FIGARO: Gentilhomme.

LE COMTE: Vous êtes gentilhomme? *(Le greffier écrit.)*

FIGARO: Si le Ciel l'eût voulu, je serais fils d'un prince.

LE COMTE, *au greffier*: Allez.

L'HUISSIER, *glapissant*: Silence, messieurs.

2000 DOUBLE-MAIN *lit*: ... Pour cause d'opposition faite au mariage dudit *Figaro* par ladite de *Verte-Allure*. Le docteur

---

1. Ils sont déboutés.
2. Augmentation injustifiée de redevance.

Bartholo plaidant pour la demanderesse, et ledit *Figaro* pour lui-même ; si la Cour le permet, contre le vœu de l'usage et la jurisprudence du Siège.

2005   FIGARO : L'usage, maître Double-Main, est souvent un abus ; le client un peu instruit sait toujours mieux sa cause que certains avocats qui, suant à froid, criant à tue-tête, et connaissant tout, hors le fait, s'embarrassent aussi peu de ruiner le plaideur que d'ennuyer l'auditoire, et d'endormir

2010 Messieurs ; plus boursouflés après que s'ils eussent composé l'*Oratio pro Murena*[1] ; moi je dirai le fait en peu de mots. Messieurs...

DOUBLE-MAIN : En voilà beaucoup d'inutiles, car vous n'êtes pas demandeur et n'avez pas la défense. Avancez,

2015 docteur, et lisez la promesse.

FIGARO : Oui, promesse !

BARTHOLO, *mettant ses lunettes* : Elle est précise.

BRID'OISON : I-il faut la voir.

DOUBLE-MAIN : Silence donc, messieurs.

2020 L'HUISSIER, *glapissant* : Silence.

BARTHOLO *lit* : « Je soussigné reconnais avoir reçu de damoiselle, etc., Marceline de Verte-Allure, dans le château d'Aguas-Frescas, la somme de deux mille piastres fortes cordonnées ; laquelle somme je lui rendrai à sa réquisi-

2025 tion, dans ce château, et je l'épouserai, par forme de recon-naissance, etc. » Signé *Figaro*, tout court. Mes conclusions sont au payement du billet, et à l'exécution de la pro-messe, avec dépens. *(Il plaide.)* Messieurs... jamais cause plus intéressante ne fut soumise au jugement de la Cour ! et

2030 depuis Alexandre le Grand, qui promit mariage à la belle Thalestris...

---

1. Plaidoyer fameux de Cicéron, considéré comme un modèle d'éloquence.

LE COMTE, *interrompant*: Avant d'aller plus loin, avocat... convient-on de la validité du titre?

BRID'OISON, *à Figaro*: Qu'oppo... qu'oppo-osez-vous à
2035 cette lecture?

FIGARO: Qu'il y a, messieurs, malice, erreur, ou distraction dans la manière dont on a lu la pièce; car il n'est pas dit dans l'écrit: «laquelle somme je lui rendrai *et* je l'épouserai»; mais: «laquelle somme je lui rendrai *ou* je
2040 l'épouserai»; ce qui est bien différent.

LE COMTE: Y a-t-il *et* dans l'acte, ou bien *ou*?

BARTHOLO: Il y a *et*.

FIGARO: Il y a *ou*.

BRID'OISON: Dou-ouble-Main, lisez vous-même.

2045 DOUBLE-MAIN, *prenant le papier*: Et c'est le plus sûr; car souvent les parties déguisent en lisant. (*Il lit:*) «E. e. e. damoiselle e. e. e. de Verte-Allure e. e. e. Ah! laquelle somme je lui rendrai à sa réquisition, dans ce château... et... ou... et... ou...» Le mot est si mal écrit... il y a un
2050 pâté.

BRID'OISON: Un pâ-âté? je sais ce que c'est.

BARTHOLO, *plaidant*: Je soutiens, moi, que c'est la conjonction copulative *et* qui lie les membres corrélatifs de la phrase; je payerai la demoiselle *et* je l'épouserai.

2055 FIGARO, *plaidant*: Je soutiens, moi, que c'est la conjonction alternative *ou*, qui sépare lesdits membres; je payerai la donzelle *ou* je l'épouserai: à pédant, pédant et demi; qu'il s'avise de parler latin, j'y suis grec; je l'extermine.

LE COMTE: Comment juger pareille question?

2060 BARTHOLO: Pour la trancher, messieurs, et ne plus chicaner sur un mot, nous passons qu'il y ait *ou*.

FIGARO: J'en demande acte.

BARTHOLO: Et nous y adhérons. Un si mauvais refuge

ne sauvera pas le coupable: examinons le titre en ce sens.
2065 *(Il lit:)* «Laquelle somme je lui rendrai dans ce château *où* je
l'épouserai.» C'est ainsi qu'on dirait, messieurs: «vous
vous ferez saigner dans ce lit *où* vous resterez chaude-
ment»; c'est «dans lequel». «Il prendra deux gros[1] de
rhubarbe *où* vous mêlerez un peu de tamarin»; dans les-
2070 quels on mêlera... Ainsi «château *où* je l'épouserai», messieurs, c'est «château dans lequel»...

FIGARO: Point du tout: la phrase est dans le sens de
celle-ci: «*ou* la maladie vous tuera, *ou* ce sera le médecin;
ou bien le médecin»; c'est incontestable. Autre exemple:
2075 «*ou* vous n'écrirez rien qui plaise, *ou* les sots vous dénigre-
ront; *ou bien* les sots»; le sens est clair; car, audit cas,
«*sots ou méchants*» sont le substantif qui gouverne. Maître
Bartholo croit-il donc que j'aie oublié ma syntaxe? Ainsi, je
la payerai dans ce château, *virgule*; ou je l'épouserai...

2080 BARTHOLO, *vite*: Sans virgule.

FIGARO, *vite*: Elle y est. C'est *virgule*, messieurs, ou bien
je l'épouserai.

BARTHOLO, *regardant le papier; vite*: Sans virgule, messieurs.

2085 FIGARO, *vite*: Elle y était, messieurs. D'ailleurs, l'homme
qui épouse est-il tenu de rembourser?

BARTHOLO, *vite*: Oui; nous nous marions séparés de
biens.

FIGARO, *vite*: Et nous de corps, dès que mariage n'est
2090 pas quittance[2].

> Les juges se lèvent et opinent tout bas.

---

1. Mesure de poids utilisée en pharmacie, équivalant à environ
trois grammes un quart.
2. Puisque le mariage ne supprime pas la dette.

BARTHOLO : Plaisant acquittement !

DOUBLE-MAIN : Silence, messieurs.

L'HUISSIER, *glapissant* : Silence.

BARTHOLO : Un pareil fripon appelle cela payer ses
2095 dettes !

FIGARO : Est-ce votre cause, avocat, que vous plaidez ?

BARTHOLO : Je défends cette demoiselle.

FIGARO : Continuez à déraisonner ; mais cessez d'inju-
rier. Lorsque, craignant l'emportement des plaideurs, les
2100 tribunaux ont toléré qu'on appelât des tiers, ils n'ont pas
entendu que ces défenseurs modérés deviendraient impu-
nément des insolents privilégiés. C'est dégrader le plus
noble institut.

Les juges continuent d'opiner bas.

ANTONIO, *à Marceline, montrant les juges* : Qu'ont-ils
2105 tant à balbucifier [1] ?

MARCELINE : On a corrompu le grand juge, il corrompt
l'autre [2], et je perds mon procès.

BARTHOLO, *bas, d'un ton sombre* : J'en ai peur.

FIGARO, *gaiement* : Courage, Marceline !

2110 DOUBLE-MAIN *se lève ; à Marceline* : Ah, c'est trop fort !
Je vous dénonce ; et pour l'honneur du tribunal, je demande
qu'avant faire droit sur l'autre affaire, il soit prononcé sur
celle-ci.

LE COMTE s'assied : Non, greffier, je ne prononcerai
2115 point sur mon injure personnelle : un juge espagnol n'aura
point à rougir d'un excès digne au plus des tribunaux asia-
tiques : c'est assez des autres abus ! J'en vais corriger un
second en vous motivant mon arrêt : tout juge qui s'y

---

1. Déformation de *balbutier*.
2. C'est-à-dire le comte et Brid'oison.

refuse est un grand ennemi des lois! Que peut requérir la
2120 demanderesse? mariage à défaut de paiement; les deux
ensemble impliqueraient[1].

DOUBLE-MAIN: Silence, messieurs!

L'HUISSIER, *glapissant*: Silence!

LE COMTE: Que nous répond le défendeur? qu'il veut
2125 garder sa personne; à lui permis.

FIGARO, *avec joie*: J'ai gagné.

LE COMTE: Mais comme le texte dit: «laquelle somme
je payerai à la première réquisition, ou bien j'épouserai,
etc.», la Cour condamne le défendeur à payer deux mille
2130 piastres fortes à la demanderesse, ou bien à l'épouser dans
le jour.

Il se lève.

FIGARO, *stupéfait*: J'ai perdu.

ANTONIO, *avec joie*: Superbe arrêt.

FIGARO: En quoi superbe?

2135 ANTONIO: En ce que tu n'es plus mon neveu. Grand
merci, monseigneur.

L'HUISSIER, *glapissant*: Passez, messieurs.

Le peuple sort.

ANTONIO: Je m'en vas tout conter à ma nièce.

Il sort.

---

1. Impliqueraient contradiction.

Scène 16

LE COMTE, *allant de côté et d'autre*; MARCELINE,
BARTHOLO, FIGARO, BRID'OISON

MARCELINE *s'assied*: Ah! je respire.

2140   FIGARO: Et moi, j'étouffe.

LE COMTE, *à part*: Au moins je suis vengé, cela soulage.

FIGARO, *à part*: Et ce Bazile qui devait s'opposer au
mariage de Marceline; voyez comme il revient! *(Au comte
qui sort:)* Monseigneur, vous nous quittez?

2145   LE COMTE: Tout est jugé.

FIGARO, *à Brid'oison*: C'est ce gros enflé de conseiller.

BRID'OISON: Moi, gro-os enflé!

FIGARO: Sans doute. Et je ne l'épouserai pas: je suis
gentilhomme une fois[1].

                                            Le comte s'arrête.

2150   BARTHOLO: Vous l'épouserez.

FIGARO: Sans l'aveu[2] de mes nobles parents?

BARTHOLO: Nommez-les, montrez-les.

FIGARO: Qu'on me donne un peu de temps: je suis bien
près de les revoir; il y a quinze ans que je les cherche.

2155   BARTHOLO: Le fat! c'est quelque enfant trouvé!

FIGARO: Enfant perdu, docteur; ou plutôt enfant volé.

LE COMTE *revient*: «Volé, perdu», la preuve? il crierait
qu'on lui fait injure!

---

1. Que cela soit clair une fois pour toutes.
2. Ici, le consentement.

FIGARO : Monseigneur, quand les langes à dentelles, tapis
2160 brodés et joyaux d'or trouvés sur moi par les brigands n'in-
diqueraient pas ma haute naissance, la précaution qu'on
avait prise de me faire des marques distinctives témoigne-
rait assez combien j'étais un fils précieux ; et cet hiéro-
glyphe à mon bras...

Il veut se dépouiller le bras droit.

2165 MARCELINE, *se levant vivement* : Une spatule à ton bras
droit ?

FIGARO : D'où savez-vous que je dois l'avoir ?

MARCELINE : Dieux ! c'est lui !

FIGARO : Oui, c'est moi.

2170 BARTHOLO, *à Marceline* : Et qui ? lui !

MARCELINE, *vivement* : C'est Emmanuel.

BARTHOLO, *à Figaro* : Tu fus enlevé par des bohémiens ?

FIGARO, *exalté* : Tout près d'un château. Bon docteur, si
vous me rendez à ma noble famille, mettez un prix à ce ser-
2175 vice ; des monceaux d'or n'arrêteront pas mes illustres
parents.

BARTHOLO, *montrant Marceline* : Voilà ta mère.

FIGARO : ... Nourrice ?

BARTHOLO : Ta propre mère.

2180 LE COMTE : Sa mère !

FIGARO : Expliquez-vous.

MARCELINE, *montrant Bartholo* : Voilà ton père.

FIGARO, *désolé* : O o oh ! aïe de moi !

MARCELINE : Est-ce que la nature ne te l'a pas dit mille
2185 fois ?

FIGARO : Jamais.

LE COMTE, *à part* : Sa mère !

BRID'OISON : C'est clair, i-il ne l'épousera pas.

☞ BARTHOLO*: Ni moi non plus.

2190 MARCELINE: Ni vous! et votre fils? vous m'aviez juré…

BARTHOLO: J'étais fou. Si pareils souvenirs engageaient, on serait tenu d'épouser tout le monde.

BRID'OISON: E-et si l'on y regardait de si près, per-ersonne n'épouserait personne.

2195 BARTHOLO: Des fautes si connues! une jeunesse déplorable!

MARCELINE, *s'échauffant par degrés*: Oui, déplorable, et plus qu'on ne croit! Je n'entends pas nier mes fautes, ce jour les a trop bien prouvées! mais qu'il est dur de les
2200 expier après trente ans d'une vie modeste! J'étais née, moi, pour être sage, et je la suis devenue sitôt qu'on m'a permis d'user de ma raison. Mais dans l'âge des illusions, de l'inex-périence et des besoins, où les séducteurs nous assiègent, pendant que la misère nous poignarde, que peut opposer
2205 une enfant à tant d'ennemis rassemblés? Tel nous juge ici sévèrement, qui, peut-être, en sa vie a perdu dix infortunées!

FIGARO: Les plus coupables sont les moins généreux; c'est la règle.

MARCELINE, *vivement*: Hommes plus qu'ingrats, qui flé-
2210 trissez par le mépris les jouets de vos passions, vos vic-times! c'est vous qu'il faut punir des erreurs de notre jeunesse; vous et vos magistrats, si vains du droit de nous juger, et qui nous laissent enlever, par leur coupable négli-gence, tout honnête moyen de subsister. Est-il un seul état
2215 pour les malheureuses filles? Elles avaient un droit naturel à toute la parure des femmes: on y laisse former mille ouvriers de l'autre sexe.

FIGARO, *en colère*: Ils font broder jusqu'aux soldats!

---

* Ce qui suit, enfermé entre ces deux index, a été retranché par les Comédiens-Français aux représentations de Paris.

MARCELINE, *exaltée*: Dans les rangs même plus élevés,
2220 les femmes n'obtiennent de vous qu'une considération dérisoire; leurrées de respects apparents, dans une servitude
réelle; traitées en mineures pour nos biens, punies en
majeures pour nos fautes! ah, sous tous les aspects, votre
conduite avec nous fait horreur ou pitié!

2225 FIGARO: Elle a raison!

LE COMTE, *à part*: Que trop raison!

BRID'OISON: Elle a, mon-on Dieu! raison.

MARCELINE: Mais que nous font, mon fils, les refus d'un
homme injuste? ne regarde pas d'où tu viens, vois où tu
2230 vas; cela seul importe à chacun. Dans quelques mois, ta
fiancée ne dépendra plus que d'elle-même; elle t'acceptera,
j'en réponds: vis entre une épouse, une mère tendres qui
te chériront à qui mieux mieux. Sois indulgent pour elles,
heureux pour toi, mon fils; gai, libre et bon pour tout le
2235 monde: il ne manquera rien à ta mère.

FIGARO: Tu parles d'or, maman, et je me tiens à ton
avis. Qu'on est sot, en effet! il y a des mille, mille ans que
le monde roule, et dans cet océan de durée où j'ai par
hasard attrapé quelques chétifs trente ans qui ne revien-
2240 dront plus, j'irais me tourmenter pour savoir à qui je les
dois! tant pis pour qui s'en inquiète! Passer ainsi la vie à
chamailler, c'est peser sur le collier sans relâche, comme
les malheureux chevaux de la remonte des fleuves qui ne
reposent pas, même quand ils s'arrêtent, et qui tirent tou-
2245 jours quoiqu'ils cessent de marcher. Nous attendrons. ✒

LE COMTE: Sot événement qui me dérange!

BRID'OISON, *à Figaro*: Et la noblesse et le château? vous
impo-osez à la justice.

FIGARO: Elle allait me faire faire une belle sottise, la jus-
2250 tice! après que j'ai manqué, pour ces maudits cent écus,
d'assommer vingt fois Monsieur, qui se trouve aujourd'hui

mon père ! Mais, puisque le Ciel a sauvé ma vertu de ces dangers, mon père, agréez mes excuses... Et vous, ma mère, embrassez-moi... le plus maternellement que vous
2255 pourrez.

Marceline lui saute au cou.

Scène 17

BARTHOLO, FIGARO, MARCELINE, BRID'OISON, SUZANNE, ANTONIO, LE COMTE

SUZANNE, *accourant, une bourse à la main* : Monseigneur, arrêtez ; qu'on ne les marie pas : je viens payer Madame avec la dot que ma maîtresse me donne.

LE COMTE, *à part* : Au diable la maîtresse ! Il semble que
2260 tout conspire...

Il sort.

Scène 18

BARTHOLO, ANTONIO, SUZANNE, FIGARO, MARCELINE, BRID'OISON

ANTONIO, *voyant Figaro embrasser sa mère, dit à Suzanne* : Ah ! oui, payer ! Tiens, tiens.

SUZANNE *se retourne* : J'en vois assez : sortons, mon oncle.

2265 FIGARO, *l'arrêtant* : Non, s'il vous plaît. Que vois-tu donc ?

SUZANNE : Ma bêtise et ta lâcheté.

FIGARO : Pas plus de l'une que de l'autre.

SUZANNE, *en colère* : Et que tu l'épouses à gré, puisque tu la caresses.

2270   FIGARO, *gaiement* : Je la caresse, mais je ne l'épouse pas.

> *Suzanne veut sortir, Figaro la retient.*

SUZANNE *lui donne un soufflet* : Vous êtes bien insolent d'oser me retenir !

FIGARO, *à la compagnie* : C'est-il çà de l'amour ? Avant de nous quitter, je t'en supplie, envisage bien cette chère
2275   femme-là.

SUZANNE : Je la regarde.

FIGARO : Et tu la trouves ?

SUZANNE : Affreuse.

FIGARO : Et vive la jalousie ! elle ne vous marchande pas.

2280   MARCELINE, *les bras ouverts* : Embrasse ta mère, ma jolie Suzannette. Le méchant qui te tourmente est mon fils.

SUZANNE *court à elle* : Vous, sa mère !

> *Elles restent dans les bras l'une de l'autre.*

ANTONIO : C'est donc de tout à l'heure ?

FIGARO : ... Que je le sais.

2285   MARCELINE, *exaltée* : Non, mon cœur entraîné vers lui ne se trompait que de motif ; c'était le sang qui me parlait.

FIGARO : Et moi le bon sens [1], ma mère, qui me servait d'instinct quand je vous refusais, car j'étais loin de vous haïr ; témoin l'argent…

2290   MARCELINE *lui remet un papier* : Il est à toi : reprends ton billet, c'est ta dot.

---

1. Jeu de mots qui repose sur l'homophonie entre *sang* et *sens*, dont le *s* final, au XVIIIᵉ siècle, ne se prononce pas (sauf devant une voyelle).

SUZANNE *lui jette la bourse*: Prends encore celle-ci.

FIGARO: Grand merci.

MARCELINE, *exaltée*: Fille assez malheureuse, j'allais
2295 devenir la plus misérable des femmes et je suis la plus for-
tunée des mères! Embrassez-moi, mes deux enfants; j'unis
dans vous toutes mes tendresses. Heureuse autant que je
puis l'être, ah! mes enfants, combien je vais aimer!

FIGARO, *attendri, avec vivacité*: Arrête donc, chère mère!
2300 arrête donc! voudrais-tu voir se fondre en eau mes yeux
noyés des premières larmes que je connaisse? elles sont de
joie, au moins. Mais quelle stupidité! j'ai manqué d'en être
honteux: je les sentais couler entre mes doigts, regarde; *(il
montre ses doigts écartés)* et je les retenais bêtement! va te
2305 promener, la honte! je veux rire et pleurer en même temps;
on ne sent pas deux fois ce que j'éprouve.

> *Il embrasse sa mère d'un côté, Suzanne de
> l'autre.*

MARCELINE: Ô mon ami!

SUZANNE*: Mon cher ami!

BRID'OISON, *s'essuyant les yeux d'un mouchoir*: Eh bien!
2310 moi! je suis donc bê-ête aussi!

FIGARO, *exalté*: Chagrin, c'est maintenant que je puis
te défier: atteins-moi, si tu l'oses, entre ces deux femmes
chéries.

ANTONIO, *à Figaro*: Pas tant de cajoleries, s'il vous plaît.
2315 En fait de mariage dans les familles, celui des parents va
devant, savez. Les vôtres se baillent-ils la main[1]?

BARTHOLO: Ma main! puisse-t-elle se dessécher et
tomber, si jamais je la donne à la mère d'un tel drôle!

---

* Bartholo. Antonio. Suzanne. Figaro. Marceline. Brid'oison.
1. Se donnent-ils.

ANTONIO, *à Bartholo*: Vous n'êtes donc qu'un père
2320 marâtre? (*À Figaro:*) En ce cas, not' galant, plus de parole.

SUZANNE: Ah! mon oncle…

ANTONIO: Irai-je donner l'enfant de not' sœur à sti,
qui n'est l'enfant de personne?

BRID'OISON. Est-ce que cela-a se peut, imbécile? on est
2325 toujours l'enfant de quelqu'un.

ANTONIO: Tarare[1]!… Il ne l'aura jamais.

Il sort.

Scène 19

BARTHOLO, SUZANNE, FIGARO, MARCELINE,
BRID'OISON

BARTHOLO, *à Figaro*: Et cherche à présent qui t'adopte.

Il veut sortir.

MARCELINE, *courant prendre Bartholo à bras-le-corps, le
ramène*: Arrêtez, docteur, ne sortez pas!

2330 FIGARO, *à part*: Non, tous les sots d'Andalousie sont, je
crois, déchaînés contre mon pauvre mariage!

SUZANNE, *à Bartholo*: Bon petit papa, c'est votre fils*.

MARCELINE, *à Bartholo*: De l'esprit, des talents, de la
figure.

2335 FIGARO, *à Bartholo*: Et qui ne vous a pas coûté une
obole.

---

* Suzanne. Bartholo. Marceline. Figaro. Brid'oison.
1. Interjection. De nos jours: taratata.

BARTHOLO : Et les cent écus qu'il m'a pris ?

MARCELINE, *le caressant* : Nous aurons tant de soin de vous, papa !

2340   SUZANNE, *le caressant* : Nous vous aimerons tant, petit papa !

BARTHOLO, *attendri* : Papa ! bon papa ! petit papa ! voilà que je suis plus bête encore que Monsieur, moi. *(Montrant Brid'oison.)* Je me laisse aller comme un enfant. *(Marceline* 2345 *et Suzanne l'embrassent.)* Oh ! non, je n'ai pas dit oui. *(Il se retourne.)* Qu'est donc devenu Monseigneur ?

FIGARO : Courons le joindre ; arrachons-lui son dernier mot. S'il machinait quelque autre intrigue, il faudrait tout recommencer.

2350   TOUS ENSEMBLE : Courons, courons !

Ils entraînent Bartholo dehors.

Scène 20

BRID'OISON *seul.*

Plus bê-ête encore que Monsieur ! On peut se dire à soi-même ces-es sortes de choses-là, mais… I-ils ne sont pas polis du tout dan-ans cet endroit-ci.

Il sort.

FIN DU TROISIÈME ACTE

Acte IV

Le théâtre représente une galerie ornée de candélabres, de lustres allumés, de fleurs, de guirlandes, en un mot préparée pour donner une fête. Sur le devant à droite est une table avec une écritoire, un fauteuil derrière.

Scène I

FIGARO, SUZANNE

FIGARO, *la tenant à bras-le-corps*: Eh bien! amour, es-tu
2355 contente? elle a converti son docteur, cette fine langue
dorée de ma mère! malgré sa répugnance il l'épouse, et ton
bourru d'oncle est bridé; il n'y a que Monseigneur qui rage,
car enfin notre hymen va devenir le prix du leur. Ris donc
un peu de ce bon résultat.

2360 SUZANNE: As-tu rien vu de plus étrange?

FIGARO: Ou plutôt d'aussi gai. Nous ne voulions qu'une
dot arrachée à l'Excellence; en voilà deux dans nos mains,
qui ne sortent pas des siennes. Une rivale acharnée te pour-
suivait; j'étais tourmenté par une furie; tout cela s'est

2365 changé, pour nous, dans «la plus bonne» des mères. Hier
j'étais comme seul au monde; et voilà que j'ai tous mes
parents; pas si magnifiques, il est vrai, que je me les étais
galonnés; mais assez bien pour nous, qui n'avons pas la
vanité des riches.

2370 SUZANNE: Aucune des choses que tu avais disposées,
que nous attendions, mon ami, n'est pourtant arrivée!

FIGARO: Le hasard a mieux fait que nous tous, ma
petite: ainsi va le monde; on travaille, on projette, on
arrange d'un côté; la fortune accomplit de l'autre: et depuis
2375 l'affamé conquérant qui voudrait avaler la terre, jusqu'au
paisible aveugle qui se laisse mener par son chien, tous sont
le jouet de ses caprices; encore l'aveugle au chien est-il
souvent mieux conduit, moins trompé dans ses vues, que
l'autre aveugle avec son entourage. — Pour cet aimable
2380 aveugle qu'on nomme Amour...

Il la reprend tendrement à bras-le-corps.

SUZANNE: Ah! c'est le seul qui m'intéresse!

FIGARO: Permets donc que, prenant l'emploi de la folie,
je sois le bon chien qui le mène à ta jolie mignonne porte;
et nous voilà logés pour la vie.

2385 SUZANNE, *riant*: L'Amour et toi?

FIGARO: Moi et l'Amour.

SUZANNE: Et vous ne chercherez pas d'autre gîte?

FIGARO: Si tu m'y prends, je veux bien que mille millions de galants...

2390 SUZANNE: Tu vas exagérer: dis ta bonne vérité.

FIGARO: Ma vérité la plus vraie!

SUZANNE: Fi donc, vilain! en a-t-on plusieurs?

FIGARO: Oh! que oui. Depuis qu'on a remarqué qu'avec
le temps vieilles folies deviennent sagesse, et qu'anciens petits
2395 mensonges, assez mal plantés, ont produit de grosses,

grosses vérités, on en a de mille espèces! Et celles qu'on
sait, sans oser les divulguer: car toute vérité n'est pas
bonne à dire; et celles qu'on vante, sans y ajouter foi: car
toute vérité n'est pas bonne à croire; et les serments pas-
2400 sionnés, les menaces des mères, les protestations des
buveurs, les promesses des gens en place, le dernier mot de
nos marchands; cela ne finit pas. Il n'y a que mon amour
pour Suzon qui soit une vérité de bon aloi.

SUZANNE: J'aime ta joie, parce qu'elle est folle; elle
2405 annonce que tu es heureux. Parlons du rendez-vous du
comte.

FIGARO: Ou plutôt n'en parlons jamais; il a failli me
coûter Suzanne.

SUZANNE: Tu ne veux donc plus qu'il ait lieu?

2410 FIGARO: Si vous m'aimez, Suzon, votre parole d'honneur sur ce point: qu'il s'y morfonde; et c'est sa punition.

SUZANNE: Il m'en a plus coûté de l'accorder que je n'ai
de peine à le rompre; il n'en sera plus question.

FIGARO: Ta bonne vérité?

2415 SUZANNE: Je ne suis pas comme vous autres savants;
moi, je n'en ai qu'une.

FIGARO: Et tu m'aimeras un peu?

SUZANNE: Beaucoup.

FIGARO: Ce n'est guère.

2420 SUZANNE: Et comment?

FIGARO: En fait d'amour, vois-tu, trop n'est pas même
assez.

SUZANNE: Je n'entends pas toutes ces finesses; mais je
n'aimerai que mon mari.

2425 FIGARO: Tiens parole, et tu feras une belle exception à
l'usage.

Il veut l'embrasser.

Scène 2

FIGARO, SUZANNE, LA COMTESSE

LA COMTESSE : Ah ! j'avais raison de le dire : en quelque
endroit qu'ils soient, croyez qu'ils sont ensemble. Allons
donc, Figaro, c'est voler l'avenir, le mariage et vous-
2430 même, que d'usurper un tête-à-tête. On vous attend, on
s'impatiente.

FIGARO : Il est vrai, madame, je m'oublie. Je vais leur
montrer mon excuse.

Il veut emmener Suzanne.

LA COMTESSE *la retient* : Elle vous suit.

Scène 3

SUZANNE, LA COMTESSE

LA COMTESSE : As-tu ce qu'il nous faut pour troquer de
2435 vêtement ?

SUZANNE : Il ne faut rien, madame ; le rendez-vous ne
tiendra pas.

LA COMTESSE : Ah ! vous changez d'avis ?

SUZANNE : C'est Figaro.

2440 LA COMTESSE : Vous me trompez.

SUZANNE : Bonté divine !

LA COMTESSE : Figaro n'est pas homme à laisser échapper une dot.

SUZANNE: Madame! eh! que croyez-vous donc?

2445 LA COMTESSE: Qu'enfin, d'accord avec le comte, il vous fâche à présent de m'avoir confié ses projets. Je vous sais par cœur. Laissez-moi.

Elle veut sortir.

SUZANNE *se jette à genoux*: Au nom du Ciel, espoir de tous! vous ne savez pas, madame, le mal que vous faites à
2450 Suzanne! après vos bontés continuelles et la dot que vous me donnez!...

LA COMTESSE *la relève*: Hé mais... je ne sais ce que je dis! En me cédant ta place au jardin, tu n'y vas pas, mon cœur; tu tiens parole à ton mari; tu m'aides à ramener le
2455 mien.

SUZANNE: Comme vous m'avez affligée!

LA COMTESSE: C'est que je ne suis qu'une étourdie. *(Elle la baise au front.)* Où est ton rendez-vous?

SUZANNE *lui baise la main*: Le mot de jardin m'a seul
2460 frappée.

LA COMTESSE, *montrant la table*: Prends cette plume, et fixons un endroit.

SUZANNE: Lui écrire!

LA COMTESSE: Il le faut.

2465 SUZANNE: Madame! au moins, c'est vous...

LA COMTESSE: Je mets tout sur mon compte. *(Suzanne s'assied, la comtesse dicte:)* «Chanson nouvelle, sur l'air: ... Qu'il fera beau ce soir sous les grands marronniers... Qu'il fera beau, ce soir...»

2470 SUZANNE *écrit*: «Sous les grands marronniers...» Après?

LA COMTESSE: Crains-tu qu'il ne t'entende pas?

SUZANNE *relit*: C'est juste. *(Elle plie le billet.)* Avec quoi cacheter?

LA COMTESSE : Une épingle, dépêche : elle servira de
2475 réponse. Écris sur le revers : « Renvoyez-moi le cachet. »

SUZANNE *écrit en riant* : Ah ! « le cachet » !... Celui-ci,
madame, est plus gai que celui du brevet.

LA COMTESSE, *avec un souvenir douloureux* : Ah !

SUZANNE *cherche sur elle* : Je n'ai pas d'épingle à présent !

2480 LA COMTESSE *détache sa lévite* : Prends celle-ci. *(Le ruban
du page tombe de son sein à terre.)* Ah ! mon ruban !

SUZANNE *le ramasse* : C'est celui du petit voleur ! vous
avez eu la cruauté ?...

LA COMTESSE : Fallait-il le laisser à son bras ? c'eût été
2485 joli ! Donnez donc !

SUZANNE : Madame ne le portera plus, taché du sang
de ce jeune homme.

LA COMTESSE *le reprend* : Excellent pour Fanchette...
Le premier bouquet qu'elle m'apportera...

Scène 4

UNE JEUNE BERGÈRE, CHÉRUBIN en *fille*,
FANCHETTE, et *beaucoup de jeunes filles
habillées comme elle et tenant des bouquets.*
LA COMTESSE, SUZANNE

2490 FANCHETTE : Madame, ce sont les filles du bourg qui
viennent vous présenter des fleurs.

LA COMTESSE, *serrant vite son ruban* : Elles sont char-
mantes : je me reproche, mes belles petites, de ne pas vous
connaître toutes. *(Montrant Chérubin.)* Quelle est cette
2495 aimable enfant qui a l'air si modeste ?

UNE BERGÈRE: C'est une cousine à moi, madame, qui n'est ici que pour la noce.

LA COMTESSE: Elle est jolie. Ne pouvant porter vingt bouquets, faisons honneur à l'étrangère. *(Elle prend le bouquet de Chérubin et le baise au front.)* Elle en rougit! *(À Suzanne:)* Ne trouves-tu pas, Suzon… qu'elle ressemble à quelqu'un?

SUZANNE: À s'y méprendre, en vérité.

CHÉRUBIN, *à part, les mains sur son cœur*: Ah! Ce baiser-là m'a été bien loin!

Scène 5

LES JEUNES FILLES, CHÉRUBIN *au milieu d'elles*;
FANCHETTE, ANTONIO, LE COMTE,
LA COMTESSE, SUZANNE

ANTONIO: Moi je vous dis, monseigneur, qu'il y est; elles l'ont habillé chez ma fille; toutes ses hardes y sont encore, et voilà son chapeau d'ordonnance que j'ai retiré du paquet. *(Il s'avance, et regardant toutes les filles, il reconnaît Chérubin, lui enlève son bonnet de femme, ce qui fait retomber ses longs cheveux en cadenette [1]. Il lui met sur la tête le chapeau d'ordonnance et dit:)* Eh! parguenne, v'là notre officier.

LA COMTESSE *recule*: Ah! Ciel!

SUZANNE: Ce friponneau!

ANTONIO: Quand je disais là-haut [2] que c'était lui!…

LE COMTE, *en colère*: Eh bien, madame?

---

1. Avec une longue tresse.
2. Dans la chambre de la comtesse.

LA COMTESSE : Eh bien, monsieur ! vous me voyez plus surprise que vous, et, pour le moins, aussi fâchée.

LE COMTE : Oui ; mais tantôt, ce matin ?

2520   LA COMTESSE : Je serais coupable en effet, si je dissimulais encore. Il était descendu chez moi. Nous entamions le badinage que ces enfants viennent d'achever ; vous nous avez surprises l'habillant ; votre premier mouvement est si vif ! il s'est sauvé, je me suis troublée, l'effroi général a fait
2525   le reste.

LE COMTE, *avec dépit, à Chérubin* : Pourquoi n'êtes-vous pas parti ?

CHÉRUBIN, *ôtant son chapeau brusquement* : Monseigneur…

2530   LE COMTE : Je punirai ta désobéissance.

FANCHETTE, *étourdiment* : Ah ! monseigneur, entendez-moi ! Toutes les fois que vous venez m'embrasser, vous savez bien que vous dites toujours : « Si tu veux m'aimer, petite Fanchette, je te donnerai ce que tu voudras. »

2535   LE COMTE, *rougissant* : Moi ! j'ai dit cela ?

FANCHETTE : Oui, monseigneur. Au lieu de punir Chérubin, donnez-le-moi en mariage, et je vous aimerai à la folie.

LE COMTE, *à part* : Être ensorcelé par un page !

LA COMTESSE : Eh bien, monsieur, à votre tour ; l'aveu
2540   de cette enfant, aussi naïf que le mien, atteste enfin deux vérités : que c'est toujours sans le vouloir si je vous cause des inquiétudes, pendant que vous épuisez tout pour augmenter et justifier les miennes.

ANTONIO : Vous aussi, monseigneur ? Dame ! je vous la
2545   redresserai comme feu sa mère, qui est morte… Ce n'est pas pour la conséquence ; mais c'est que Madame sait bien que les petites filles, quand elles sont grandes…

LE COMTE, *déconcerté, à part* : Il y a un mauvais génie qui tourne tout ici contre moi !

Scène 6

LES JEUNES FILLES, CHÉRUBIN, ANTONIO, FIGARO, LE COMTE, LA COMTESSE, SUZANNE

2550 FIGARO : Monseigneur, si vous retenez nos filles, on ne pourra commencer ni la fête ni la danse.

LE COMTE : Vous, danser ! vous n'y pensez pas. Après votre chute de ce matin, qui vous a foulé le pied droit !

FIGARO, *remuant la jambe* : Je souffre encore un peu ; ce
2555 n'est rien. *(Aux jeunes filles :)* Allons, mes belles, allons !

LE COMTE *le retourne* : Vous avez été fort heureux que ces couches ne fussent que du terreau bien doux !

FIGARO : Très heureux, sans doute ; autrement…

ANTONIO *le retourne* : Puis il s'est pelotonné en tom-
2560 bant jusqu'en bas.

FIGARO : Un plus adroit, n'est-ce pas, serait resté en l'air ! *(Aux jeunes filles :)* Venez-vous, mesdemoiselles ?

ANTONIO *le retourne* : Et pendant ce temps, le petit page galopait sur son cheval à Séville ?

2565 FIGARO : Galopait ou marchait au pas !…

LE COMTE *le retourne* : Et vous aviez son brevet dans la poche ?

FIGARO, *un peu étonné* : Assurément, mais quelle enquête ? *(Aux jeunes filles :)* Allons donc, jeunes filles !

2570 ANTONIO, *attirant Chérubin par le bras* : En voici une qui prétend que mon neveu futur n'est qu'un menteur.

FIGARO, *surpris* : Chérubin !… *(À part.)* Peste du petit fat[1] !

---

1. Impertinent.

ANTONIO : Y es-tu maintenant ?

FIGARO, *cherchant* : J'y suis… j'y suis… Hé ! qu'est-ce
2575 qu'il chante ?

LE COMTE, *sèchement* : Il ne chante pas ; il dit que c'est
lui qui a sauté sur les giroflées.

FIGARO, *rêvant* : Ah ! s'il le dit… cela se peut ; je ne dis-
pute pas de ce que j'ignore.

2580 LE COMTE : Ainsi vous et lui ?…

FIGARO : Pourquoi non ? la rage de sauter peut gagner :
voyez les moutons de Panurge ; et quand vous êtes en
colère, il n'y a personne qui n'aime mieux risquer…

LE COMTE : Comment, deux à la fois !…

2585 FIGARO : On aurait sauté deux douzaines ; et qu'est-ce
que cela fait, monseigneur, dès qu'il[1] n'y a personne de
blessé ? *(Aux jeunes filles :)* Ah çà, voulez-vous venir, ou non ?

LE COMTE, *outré* : Jouons-nous une comédie ?

On entend un prélude de fanfare.

FIGARO : Voilà le signal de la marche. À vos postes, les
2590 belles, à vos postes ! Allons, Suzanne, donne-moi le bras.

*Tous s'enfuient, Chérubin reste seul, la tête
baissée.*

Scène 7

CHÉRUBIN, LE COMTE, LA COMTESSE

LE COMTE, *regardant aller Figaro* : En voit-on de plus
audacieux ? *(Au page :)* Pour vous, monsieur le sournois, qui

---

1. Puisque.

faites le honteux, allez vous rhabiller bien vite ; et que je ne vous rencontre nulle part de la soirée.

2595   LA COMTESSE : Il va bien s'ennuyer.

CHÉRUBIN, *étourdiment* : M'ennuyer ! j'emporte à mon front du bonheur pour plus de cent années de prison.

Il met son chapeau et s'enfuit.

Scène 8

LE COMTE, LA COMTESSE
(La comtesse s'évente fortement sans parler.)

LE COMTE : Qu'a-t-il au front de si heureux ?

LA COMTESSE, *avec embarras* : Son… premier chapeau
2600   d'officier, sans doute ; aux enfants tout sert de hochet.

Elle veut sortir.

LE COMTE : Vous ne nous restez pas, comtesse ?

LA COMTESSE : Vous savez que je ne me porte pas bien.

LE COMTE : Un instant pour votre protégée, ou je vous croirais en colère.

2605   LA COMTESSE : Voici les deux noces, asseyons-nous donc pour les recevoir.

LE COMTE, *à part* : La noce ! il faut souffrir ce qu'on ne peut empêcher.

Le comte et la comtesse s'assoient vers un des côtés de la galerie.

Scène 9

LE COMTE, LA COMTESSE, *assis ;*
l'on joue les « Folies d'Espagne » d'un mouvement de marche.
(Symphonie notée.)

MARCHE

LES GARDES-CHASSES, *fusil sur l'épaule.*

L'ALGUAZIL, LES PRUD'HOMMES, BRID'OISON.

LES PAYSANS ET PAYSANNES, *en habits de fête.*

DEUX JEUNES FILLES *portant la toque virginale à plumes blanches ;*

DEUX AUTRES, *le voile blanc ;*

DEUX AUTRES, *les gants et le bouquet de côté.*

ANTONIO *donne la main à* SUZANNE, *comme étant celui qui la marie à* FIGARO.

D'AUTRES JEUNES FILLES *portent une autre toque, un autre voile, un autre bouquet blanc, semblables aux premiers, pour* MARCELINE.

Figaro donne la main à Marceline, comme celui qui doit la remettre au docteur, lequel ferme la marche, un gros bouquet au côté. Les jeunes filles, en passant devant le comte, remettent à ses valets tous les ajustements destinés à Suzanne et à Marceline.

Les Paysans et Paysannes s'étant rangés sur deux colonnes à chaque côté du salon, on danse une reprise du fandango (air noté) avec des castagnettes ; puis on joue la ritournelle du duo, pendant laquelle Antonio conduit Suzanne au comte ; elle se met à genoux devant lui.

Pendant que le comte lui pose la toque, le voile, et lui donne le bouquet, deux jeunes filles chantent le duo suivant (air noté) :

Jeune épouse, chantez les bienfaits et la gloire
2610 D'un maître qui renonce aux droits qu'il eut sur vous :

Préférant au plaisir la plus noble victoire,
Il vous rend chaste et pure aux mains de votre époux.

*Suzanne est à genoux, et, pendant les derniers vers du duo,
elle tire le comte par son manteau et lui montre le billet qu'elle
tient ; puis elle porte la main qu'elle a du côté des spectateurs à
sa tête, où le comte a l'air d'ajuster sa toque ; elle lui donne le
billet.*

*Le comte le met furtivement dans son sein ; on achève de
chanter le duo ; la fiancée se relève et lui fait une grande révérence.*

*Figaro vient la recevoir des mains du comte et se retire avec
elle, à l'autre côté du salon, près de Marceline.*

(On danse une autre reprise du fandango, pendant ce temps.)

*Le comte, pressé de lire ce qu'il a reçu, s'avance au bord du
théâtre et tire le papier de son sein ; mais en le sortant il fait le
geste d'un homme qui s'est cruellement piqué le doigt ; il le
secoue, le presse, le suce, et regardant le papier cacheté d'une
épingle, il dit :*

LE COMTE *(Pendant qu'il parle, ainsi que Figaro, l'orchestre
joue pianissimo.)* : Diantre soit des femmes, qui fourrent des
2615 épingles partout ! *(Il la jette à terre, puis il lit le billet et le
baise.)*

FIGARO, *qui a tout vu, dit à sa mère et à Suzanne* : C'est un
billet doux, qu'une fillette aura glissé dans sa main en passant. Il était cacheté d'une épingle, qui l'a outrageusement
2620 piqué. *(La danse reprend : le comte qui a lu le billet le retourne ;
il y voit l'invitation de renvoyer le cachet pour réponse. Il cherche
à terre et retrouve enfin l'épingle qu'il attache à sa manche.)*

FIGARO, *à Suzanne et à Marceline* : D'un objet aimé tout est

cher. Le voilà qui ramasse l'épingle. Ah, c'est une drôle de
2625 tête ! *(Pendant ce temps, Suzanne a des signes d'intelligence avec
la comtesse. La danse finit, la ritournelle du duo recommence.)*

FIGARO *conduit Marceline au comte, ainsi qu'on a conduit
Suzanne ; à l'instant où le comte prend la toque et où l'on va
chanter le duo, on est interrompu par les cris suivants :*

L'HUISSIER, *criant à la porte* : Arrêtez donc, messieurs !
vous ne pouvez entrer tous... Ici les gardes, les gardes !

> *Les gardes vont vite à cette porte.*

LE COMTE, *se levant* : Qu'est-ce qu'il y a ?

2630 L'HUISSIER : Monseigneur, c'est monsieur Bazile, entouré
d'un village entier, parce qu'il chante en marchant.

LE COMTE : Qu'il entre seul.

LA COMTESSE : Ordonnez-moi de me retirer.

LE COMTE : Je n'oublie pas votre complaisance.

2635 LA COMTESSE : Suzanne !... elle reviendra. *(À part, à
Suzanne :)* Allons changer d'habits.

> *Elle sort avec Suzanne.*

MARCELINE : Il n'arrive jamais que pour nuire.

FIGARO : Ah ! je m'en vais vous le faire déchanter !

Scène 10

TOUS LES ACTEURS PRÉCÉDENTS,
excepté LA COMTESSE et SUZANNE ;
BAZILE *tenant sa guitare* ; GRIPPE-SOLEIL

BAZILE *entre en chantant sur l'air du vaudeville de la fin (air
noté)* :

Cœurs sensibles, cœurs fidèles,
2640 Qui blâmez l'amour léger,
Cessez vos plaintes cruelles :
Est-ce un crime de changer ?
Si l'Amour porte des ailes,
N'est-ce pas pour voltiger ?
2645 N'est-ce pas pour voltiger ?
N'est-ce pas pour voltiger ?

FIGARO *s'avance à lui* : Oui, c'est pour cela justement qu'il a des ailes au dos ; notre ami, qu'entendez-vous par cette musique ?

2650 BAZILE, *montrant Grippe-Soleil* : Qu'après avoir prouvé mon obéissance à Monseigneur en amusant Monsieur, qui est de sa compagnie, je pourrai, à mon tour, réclamer sa justice.

GRIPPE-SOLEIL : Bah ! monsigneu, il ne m'a pas amusé du tout : avec leux guenilles d'ariettes…

2655 LE COMTE : Enfin que demandez-vous, Bazile ?

BAZILE : Ce qui m'appartient, monseigneur, la main de Marceline ; et je viens m'opposer…

FIGARO *s'approche* : Y a-t-il longtemps que Monsieur n'a vu la figure d'un fou ?

2660 BAZILE : Monsieur, en ce moment même.

FIGARO : Puisque mes yeux vous servent si bien de miroir, étudiez-y l'effet de ma prédiction. Si vous faites mine seulement d'approximer Madame…

BARTHOLO, *en riant* : Eh pourquoi ? laisse-le parler.

2665 BRID'OISON *s'avance entre deux* : Fau-aut-il que deux amis ?…

FIGARO : Nous, amis !

BAZILE : Quelle erreur !

FIGARO, *vite* : Parce qu'il fait de plats airs de chapelle ?

2670   BAZILE, *vite*: Et lui, des vers comme un journal?

FIGARO, *vite*: Un musicien de guinguette!

BAZILE, *vite*: Un postillon de gazette!

FIGARO, *vite*: Cuistre d'oratorio!

BAZILE, *vite*: Jockey diplomatique!

2675   LE COMTE, *assis*: Insolents tous les deux!

BAZILE: Il me manque en toute occasion.

FIGARO: C'est bien dit, si cela se pouvait!

BAZILE: Disant partout que je ne suis qu'un sot.

FIGARO: Vous me prenez donc pour un écho?

2680   BAZILE: Tandis qu'il n'est pas un chanteur que mon talent n'ait fait briller.

FIGARO: Brailler.

BAZILE: Il le répète!

FIGARO: Et pourquoi non, si cela est vrai? es-tu un
2685 prince, pour qu'on te flagorne? souffre la vérité, coquin! puisque tu n'as pas de quoi gratifier un menteur; ou si tu la crains de notre part, pourquoi viens-tu troubler nos noces?

BAZILE, *à Marceline*: M'avez-vous promis, oui ou non, si dans quatre ans vous n'étiez pas pourvue, de me donner la
2690 préférence?

MARCELINE: À quelle condition l'ai-je promis?

BAZILE: Que si vous retrouviez un certain fils perdu, je l'adopterais par complaisance.

TOUS ENSEMBLE: Il est trouvé.

2695   BAZILE: Qu'à cela ne tienne!

TOUS ENSEMBLE, *montrant Figaro*: Et le voici.

BAZILE, *reculant de frayeur*: J'ai vu le diable!

BRID'OISON, *à Bazile*: Et vou-ous renoncez à sa chère mère!

2700   BAZILE: Qu'y aurait-il de plus fâcheux que d'être cru le père d'un garnement?

FIGARO : D'en être cru le fils ; tu te moques de moi !

BAZILE, *montrant Figaro* : Dès que Monsieur est de quelque chose ici, je déclare, moi, que je n'y suis plus de rien.

Il sort.

Scène 11

LES ACTEURS PRÉCÉDENTS, *excepté* BAZILE

2705 BARTHOLO, *riant* : Ah ! ah ! ah ! ah !

FIGARO, *sautant de joie* : Donc à la fin j'aurai ma femme !

LE COMTE, *à part* : Moi, ma maîtresse.

Il se lève.

BRID'OISON, *à Marceline* : Et tou-out le monde est satisfait.

2710 LE COMTE : Qu'on dresse les deux contrats ; j'y signerai.

TOUS ENSEMBLE : Vivat !

Ils sortent.

LE COMTE : J'ai besoin d'une heure de retraite.

Il veut sortir avec les autres.

Scène 12

GRIPPE-SOLEIL, FIGARO, MARCELINE, LE COMTE

GRIPPE-SOLEIL, *à Figaro* : Et moi, je vas aider à ranger le feu d'artifice sous les grands marronniers, comme on l'a dit.

2715   LE COMTE *revient en courant*: Quel sot a donné un tel ordre?

    FIGARO: Où est le mal?

    LE COMTE, *vivement*: Et la comtesse qui est incommodée, d'où le verra-t-elle, l'artifice? C'est sur la terrasse qu'il
2720 le faut, vis-à-vis son appartement.

    FIGARO: Tu l'entends, Grippe-Soleil? la terrasse.

    LE COMTE: Sous les grands marronniers! belle idée! *(En s'en allant, à part.)* Ils allaient incendier mon rendez-vous!

Scène 13

FIGARO, MARCELINE

    FIGARO: Quel excès d'attention pour sa femme!

Il veut sortir.

2725   MARCELINE *l'arrête*: Deux mots, mon fils. Je veux m'acquitter avec toi: un sentiment mal dirigé m'avait rendue injuste envers ta charmante femme: je la supposais d'accord avec le comte, quoique j'eusse appris de Bazile qu'elle l'avait toujours rebuté.

2730   FIGARO: Vous connaissiez mal votre fils, de le croire ébranlé par ces impulsions féminines. Je puis défier la plus rusée de m'en faire accroire.

    MARCELINE: Il est toujours heureux de le penser, mon fils; la jalousie…

2735   FIGARO: … N'est qu'un sot enfant de l'orgueil, ou c'est la maladie d'un fou. Oh! j'ai là-dessus, ma mère, une philosophie… imperturbable; et si Suzanne doit me tromper un jour, je lui pardonne d'avance; elle aura longtemps travaillé…

> *Il se retourne et aperçoit Fanchette qui
> cherche de côté et d'autre.*

Scène 14

FIGARO, FANCHETTE, MARCELINE

FIGARO: Eeeh…. ma petite cousine qui nous écoute!

2740 FANCHETTE: Oh! pour ça, non: on dit que c'est malhonnête.

FIGARO: Il est vrai; mais comme cela est utile, on fait aller souvent l'un pour l'autre.

FANCHETTE: Je regardais si quelqu'un était là.

2745 FIGARO: Déjà dissimulée, friponne! Vous savez bien qu'il n'y peut être.

FANCHETTE: Et qui donc?

FIGARO: Chérubin.

FANCHETTE: Ce n'est pas lui que je cherche, car je sais
2750 fort bien où il est; c'est ma cousine Suzanne.

FIGARO: Et que lui veut ma petite cousine?

FANCHETTE: À vous, petit cousin, je le dirai. C'est… ce n'est qu'une épingle que je veux lui remettre.

FIGARO, *vivement*: Une épingle! une épingle!… et de
2755 quelle part, coquine? à votre âge, vous faites déjà un mét… (*Il se reprend, et dit d'un ton doux:*) Vous faites déjà très bien tout ce que vous entreprenez, Fanchette; et ma jolie cousine est si obligeante…

FANCHETTE: À qui donc en a-t-il de se fâcher? Je m'en
2760 vais.

FIGARO, *l'arrêtant*: Non, non, je badine; tiens, ta petite

épingle est celle que Monseigneur t'a dit de remettre à Suzanne, et qui servait à cacheter un petit papier qu'il tenait ; tu vois que je suis au fait.

2765 FANCHETTE : Pourquoi donc le demander, quand vous le savez si bien ?

FIGARO, *cherchant* : C'est qu'il est assez gai de savoir comment Monseigneur s'y est pris pour te donner la commission.

2770 FANCHETTE, *naïvement* : Pas autrement que vous ne dites : « Tiens, petite Fanchette, rends cette épingle à ta belle cousine, et dis-lui seulement que c'est le cachet des grands marronniers. »

FIGARO : « Des grands… » ?

2775 FANCHETTE : « Marronniers. » Il est vrai qu'il a ajouté : « Prends garde que personne ne te voie. »

FIGARO : Il faut obéir, ma cousine : heureusement personne ne vous a vue. Faites donc joliment votre commission ; et n'en dites pas plus à Suzanne que Monseigneur n'a 2780 ordonné.

FANCHETTE : Et pourquoi lui en dirais-je ? il me prend pour un enfant, mon cousin.

Elle sort en sautant.

Scène 15

FIGARO, MARCELINE

FIGARO : Eh bien, ma mère ?

MARCELINE : Eh bien, mon fils ?

2785 FIGARO, *comme étouffé* : Pour celui-ci !… il y a réellement des choses… !

MARCELINE: Il y a des choses! hé, qu'est-ce qu'il y a?

FIGARO, *les mains sur la poitrine*: Ce que je viens d'entendre, ma mère, je l'ai là comme un plomb.

2790 MARCELINE, *riant*: Ce cœur plein d'assurance n'était donc qu'un ballon gonflé? une épingle a tout fait partir!

FIGARO, *furieux*: Mais cette épingle, ma mère, est celle qu'il a ramassée!...

MARCELINE, *rappelant ce qu'il a dit*: «La jalousie! oh!
2795 j'ai là-dessus, ma mère, une philosophie... imperturbable; et si Suzanne m'attrape un jour, je le lui pardonne...»

FIGARO, *vivement*: Oh! ma mère! on parle comme on sent: mettez le plus glacé des juges à plaider dans sa propre cause, et voyez-le expliquer la loi! Je ne m'étonne plus s'il
2800 avait tant d'humeur sur ce feu! Pour la mignonne aux fines épingles, elle n'en est pas où il le croit, ma mère, avec ses marronniers! Si mon mariage est assez fait pour légitimer ma colère, en revanche, il ne l'est pas assez pour que je n'en puisse épouser une autre, et l'abandonner...

2805 MARCELINE: Bien conclu! abîmons tout sur un soupçon. Qui t'a prouvé, dis-moi, que c'est toi qu'elle joue, et non le comte? L'as-tu étudiée de nouveau, pour la condamner sans appel? Sais-tu si elle se rendra sous les arbres? à quelle intention elle y va? ce qu'elle y dira, ce qu'elle y fera?
2810 Je te croyais plus fort en jugement!

FIGARO, *lui baisant la main avec respect*: Elle a raison, ma mère, elle a raison, raison, toujours raison! Mais accordons, maman, quelque chose à la nature; on en vaut mieux après. Examinons en effet avant d'accuser et d'agir. Je sais
2815 où est le rendez-vous. Adieu, ma mère.

Il sort.

Scène 16

MARCELINE, *seule.*

Adieu; et moi aussi, je le sais. Après l'avoir arrêté, veillons sur les voies de Suzanne; ou plutôt avertissons-la; elle est si jolie créature! Ah! quand l'intérêt personnel ne nous arme pas les unes contre les autres, nous sommes toutes 2820 portées à soutenir notre pauvre sexe opprimé, contre ce fier, ce terrible... *(en riant)* et pourtant un peu nigaud de sexe masculin.

Elle sort.

FIN DU QUATRIÈME ACTE

Acte V

Le théâtre représente une salle [1] de marronniers, dans un parc; deux pavillons, kiosques, ou temples de jardin, sont à droite et à gauche; le fond est une clairière [2] ornée; un siège de gazon sur le devant. Le théâtre est obscur.

Scène I

FANCHETTE, *seule, tenant d'une main
deux biscuits et une orange, et de l'autre
une lanterne de papier allumée.*

Dans le pavillon à gauche, a-t-il dit. C'est celui-ci. S'il allait ne pas venir à présent! mon petit rôle... Ces vilaines gens
2825 de l'office qui ne voulaient pas seulement me donner une orange et deux biscuits! «Pour qui, mademoiselle? — Eh bien, monsieur, c'est pour quelqu'un. — Oh! nous savons.» Et quand ça serait? parce que Monseigneur ne veut pas le voir, faut-il qu'il meure de faim? Tout ça pourtant m'a

---

1. Lieu planté d'arbres dans un jardin.
2. Forme archaïque : clairière.

2830 coûté un fier baiser sur la joue!... Que sait-on? il me le
rendra peut-être. *(Elle voit Figaro qui vient l'examiner; elle fait
un cri.)* Ah!...

> Elle s'enfuit, et elle entre dans le pavillon à
> sa gauche.

Scène 2

FIGARO, *un grand manteau sur les épaules,
un large chapeau rabattu*; BAZILE, ANTONIO,
BARTHOLO, BRID'OISON, GRIPPE-SOLEIL,
TROUPE DE VALETS ET DE TRAVAILLEURS

FIGARO, *d'abord seul*: C'est Fanchette! *(Il parcourt des
yeux les autres à mesure qu'ils arrivent, et dit d'un ton farouche:)*
2835 Bonjour, messieurs; bonsoir; êtes-vous tous ici?

BAZILE: Ceux que tu as pressés d'y venir.

FIGARO: Quelle heure est-il bien à peu près?

ANTONIO *regarde en l'air*: La lune devrait être levée.

BARTHOLO: Eh! quels noirs apprêts fais-tu donc? Il a
2840 l'air d'un conspirateur!

FIGARO, *s'agitant*: N'est-ce pas pour une noce, je vous
prie, que vous êtes rassemblés au château?

BRID'OISON: Cè-ertainement.

ANTONIO: Nous allions là-bas, dans le parc, attendre
2845 un signal pour ta fête.

FIGARO: Vous n'irez pas plus loin, messieurs; c'est ici,
sous ces marronniers, que nous devons tous célébrer l'honnête fiancée que j'épouse, et le loyal seigneur qui se l'est
destinée.

2850   BAZILE, *se rappelant la journée*: Ah! vraiment, je sais ce que c'est. Retirons-nous, si vous m'en croyez: il est question d'un rendez-vous; je vous conterai cela près d'ici.

BRID'OISON, *à Figaro*: Nou-ous reviendrons.

FIGARO: Quand vous m'entendrez appeler, ne manquez
2855   pas d'accourir tous, et dites du mal de Figaro s'il ne vous fait voir une belle chose.

BARTHOLO: Souviens-toi qu'un homme sage ne se fait point d'affaires avec les grands.

FIGARO: Je m'en souviens.

2860   BARTHOLO: Qu'ils ont quinze et bisque sur nous[1], par leur état.

FIGARO: Sans leur industrie[2], que vous oubliez. Mais souvenez-vous aussi que l'homme qu'on sait timide[3] est dans la dépendance de tous les fripons.

2865   BARTHOLO: Fort bien.

FIGARO: Et que j'ai nom de Verte-Allure, du chef honoré de ma mère.

BARTHOLO: Il a le diable au corps.

BRID'OISON: I-il l'a.

2870   BAZILE, *à part*: Le comte et sa Suzanne se sont arrangés sans moi? Je ne suis pas fâché de l'algarade[4].

FIGARO, *aux valets*: Pour vous autres, coquins, à qui j'ai donné l'ordre, illuminez-moi ces entours; ou, par la mort que je voudrais tenir aux dents, si j'en saisis un par le bras...

Il secoue le bras de Grippe-Soleil.

---

1. Terme de jeu: avoir un grand avantage pour le succès d'une partie.
2. Leur adresse, leur dextérité.
3. Craintif.
4. L'insulte.

2875　　GRIPPE-SOLEIL *s'en va en criant et pleurant*: A, a, o, oh!
Damné brutal!

　　BAZILE, *en s'en allant*: Le Ciel vous tienne en joie, monsieur du marié!

Ils sortent.

Scène 3

FIGARO *seul, se promenant dans l'obscurité,*
dit du ton le plus sombre:

　　Ô Femme! femme! femme! créature faible et déce-
2880　vante!... nul animal[1] créé ne peut manquer à son instinct;
le tien est-il donc de tromper?... Après m'avoir obstiné-
ment refusé quand je l'en pressais devant sa maîtresse; à
l'instant qu'elle me donne sa parole; au milieu même de la
cérémonie... Il riait en lisant, le perfide! et moi comme un
2885　benêt!... Non, monsieur le comte, vous ne l'aurez pas...
vous ne l'aurez pas. Parce que vous êtes un grand seigneur,
vous vous croyez un grand génie!... noblesse, fortune, un
rang, des places; tout cela rend si fier! Qu'avez-vous fait
pour tant de biens? vous vous êtes donné la peine de
2890　naître, et rien de plus. Du reste, homme assez ordinaire!
tandis que moi, morbleu! perdu dans la foule obscure, il
m'a fallu déployer plus de science et de calculs pour subsister seulement, qu'on n'en a mis depuis cent ans à gouverner
toutes les Espagnes; et vous voulez jouter... On vient...
2895　c'est elle... ce n'est personne. La nuit est noire en diable, et
me voilà faisant le sot métier de mari, quoique je ne le sois

---

1. Au sens général d'*être animé.*

qu'à moitié! *(Il s'assied sur un banc.)* Est-il rien de plus
bizarre que ma destinée! fils de je ne sais pas qui; volé par
des bandits, élevé dans leurs mœurs, je m'en dégoûte et veux
2900 courir une carrière honnête; et partout je suis repoussé!
J'apprends la chimie, la pharmacie, la chirurgie, et tout le
crédit d'un grand seigneur peut à peine me mettre à la main
une lancette vétérinaire! Las d'attrister des bêtes malades,
et pour faire un métier contraire, je me jette à corps perdu
2905 dans le théâtre; me fussé-je mis une pierre au cou! Je
broche une comédie dans les mœurs du sérail; auteur espagnol, je crois pouvoir y fronder Mahomet sans scrupule: à
l'instant un envoyé... de je ne sais où se plaint que j'offense
dans mes vers la Sublime Porte, la Perse, une partie de la
2910 presqu'île de l'Inde, toute l'Égypte, les royaumes de Barca,
de Tripoli, de Tunis, d'Alger et de Maroc: et voilà ma comédie flambée, pour plaire aux princes mahométans, dont pas
un, je crois, ne sait lire, et qui nous meurtrissent l'omo-
plate, en nous disant: « chiens de chrétiens »! Ne pouvant
2915 avilir l'esprit, on se venge en le maltraitant. Mes joues creu-
saient; mon terme était échu; je voyais de loin arriver l'affreux recors[1], la plume fichée dans sa perruque; en
frémissant je m'évertue. Il s'élève une question sur la nature
des richesses; et comme il n'est pas nécessaire de tenir les
2920 choses pour en raisonner, n'ayant pas un sou, j'écris sur la
valeur de l'argent et sur son produit net[2]; sitôt je vois, du
fond d'un fiacre, baisser pour moi le pont d'un château fort,
à l'entrée duquel je laissai l'espérance et la liberté. *(Il se
lève.)* Que je voudrais bien tenir un de ces puissants de
2925 quatre jours, si légers sur le mal qu'ils ordonnent, quand

---

1. Second d'un sergent pour servir de témoin et prêter main-forte
en cas de nécessité.
2. Terme technique de la théorie économique naissante, celle des
« physiocrates ».

une bonne disgrâce a cuvé son orgueil! je lui dirais... que
les sottises imprimées n'ont d'importance qu'aux lieux où
l'on en gêne le cours; que sans la liberté de blâmer, il n'est
point d'éloge flatteur; et qu'il n'y a que les petits hommes
2930 qui redoutent les petits écrits. *(Il se rassied.)* Las de nourrir
un obscur pensionnaire, on me met un jour dans la rue; et
comme il faut dîner, quoiqu'on ne soit plus en prison, je
taille encore ma plume et demande à chacun de quoi il est
question: on me dit que pendant ma retraite économique,
2935 il s'est établi dans Madrid un système de liberté sur la vente
des productions, qui s'étend même à celles de la presse; et
que, pourvu que je ne parle en mes écrits, ni de l'autorité,
ni du culte, ni de la politique, ni de la morale, ni des gens en
place, ni des corps en crédit, ni de l'opéra, ni des autres
2940 spectacles, ni de personne qui tienne à quelque chose, je
puis tout imprimer librement, sous l'inspection de deux ou
trois censeurs. Pour profiter de cette douce liberté, j'annonce un écrit périodique, et croyant n'aller sur les brisées
d'aucun autre, je le nomme *Journal inutile*. Pou-ou! je vois
2945 s'élever contre moi mille pauvres diables à la feuille; on me
supprime; et me voilà derechef sans emploi! Le désespoir
m'allait saisir; on pense à moi pour une place, mais par malheur j'y étais propre: il fallait un calculateur, ce fut un dan-
seur qui l'obtint. Il ne me restait plus qu'à voler; je me fais
2950 banquier de pharaon: alors, bonnes gens! je soupe en ville,
et les personnes dites « comme il faut » m'ouvrent poliment
leur maison, en retenant pour elles les trois quarts du profit. J'aurais bien pu me remonter; je commençais même à
comprendre que pour gagner du bien, le savoir-faire vaut
2955 mieux que le savoir. Mais comme chacun pillait autour de
moi, en exigeant que je fusse honnête, il fallut bien périr
encore. Pour le coup je quittais le monde, et, vingt brasses[1]

---

1. Une brasse correspond à un mètre soixante.

d'eau m'en allaient séparer, lorsqu'un dieu bienfaisant m'appelle à mon premier état. Je reprends ma trousse et mon
2960 cuir anglais ; puis, laissant la fumée aux sots qui s'en nour-
rissent, et la honte au milieu du chemin comme trop lourde
à un piéton, je vais rasant de ville en ville, et je vis enfin sans
souci. Un grand seigneur passe à Séville ; il me reconnaît, je
le marie ; et pour prix d'avoir eu par mes soins son épouse,
2965 il veut intercepter la mienne ! intrigue, orage à ce sujet. Prêt
à tomber dans un abîme, au moment d'épouser ma mère,
mes parents m'arrivent à la file. *(Il se lève en s'échauffant.)*
On se débat ; c'est vous, c'est lui, c'est moi, c'est toi ; non,
ce n'est pas nous ; eh ! mais qui donc ? *(Il retombe assis.)* Ô
2970 bizarre suite d'événements ! Comment cela m'est-il arrivé ?
Pourquoi ces choses et non pas d'autres ? Qui les a fixées
sur ma tête ? Forcé de parcourir la route où je suis entré
sans le savoir, comme j'en sortirai sans le vouloir, je l'ai
jonchée d'autant de fleurs que ma gaieté me l'a permis ;
2975 encore je dis ma gaieté, sans savoir si elle est à moi plus que
le reste, ni même quel est ce Moi dont je m'occupe : un
assemblage informe de parties inconnues ; puis un chétif
être imbécile[1] ; un petit animal folâtre ; un jeune homme
ardent au plaisir, ayant tous les goûts pour jouir, faisant
2980 tous les métiers pour vivre ; maître ici, valet là, selon qu'il
plaît à la fortune ! ambitieux par vanité, laborieux par nécessité ; mais paresseux... avec délices ! orateur selon le danger ;
poète par délassement ; musicien par occasion ; amoureux
par folles bouffées ; j'ai tout vu, tout fait, tout usé. Puis l'illu-
2985 sion s'est détruite, et, trop désabusé... Désabusé !... Suzon,
Suzon, Suzon ! que tu me donnes de tourments !... J'entends marcher... on vient. Voici l'instant de la crise[2].

---

1. Un être méprisable et faible.
2. C'est-à-dire l'instant du dénouement.

*Il se retire près de la première coulisse à
sa droite.*

Scène 4

FIGARO, LA COMTESSE *avec les habits de Suzon* ;
SUZANNE *avec ceux de la comtesse* ; MARCELINE

SUZANNE, *bas à la comtesse* : Oui, Marceline m'a dit que
Figaro y serait.

2990   MARCELINE : Il y est aussi ; baisse la voix.

SUZANNE : Ainsi l'un nous écoute et l'autre va venir me
chercher ; commençons.

MARCELINE : Pour n'en pas perdre un mot, je vais me
cacher dans le pavillon.

> *Elle entre dans le pavillon où est entrée
> Fanchette.*

Scène 5

FIGARO, LA COMTESSE, SUZANNE

2995   LA COMTESSE, *haut* : Madame tremble ! est-ce qu'elle
aurait froid ?

SUZANNE, *haut* : La soirée est humide, je vais me
retirer.

LA COMTESSE, *haut* : Si Madame n'avait pas besoin de
3000 moi, je prendrais l'air un moment, sous ces arbres.

SUZANNE, *haut* : C'est le serein que tu prendras.

LA COMTESSE, *haut*: J'y suis toute faite.

FIGARO, *à part*: Ah! oui, le serein!

> *Suzanne se retire près de la coulisse, du côté opposé à Figaro.*

Scène 6

FIGARO, CHÉRUBIN, LE COMTE, LA COMTESSE, SUZANNE. *Figaro et Suzanne retirés de chaque côté sur le devant.*

CHÉRUBIN, *en habit d'officier, arrive en chantant gaiement*
3005 *la reprise de l'air de la romance*: La, la, la, etc.

> J'avais une marraine,
> Que toujours adorai.

LA COMTESSE, *à part*: Le petit page!

CHÉRUBIN *s'arrête*: On se promène ici; gagnons vite
3010 mon asile, où la petite Fanchette… C'est une femme!

LA COMTESSE *écoute*: Ah grands dieux!

CHÉRUBIN *se baisse en regardant de loin*: Me trompé-je?
à cette coiffure en plumes qui se dessine au loin dans le
crépuscule, il me semble que c'est Suzon.

3015 LA COMTESSE, *à part*: Si le comte arrivait!…

> *Le comte paraît dans le fond.*

CHÉRUBIN *s'approche et prend la main de la comtesse,
qui se défend*: Oui, c'est la charmante fille qu'on nomme
Suzanne: eh! pourrais-je m'y méprendre à la douceur de

cette main, à ce petit tremblement qui l'a saisie, surtout au
3020 battement de son cœur !

> *Il veut y appuyer le dos de la main de la*
> *comtesse ; elle la retire.*

LA COMTESSE, *bas* : Allez-vous-en.

CHÉRUBIN : Si la compassion t'avait conduite exprès
dans cet endroit du parc où je suis caché depuis tantôt ?...

LA COMTESSE : Figaro va venir.

3025 LE COMTE, *s'avançant, dit à part* : N'est-ce pas Suzanne
que j'aperçois ?

CHÉRUBIN, *à la comtesse* : Je ne crains point du tout
Figaro, car ce n'est pas lui que tu attends.

LA COMTESSE : Qui donc ?

3030 LE COMTE, *à part* : Elle est avec quelqu'un.

CHÉRUBIN : C'est Monseigneur, friponne, qui t'a demandé
ce rendez-vous ce matin, quand j'étais derrière le fauteuil.

LE COMTE, *à part, avec fureur* : C'est encore le page
infernal !

3035 FIGARO, *à part* : On dit qu'il ne faut pas écouter !

SUZANNE, *à part* : Petit bavard !

LA COMTESSE, *au page* : Obligez-moi de vous retirer.

CHÉRUBIN : Ce ne sera pas au moins sans avoir reçu le
prix de mon obéissance.

3040 LA COMTESSE, *effrayée* : Vous prétendez ?...

CHÉRUBIN, *avec feu* : D'abord vingt baisers, pour ton
compte, et puis cent pour ta belle maîtresse.

LA COMTESSE : Vous oseriez ?

CHÉRUBIN : Oh ! que oui, j'oserai ; tu prends sa place
3045 auprès de Monseigneur ; moi celle du comte auprès de toi ;
le plus attrapé, c'est Figaro.

FIGARO, *à part* : Ce brigandeau !

SUZANNE, *à part*: Hardi comme un page.

> *Chérubin veut embrasser la comtesse; le comte se met entre deux et reçoit le baiser.*

LA COMTESSE, *se retirant*: Ah! Ciel!

3050　FIGARO, *à part, entendant le baiser*: J'épousais une jolie mignonne!

> *Il écoute.*

CHÉRUBIN, *tâtant les habits du comte; à part*: C'est Monseigneur!

> *Il s'enfuit dans le pavillon où sont entrées Fanchette et Marceline.*

Scène 7

FIGARO, LE COMTE, LA COMTESSE, SUZANNE

FIGARO *s'approche*: Je vais…

3055　LE COMTE, *croyant parler au page*: Puisque vous ne redoublez pas le baiser…

> *Il croit lui donner un soufflet.*

FIGARO, *qui est à portée, le reçoit*: Ah!

LE COMTE: … Voilà toujours le premier payé.

FIGARO *s'éloigne en se frottant la joue; à part*: Tout n'est 3060 pas gain non plus en écoutant.

SUZANNE, *riant tout haut de l'autre côté*: Ah! ah! ah! ah!

LE COMTE, *à la comtesse qu'il prend pour Suzanne*: Entend-on quelque chose à ce page? il reçoit le plus rude soufflet et s'enfuit en éclatant de rire.

3065 FIGARO, *à part*: S'il s'affligeait de celui-ci!...

LE COMTE: Comment! je ne pourrai faire un pas... (*À la comtesse:*) Mais laissons cette bizarrerie; elle empoisonnerait le plaisir que j'ai de te trouver dans cette salle.

LA COMTESSE, *imitant le parler de Suzanne*: L'espériez-
3070 vous?

LE COMTE: Après ton ingénieux billet! (*Il lui prend la main.*) Tu trembles?

LA COMTESSE: J'ai eu peur.

LE COMTE: Ce n'est pas pour te priver du baiser que je
3075 l'ai pris.

Il la baise au front.

LA COMTESSE: Des libertés!

FIGARO, *à part*: Coquine!

SUZANNE, *à part*: Charmante!

LE COMTE *prend la main de sa femme*: Mais quelle peau
3080 fine et douce, et qu'il s'en faut que la comtesse ait la main aussi belle!

LA COMTESSE, *à part*: Oh! la prévention!

LE COMTE: A-t-elle ce bras ferme et rondelet? ces jolis doigts pleins de grâce et d'espièglerie?

3085 LA COMTESSE, *de la voix de Suzanne*: Ainsi l'amour?...

LE COMTE: L'amour... n'est que le roman du cœur: c'est le plaisir qui en est l'histoire; il m'amène à tes genoux.

LA COMTESSE: Vous ne l'aimez plus?

LE COMTE: Je l'aime beaucoup; mais trois ans d'union
3090 rendent l'hymen si respectable!

LA COMTESSE: Que vouliez-vous en elle?

LE COMTE, *la caressant*: Ce que je trouve en toi, ma beauté...

LA COMTESSE: Mais dites donc.

3095   LE COMTE : ... Je ne sais : moins d'uniformité peut-être,
plus de piquant dans les manières ; un je ne sais quoi qui fait
le charme ; quelquefois un refus, que sais-je ? Nos femmes
croient tout accomplir en nous aimant : cela dit une fois,
elles nous aiment, nous aiment ! (quand elles nous aiment),
3100 et sont si complaisantes et si constamment obligeantes, et
toujours, et sans relâche, qu'on est tout surpris un beau
soir de trouver la satiété où l'on recherchait le bonheur !

    LA COMTESSE, *à part* : Ah ! quelle leçon !

    LE COMTE : En vérité, Suzon, j'ai pensé mille fois que si
3105 nous poursuivons ailleurs ce plaisir qui nous fuit chez elles,
c'est qu'elles n'étudient pas assez l'art de soutenir notre
goût, de se renouveler à l'amour, de ranimer, pour ainsi
dire, le charme de leur possession par celui de la variété.

    LA COMTESSE, *piquée* : Donc elles doivent tout ?...

3110   LE COMTE, *riant* : Et l'homme rien ? Changerons-nous la
marche de la nature ? notre tâche à nous fut de les obtenir :
la leur...

    LA COMTESSE : La leur ?...

    LE COMTE : Est de nous retenir : on l'oublie trop.

3115   LA COMTESSE : Ce ne sera pas moi.

    LE COMTE : Ni moi.

    FIGARO, *à part* : Ni moi.

    SUZANNE, *à part* : Ni moi.

    LE COMTE *prend la main de sa femme* : Il y a de l'écho
3120 ici ; parlons plus bas. Tu n'as nul besoin d'y songer, toi que
l'amour a faite et si vive et si jolie ! avec un grain de caprice
tu seras la plus agaçante maîtresse ! *(Il la baise au front.)* Ma
Suzanne, un Castillan n'a que sa parole. Voici tout l'or promis pour le rachat du droit que je n'ai plus sur le délicieux
3125 moment que tu m'accordes. Mais comme la grâce que tu
daignes y mettre est sans prix, j'y joindrai ce brillant, que tu
porteras pour l'amour de moi.

LA COMTESSE, *une révérence*: Suzanne accepte tout.

FIGARO, *à part*: On n'est pas plus coquine que cela.

3130   SUZANNE, *à part*: Voilà du bon bien qui nous arrive.

LE COMTE, *à part*: Elle est intéressée; tant mieux.

LA COMTESSE *regarde au fond*: Je vois des flambeaux.

LE COMTE: Ce sont les apprêts de ta noce: entrons-nous un moment dans l'un de ces pavillons pour les laisser
3135   passer?

LA COMTESSE: Sans lumière?

LE COMTE *l'entraîne doucement*: À quoi bon? nous n'avons rien à lire.

FIGARO, *à part*: Elle y va, ma foi! Je m'en doutais.

Il s'avance.

3140   LE COMTE *grossit sa voix en se retournant*: Qui passe ici?

FIGARO, *en colère*: Passer! on vient exprès.

LE COMTE, *bas, à la comtesse*: C'est Figaro!...

Il s'enfuit.

LA COMTESSE: Je vous suis.

> *Elle entre dans le pavillon à sa droite, pendant que le comte se perd dans le bois, au fond.*

Scène 8

FIGARO, SUZANNE, *dans l'obscurité*.

FIGARO *cherche à voir où vont le comte et la comtesse, qu'il
3145   prend pour Suzanne*: Je n'entends plus rien; ils sont entrés;

m'y voilà. *(D'un ton altéré:)* Vous autres époux maladroits, qui tenez des espions à gages, et tournez des mois entiers autour d'un soupçon sans l'asseoir, que ne m'imitez-vous ? Dès le premier jour je suis ma femme, et je l'écoute ; en un
3150 tour de main on est au fait : c'est charmant, plus de doutes ; on sait à quoi s'en tenir. *(Marchant vivement.)* Heureusement que je ne m'en soucie guère, et que sa trahison ne me fait plus rien du tout. Je les tiens donc enfin !

SUZANNE, *qui s'est avancée doucement dans l'obscurité. À*
3155 *part*: Tu vas payer tes beaux soupçons. *(Du ton de voix de la comtesse.)* Qui va là ?

FIGARO, *extravagant*: Qui va là ? Celui qui voudrait de bon cœur que la peste eût étouffé en naissant...

SUZANNE, *du ton de la comtesse*: Eh ! mais, c'est Figaro !
3160 FIGARO *regarde, et dit vivement*: Madame la comtesse !

SUZANNE: Parlez bas.

FIGARO, *vite*: Ah ! madame, que le Ciel vous amène à propos ! Où croyez-vous qu'est Monseigneur ?

SUZANNE: Que m'importe un ingrat ? Dis-moi...
3165 FIGARO, *plus vite*: Et Suzanne mon épousée, où croyez-vous qu'elle soit ?

SUZANNE: Mais parlez bas !

FIGARO, *très vite*: Cette Suzon qu'on croyait si vertueuse, qui faisait la réservée ! Ils sont enfermés là-dedans. Je vais
3170 appeler.

SUZANNE, *lui fermant la bouche avec sa main, oublie de déguiser sa voix*: N'appelez pas.

FIGARO, *à part*: Eh c'est Suzon ! *God-dam !*

SUZANNE, *du ton de la comtesse*: Vous paraissez inquiet.
3175 FIGARO, *à part*: Traîtresse ! qui veut me surprendre !

SUZANNE: Il faut nous venger, Figaro.

FIGARO: En sentez-vous le vif désir ?

SUZANNE : Je ne serais donc pas de mon sexe ! Mais les hommes en ont cent moyens.

3180 FIGARO, *confidemment* : Madame, il n'y a personne ici de trop. Celui des femmes… les vaut tous.

SUZANNE, *à part* : Comme je le souffletterais !

FIGARO, *à part* : Il serait bien gai qu'avant la noce !…

SUZANNE : Mais qu'est-ce qu'une telle vengeance, qu'un
3185 peu d'amour n'assaisonne pas ?

FIGARO : Partout où vous n'en voyez point, croyez que le respect dissimule.

SUZANNE, *piquée* : Je ne sais si vous le pensez de bonne foi, mais vous ne le dites pas de bonne grâce.

3190 FIGARO, *avec une chaleur comique, à genoux* : Ah ! madame, je vous adore. Examinez le temps, le lieu, les circonstances, et que le dépit supplée en vous aux grâces qui manquent à ma prière.

SUZANNE, *à part* : La main me brûle !

3195 FIGARO, *à part* : Le cœur me bat.

SUZANNE : Mais, monsieur, avez-vous songé ?…

FIGARO : Oui, madame, oui, j'ai songé.

SUZANNE : … Que pour la colère et l'amour…

FIGARO : … Tout ce qui se diffère est perdu. Votre
3200 main, madame ?

SUZANNE, *de sa voix naturelle et lui donnant un soufflet* : La voilà.

FIGARO : Ah ! *Demonio* ! quel soufflet !

SUZANNE *lui en donne un second* : Quel soufflet ! Et
3205 celui-ci ?

FIGARO : Eh *qu'es aquo* [1] ! de par le diable ! est-ce ici la journée des tapes ?

---

1. Qu'est-ce que c'est ? (forme provençale).

SUZANNE *le bat à chaque phrase*: Ah! *qu'es aquo?* Voilà
pour tes soupçons; voilà pour tes vengeances et pour tes
3210 trahisons, tes expédients, tes injures et tes projets. C'est-il
çà de l'amour? dis donc comme ce matin?

FIGARO *rit en se relevant*: *Santa Barbara!* oui c'est de
l'amour. Ô bonheur! ô délices! ô cent fois heureux Figaro!
Frappe, ma bien-aimée, sans te lasser. Mais quand tu m'au-
3215 ras diapré tout le corps de meurtrissures, regarde avec
bonté, Suzon, l'homme le plus fortuné qui fut jamais battu
par une femme.

SUZANNE: «Le plus fortuné!» Bon fripon, vous n'en
séduisiez pas moins la comtesse, avec un si trompeur babil
3220 que m'oubliant moi-même, en vérité, c'était pour elle que je
cédais.

FIGARO: Ai-je pu me méprendre, au son de ta jolie
voix?

SUZANNE, *en riant*: Tu m'as reconnue? Ah! comme je
3225 m'en vengerai!

FIGARO: Bien rosser et garder rancune est aussi par
trop féminin! Mais dis-moi donc par quel bonheur je te vois
là, quand je te croyais avec lui; et comment cet habit, qui
m'abusait, te montre enfin innocente...

3230 SUZANNE: Eh! c'est toi qui es un innocent, de venir te
prendre au piège apprêté pour un autre! Est-ce notre faute
à nous, si voulant museler un renard, nous en attrapons
deux?

FIGARO: Qui donc prend l'autre?

3235 SUZANNE: Sa femme.

FIGARO: Sa femme?

SUZANNE: Sa femme.

FIGARO, *follement*: Ah! Figaro! pends-toi; tu n'as pas
deviné celui-là! Sa femme! Ô douze ou quinze mille fois
3240 spirituelles femelles! Ainsi les baisers de cette salle...?

SUZANNE: Ont été donnés à Madame.

FIGARO: Et celui du page?

SUZANNE, *riant*: À Monsieur.

FIGARO: Et tantôt, derrière le fauteuil?

3245 SUZANNE: À personne.

FIGARO: En êtes-vous sûre?

SUZANNE, *riant*: Il pleut des soufflets, Figaro.

FIGARO *lui baise la main*: Ce sont des bijoux que les tiens. Mais celui du comte était de bonne guerre.

3250 SUZANNE: Allons, superbe! humilie-toi.

FIGARO *fait tout ce qu'il annonce*: Cela est juste; à genoux, bien courbé, prosterné, ventre à terre.

SUZANNE, *en riant*: Ah! ce pauvre comte! quelle peine il s'est donnée…

3255 FIGARO *se relève sur ses genoux*: … Pour faire la conquête de sa femme!

Scène 9

LE COMTE *entre par le fond du théâtre*
et va droit au pavillon à sa droite.
FIGARO, SUZANNE

LE COMTE, *à lui-même*: Je la cherche en vain dans le bois, elle est peut-être entrée ici.

SUZANNE, *à Figaro, parlant bas*: C'est lui.

3260 LE COMTE, *ouvrant le pavillon*: Suzon, es-tu là-dedans?

FIGARO, *bas*: Il la cherche, et moi je croyais…

SUZANNE, *bas*: Il ne l'a pas reconnue.

FIGARO: Achevons-le, veux-tu?

Il lui baise la main.

LE COMTE *se retourne*: Un homme aux pieds de la com-
3265 tesse!... Ah! je suis sans armes.

Il s'avance.

FIGARO *se relève tout à fait en déguisant sa voix*: Pardon,
madame, si je n'ai pas réfléchi que ce rendez-vous ordinaire
était destiné pour la noce.

LE COMTE, *à part*: C'est l'homme du cabinet de ce
3270 matin.

Il se frappe le front.

FIGARO *continue*: Mais il ne sera pas dit qu'un obstacle
aussi sot aura retardé nos plaisirs.

LE COMTE, *à part*: Massacre, mort, enfer!

FIGARO, *la conduisant au cabinet*: (Bas.) Il jure. (Haut.)
3275 Pressons-nous donc, madame, et réparons le tort qu'on
nous a fait tantôt, quand j'ai sauté par la fenêtre.

LE COMTE, *à part*: Ah! tout se découvre enfin.

SUZANNE, *près du pavillon à sa gauche*: Avant d'entrer,
voyez si personne n'a suivi.

Il la baise au front.

3280 LE COMTE *s'écrie*: Vengeance!

*Suzanne s'enfuit dans le pavillon où sont
entrés Fanchette, Marceline et Chérubin.*

Scène 10

LE COMTE, FIGARO.
(Le comte saisit le bras de Figaro.)

FIGARO, *jouant la frayeur excessive* : C'est mon maître !

LE COMTE *le reconnaît* : Ah ! scélérat, c'est toi ! Holà ! quelqu'un, quelqu'un !

Scène 11

PÉDRILLE, LE COMTE, FIGARO

PÉDRILLE, *botté* : Monseigneur, je vous trouve enfin.

3285 LE COMTE : Bon, c'est Pédrille. Es-tu tout seul ?

PÉDRILLE : Arrivant de Séville à étripe-cheval.

LE COMTE : Approche-toi de moi, et crie bien fort.

PÉDRILLE, *criant à tue-tête* : Pas plus de page que sur ma main. Voilà le paquet.

3290 LE COMTE *le repousse* : Eh ! l'animal.

PÉDRILLE : Monseigneur me dit de crier.

LE COMTE, *tenant toujours Figaro* : Pour appeler. Holà ! quelqu'un ! si l'on m'entend, accourez tous !

PÉDRILLE : Figaro et moi, nous voilà deux ; que peut-il

3295 donc vous arriver ?

Scène 12

LES ACTEURS PRÉCÉDENTS, BRID'OISON,
BARTHOLO, BAZILE, ANTONIO, GRIPPE-SOLEIL,
toute la noce accourt avec des flambeaux.

BARTHOLO, *à Figaro* : Tu vois qu'à ton premier signal…

LE COMTE, *montrant le pavillon à sa gauche* : Pédrille,
empare-toi de cette porte.

Pédrille y va.

BAZILE, *bas à Figaro* : Tu l'as surpris avec Suzanne ?

3300   LE COMTE, *montrant Figaro* : Et vous, tous mes vassaux,
entourez-moi cet homme et m'en répondez sur la vie.

BAZILE : Ha ! ha !

LE COMTE, *furieux* : Taisez-vous donc. (*À Figaro, d'un ton
glacé :*) Mon cavalier, répondez-vous à mes questions ?

3305   FIGARO, *froidement* : Eh ! qui pourrait m'en exempter,
monseigneur ? Vous commandez à tout ici, hors à vous-
même.

LE COMTE, *se contenant* : Hors à moi-même !

ANTONIO : C'est ça parler.

3310   LE COMTE *reprend sa colère* : Non, si quelque chose pouvait augmenter ma fureur ! ce serait l'air calme qu'il affecte !

FIGARO : Sommes-nous des soldats qui tuent et se font
tuer pour des intérêts qu'ils ignorent ? Je veux savoir, moi,
pourquoi je me fâche.

3315   LE COMTE, *hors de lui* : Ô rage ! (*Se contenant.*) Homme
de bien qui feignez d'ignorer ! nous ferez-vous au moins la
faveur de nous dire quelle est la dame actuellement par
vous amenée dans ce pavillon ?

FIGARO, *montrant l'autre avec malice*: Dans celui-là?

3320   LE COMTE, *vite*: Dans celui-ci.

FIGARO, *froidement*: C'est différent. Une jeune personne qui m'honore de ses bontés particulières.

BAZILE, *étonné*: Ha! ha!

LE COMTE, *vite*: Vous l'entendez, messieurs?

3325   BARTHOLO, *étonné*: Nous l'entendons?

LE COMTE, *à Figaro*: Et cette jeune personne a-t-elle un autre engagement que vous sachiez?

FIGARO, *froidement*: Je sais qu'un grand seigneur s'en est occupé quelque temps: mais, soit qu'il l'ait négligée ou que

3330 je lui plaise mieux qu'un plus aimable, elle me donne aujourd'hui la préférence.

LE COMTE, *vivement*: La préf… *(Se contenant.)* Au moins il est naïf! car ce qu'il avoue, messieurs, je l'ai ouï, je vous jure, de la bouche même de sa complice.

3335   BRID'OISON, *stupéfait*: Sa-a complice!

LE COMTE, *avec fureur*: Or, quand le déshonneur est public, il faut que la vengeance le soit aussi.

Il entre dans le pavillon.

Scène 13

TOUS LES ACTEURS PRÉCÉDENTS,
hors LE COMTE

ANTONIO: C'est juste.

BRID'OISON, *à Figaro*: Qui-i donc a pris la femme de

3340 l'autre?

FIGARO, *en riant*: Aucun n'a eu cette joie-là.

Scène 14

LES ACTEURS PRÉCÉDENTS, LE COMTE, CHÉRUBIN

LE COMTE, *parlant dans le pavillon, et attirant quelqu'un qu'on ne voit pas encore*: Tous vos efforts sont inutiles; vous êtes perdue, madame, et votre heure est bien arrivée! *(Il* 3345 *sort sans regarder.)* Quel bonheur qu'aucun gage d'une union aussi détestée...

FIGARO *s'écrie*: Chérubin!

LE COMTE: Mon page?

BAZILE: Ha! ha!

3350   LE COMTE, *hors de lui, à part*: Et toujours le page endiablé! *(À Chérubin:)* Que faisiez-vous dans ce salon?

CHÉRUBIN, *timidement*: Je me cachais, comme vous l'avez ordonné.

PÉDRILLE: Bien la peine de crever un cheval!

3355   LE COMTE: Entres-y, toi, Antonio; conduis devant son juge l'infâme qui m'a déshonoré.

BRID'OISON: C'est Madame que vous y-y cherchez?

ANTONIO: L'y a, parguenne, une bonne Providence! Vous en avez tant fait dans le pays...

3360   LE COMTE, *furieux*: Entre donc!

Antonio entre.

Scène 15

LES ACTEURS PRÉCÉDENTS, *excepté* ANTONIO

LE COMTE : Vous allez voir, messieurs, que le page n'y était pas seul.

CHÉRUBIN, *timidement* : Mon sort eût été trop cruel, si quelque âme sensible n'en eût adouci l'amertume.

Scène 16

LES ACTEURS PRÉCÉDENTS, ANTONIO, FANCHETTE

3365   ANTONIO, *attirant par le bras quelqu'un qu'on ne voit pas encore* : Allons, madame, il ne faut pas vous faire prier pour en sortir, puisqu'on sait que vous y êtes entrée.

FIGARO *s'écrie* : La petite cousine !

BAZILE : Ha ! ha !

3370   LE COMTE : Fanchette !

ANTONIO *se retourne et s'écrie* : Ah ! palsambleu, monseigneur, il est gaillard de me choisir pour montrer à la compagnie que c'est ma fille qui cause tout ce train-là !

LE COMTE, *outré* : Qui la savait là-dedans ?

Il veut rentrer.

3375   BARTHOLO, *au-devant* : Permettez, monsieur le comte, ceci n'est pas plus clair. Je suis de sang-froid, moi.

Il entre.

BRID'OISON : Voilà une affaire bien-aussi trop embrouillée.

Scène 17

LES ACTEURS PRÉCÉDENTS, MARCELINE

BARTHOLO, *parlant en dedans, et sortant*: Ne craignez rien, madame, il ne vous sera fait aucun mal. J'en réponds.
3380 *(Il se retourne et s'écrie:)* Marceline!

BAZILE: Ha, ha!

FIGARO, *riant*: Eh! quelle folie! ma mère en est?

ANTONIO: À qui pis fera.

LE COMTE, *outré*: Que m'importe à moi? La comtesse…

Scène 18

LES ACTEURS PRÉCÉDENTS, SUZANNE
(Suzanne, son éventail sur le visage.)

3385   LE COMTE: … Ah! la voici qui sort. *(Il la prend violemment par le bras.)* Que croyez-vous, messieurs, que mérite une odieuse…?

                Suzanne se jette à genoux, la tête baissée.

    LE COMTE, *fort*: Non, non. *(Figaro se jette à genoux de l'autre côté.)*

3390   LE COMTE, *plus fort*: Non, non! *(Marceline se jette à genoux devant lui.)*

    LE COMTE, *plus fort*: Non, non! *(Tous se mettent à genoux, excepté Brid'oison.)*

    LE COMTE, *hors de lui*: Y fussiez-vous un cent!

Scène 19 et dernière

TOUS LES ACTEURS PRÉCÉDENTS ;
LA COMTESSE *sort de l'autre pavillon.*

3395 LA COMTESSE *se jette à genoux* : Au moins je ferai nombre.

LE COMTE, *regardant la comtesse et Suzanne* : Ah ! qu'est-ce que je vois !

BRID'OISON, *riant* : Et pardi, c'è-est Madame.

3400 LE COMTE *veut relever la comtesse* : Quoi, c'était vous, comtesse ? *(D'un ton suppliant.)* Il n'y a qu'un pardon bien généreux…

LA COMTESSE, *en riant* : Vous diriez « Non, non », à ma place ; et moi, pour la troisième fois d'aujourd'hui, je l'ac-
3405 corde sans condition.

Elle se relève.

SUZANNE *se relève* : Moi aussi.

MARCELINE *se relève* : Moi aussi.

FIGARO *se relève* : Moi aussi ; il y a de l'écho ici !

Tous se relèvent.

LE COMTE : De l'écho ! J'ai voulu ruser avec eux ; ils
3410 m'ont traité comme un enfant !

LA COMTESSE, *en riant* : Ne le regrettez pas, monsieur le comte.

FIGARO, *s'essuyant les genoux avec son chapeau* : Une petite journée comme celle-ci forme bien un ambassadeur !

3415 LE COMTE, *à Suzanne* : Ce billet fermé d'une épingle ?…

SUZANNE : C'est Madame qui l'avait dicté.

LE COMTE: La réponse lui en est bien due.

> *Il baise la main de la comtesse.*

LA COMTESSE: Chacun aura ce qui lui appartient.

> *Elle donne la bourse à Figaro et le diamant à Suzanne.*

SUZANNE, *à Figaro*: Encore une dot.

3420   FIGARO, *frappant la bourse dans sa main*: Et de trois. Celle-ci fut rude à arracher!

SUZANNE: Comme notre mariage.

GRIPPE-SOLEIL: Et la jarretière de la mariée, l'aurons-je?

LA COMTESSE *arrache le ruban qu'elle a tant gardé dans*
3425 *son sein, et le jette à terre*: La jarretière? Elle était avec ses habits; la voilà.

> *Les garçons de la noce veulent la ramasser.*

CHÉRUBIN, *plus alerte, court la prendre, et dit*: Que celui qui la veut vienne me la disputer.

LE COMTE, *en riant, au page*: Pour un monsieur si cha-
3430 touilleux, qu'avez-vous trouvé de gai à certain soufflet de tantôt?

CHÉRUBIN *recule en tirant à moitié son épée*: À moi, mon colonel?

FIGARO, *avec une colère comique*: C'est sur ma joue qu'il
3435 l'a reçu: voilà comme les grands font justice.

LE COMTE, *riant*: C'est sur sa joue? Ah, ah, ah, qu'en dites-vous donc, ma chère comtesse?

LA COMTESSE, *absorbée, revient à elle, et dit avec sensibi-*
lité: Ah! oui, cher comte, et pour la vie, sans distraction, je
3440 vous le jure.

LE COMTE, *frappant sur l'épaule du juge*: Et vous, don Brid'oison, votre avis maintenant?

BRID'OISON : Su-ur tout ce que je vois, monsieur le comte ?... Ma-a foi, pour moi, je-e ne sais que vous dire : 3445 voilà ma façon de penser.

TOUS, *ensemble* : Bien jugé !

FIGARO : J'étais pauvre, on me méprisait. J'ai montré quelque esprit, la haine est accourue. Une jolie femme et de la fortune.

3450 BARTHOLO, *en riant* : Les cœurs vont te revenir en foule.

FIGARO : Est-il possible ?

BARTHOLO : Je les connais.

FIGARO, *saluant les spectateurs* : Ma femme et mon bien 3455 mis à part, tous me feront honneur et plaisir.

> On joue la ritournelle du vaudeville. Air noté.

VAUDEVILLE

BAZILE

Premier couplet

Triple dot, femme superbe ;
Que de biens pour un époux !
D'un seigneur, d'un page imberbe,
Quelque sot serait jaloux.
3450 Du latin d'un vieux proverbe
L'homme adroit fait son parti.

FIGARO : Je le sais... *(Il chante :)* Gaudeant bene nati.
BAZILE : Non... *(Il chante :)* Gaudeant bene nanti [1].

---

1. Que se réjouissent les bien nés / Que se réjouissent les bien nantis.

SUZANNE

Deuxième couplet

Qu'un mari sa foi trahisse,
3455 Il s'en vante, et chacun rit ;
Que sa femme ait un caprice,
S'il l'accuse on la punit.
De cette absurde injustice
Faut-il dire le pourquoi ?
3460 Les plus forts ont fait la loi...   *Bis.*

FIGARO

Troisième couplet

Jean Jeannot, jaloux risible,
Veut unir femme et repos ;
Il achète un chien terrible,
Et le lâche en son enclos.
3465 La nuit, quel vacarme horrible !
Le chien court, tout est mordu,
Hors l'amant qui l'a vendu...   *Bis.*

LA COMTESSE

Quatrième couplet

Telle est fière et répond d'elle,
Qui n'aime plus son mari ;
3470 Telle autre, presque infidèle,
Jure de n'aimer que lui.
La moins folle, hélas ! est celle
Qui se veille en son lien,
Sans oser jurer de rien...   *Bis.*

LE COMTE

Cinquième couplet

3475 D'une femme de province
À qui ses devoirs sont chers,
Le succès est assez mince ;

Vive la femme aux bons airs !
Semblable à l'écu du Prince,
3480   Sous le coin d'un seul époux,
Elle sert au bien de tous…   *Bis.*

MARCELINE

Sixième couplet

Chacun sait la tendre mère,
Dont il a reçu le jour ;
Tout le reste est un mystère,
3485   C'est le secret de l'amour.

FIGARO *continue l'air.*

Ce secret met en lumière
Comment le fils d'un butor
Vaut souvent son pesant d'or…   *Bis.*

Septième couplet

Par le sort de la naissance,
3490   L'un est roi, l'autre est berger ;
Le hasard fit leur distance ;
L'esprit seul peut tout changer.
De vingt rois que l'on encense,
Le trépas brise l'autel ;
3495   Et Voltaire est immortel…   *Bis.*

CHÉRUBIN

Huitième couplet

Sexe aimé, sexe volage,
Qui tourmentez nos beaux jours,
Si de vous chacun dit rage[1],
Chacun vous revient toujours.
3500   Le parterre est votre image ;
Tel paraît le dédaigner,
Qui fait tout pour le gagner…   *Bis.*

---

1. Dit tout le mal possible.

SUZANNE

Neuvième couplet

Si ce gai, ce fol ouvrage,
Renfermait quelque leçon,
3505 En faveur du badinage,
Faites grâce à la raison.
Ainsi la nature sage
Nous conduit, dans nos désirs,
À son but, par les plaisirs...   *Bis.*

BRID'OISON

Dixième couplet

3510 Or, messieurs, la co-omédie
Que l'on juge en cè-et instant,
Sauf erreur, nous pein-eint la vie
Du bon peuple qui l'entend.
Qu'on l'opprime, il peste, il crie;
3515 Il s'agite en cent fa-açons;
Tout fini-it par des chansons...   *Bis*

BALLET GÉNÉRAL

FIN DU CINQUIÈME ET DERNIER ACTE

Annexes scénographiques

Le succès du *Mariage de Figaro* a suscité aussitôt l'intérêt des imprimeurs. L'année même de la publication de l'œuvre à Paris et à Kehl en 1785, deux éditions de contrefaçon paraissent. L'une se présente «augmentée d'un détail de costume, d'une notice sur l'esprit et la caricature des personnages et de cinq planches pour faciliter l'aménagement de la scène et l'exécution de cette comédie». Ce sont ces planches que nous reproduisons, pour leur valeur documentaire et leur intérêt pour se représenter l'espace de la scène.

Acte I

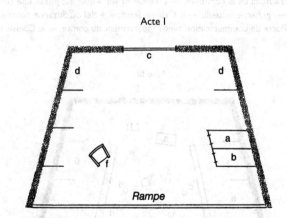

«*a*. Porte de l'appartement du comte. — *b*. Porte de l'appartement de la comtesse. — *c*. Porte du fond. — *d*. Entrées des divers personnages. — *f*. [*sic*] fauteuil où se cache le comte. *N.B.* Ce fauteuil doit être fort grand de la forme de ceux qu'on appelle "confessionnaux".»

Acte II

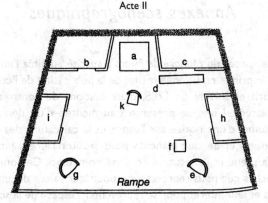

« *a*. Alcôve et lit de la comtesse. — *b*. Porte qui conduit à la chambre des femmes de la comtesse. — *c*. Fenêtre par où saute Chérubin. — *d*. Banc. — *e*. Fauteuil de la comtesse. — *f*. Tabouret sur lequel est posée une guitare. — *g*. Autre fauteuil. — *h*. Cabinet fermant à clef où Suzanne couche. — *i*. Porte de communication avec l'appartement du comte. — *k*. Chaise. »

Acte III

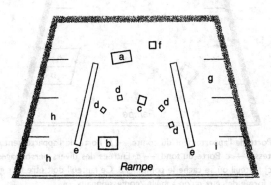

« *a*. Estrade où préside le comte. — *b*. Table du greffier Double-Main. — *c*. Siège de Brid'oison. — *d*. Sièges des conseillers. — *e*. Bancs des avocats. — *f*. Place de l'huissier. — *g*. Dais sous lequel il n'y a pas de fauteuil ; sans doute place du roi. — *h*. Bartholo-Marceline. — *i*. Place de Figaro. »

Acte IV

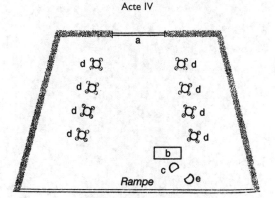

« *a*. Porte du fond. — *b*. Table où l'on écrit le billet de rendez-vous. — *c*. Fauteuil de la comtesse. — *d*. Lustres suspendus au plafond à trois pieds des frises. — *e*. Fauteuil du comte. »

Acte V

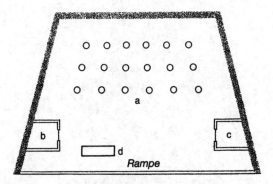

« *a*. Allée de marronniers. — *b*. Cabinet où le comte emmène la comtesse croyant parler à Suzanne. — *c*. Cabinet où se trouvent cachés Suzanne, Fanchette, Chérubin, etc. — *d*. Banc où Figaro est assis pendant le monologue du cinquième acte. »

Du tableau

au texte

Sophie Barthélémy

Du tableau au texte

La Conversation espagnole
de Carle Van Loo

… un cadre d'Arcadie théâtrale…

Le peintre Carle Van Loo (1705-1765) campe ici un véritable décor de théâtre où se joue la comédie des sentiments amoureux entre nobles personnages travestis à la mode espagnole. Qu'il s'agisse d'une conversation ou d'un concert, autre titre sous lequel est connu aussi ce tableau, c'est avant tout du plaisir sensuel du badinage galant et de la musique dont il est question.

La scène se déroule dans un décor d'architecture classique que domine cette colonnade s'ouvrant à l'arrière-plan sur un paysage monumental et idéalisé, directement inspiré par les souvenirs des séjours de l'artiste à Rome. La rigueur des constructions, au dessin précis et soigné, s'oppose au caractère plus estompé du paysage qui se fond dans le lointain. Cette échappée sur l'extérieur, ménagée par l'ouverture de l'arcade centrale du péristyle, crée un effet de perspective tout en donnant à cette scène heureuse et tranquille un cadre d'Arcadie théâtrale tout à fait approprié au sujet.

Le premier plan est formé par le groupe des quatre protagonistes qui composent cette élégante assemblée. Le groupe pyramidal des trois femmes, dessinant à droite de la composition un triangle soudé, à l'image des *Trois Grâces* du même Van Loo, s'oppose à la figure isolée de l'homme, à gauche.

L'unité du groupe est néanmoins suggérée par le costume espagnol, hérité de la mode du XVIIᵉ siècle, dont chaque personnage est affublé : collerette empesée à la Marie de Médicis pour la femme assise et sa petite fille, fraise, pourpoint, chausses et barbe en pointe à la Van Dyck pour le galant.

Bien qu'elles se ressemblent, les trois femmes ont des attitudes et des occupations bien individualisées : la femme courtisée est assise et tient une partition de musique sur ses genoux ; sa petite fille est blottie contre elle tandis qu'une autre jeune femme, debout derrière la mère et la fille — la fidèle servante sans doute —, joue d'un instrument tout en jetant un regard par-dessus l'épaule de la femme assise pour lire les notes de la partition.

… le langage amoureux de cette conversation muette…

Les jeux subtils des regards et des mains participent à cette mascarade amoureuse parfaitement mise en scène et codifiée par une gestuelle soigneusement étudiée. L'homme regarde la femme vêtue de blanc avec laquelle il compose un duo amoureux ; le lévrier qui se tient à ses côtés regarde le groupe des femmes ; la petite fille, par son regard frontal, invite le spectateur à entrer dans l'intimité de la scène tandis que l'attention de la musicienne est concentrée sur le livre de musique et celle qui le tient.

Le geste accompagne ici la parole. Les mains, en particulier, miment le langage amoureux de cette conversation muette. La main gauche de l'homme s'avance timidement vers la femme désirée qui, de sa main droite, tient la partition tandis que la gauche, restée libre, amorce elle aussi un mouvement discret suggérant cet élan partagé, bien qu'encore retenu par la pudeur. La main gauche de l'enfant est agrippée, dans un geste de tendre et de possessive complicité, au bras de sa mère ; celle de la musicienne, enfin, est crispée sur les cordes de la guitare jouant sans doute quelque sérénade démodée.

L'atmosphère de sérénité qui se dégage de ce tableau est renforcée par l'union harmonieuse entre l'architecture, le paysage et les personnages. L'ensemble de la composition baigne dans un coloris élégant et poudré : un chaleureux camaïeu de bistres, de bruns, de beiges et d'orangés qu'animent ici et là accents de lumière surtout concentrés sur les fûts des colonnes, les plis des costumes, les collerettes et la robe de la femme qui forme, au centre du tableau, une tache blanche éclatante vers laquelle convergent presque tous les regards. Le ciel bleu, strié de nuages délicatement rosés, semble lui aussi augurer d'un jour favorable cette idylle naissante.

Loin de toute vie réelle, la scène représentée par Carle Van Loo appartient davantage à l'univers artificiel du théâtre. Ses accessoires et ses décors sont une invitation à pénétrer dans un monde imaginaire et idéal où les costumes et l'architecture eux-mêmes font référence à un passé désormais révolu.

La même atmosphère hédoniste, renforcée ici encore par le décor champêtre, libéré de la solennité de l'architecture, règne dans *La Lecture espagnole*, pendant de ce tableau, réalisé un an plus tard et également conservé au musée de l'Ermitage de Saint-Pétersbourg, où le livre occupe, comme la partition de musique de *La Conversa-*

tion, une place centrale. Mais ici, les codes sont inversés. Ce n'est plus sur la femme que l'attention est focalisée mais sur l'homme qui fait la lecture à une assemblée féminine pendue à ses lèvres. La présence de la petite fille jouant avec l'oiseau introduit dans cette scène de galanterie mondaine une note de distraction frivole et enfantine, absente dans *La Conversation*.

… l'une des plus célèbres salonnières et amatrices d'art du XVIIIᵉ siècle…

Comme *La Lecture espagnole*, *La Conversation espagnole* fut commandé à Carle Van Loo à l'automne 1754 par Mme Geoffrin, l'une des plus célèbres salonnières et amatrices d'art du XVIIIᵉ siècle, pour la chambre à coucher de son hôtel particulier parisien.

Succédant à Mme de Tencin en 1749, celle que l'on baptisa « la reine de la rue Saint-Honoré » régna pendant près de trente ans sur le Paris des lettres, des sciences et des arts. Acquise aux idées des Lumières et mécène de l'*Encyclopédie*, Marie-Thérèse Geoffrin, née Rodet, comptait parmi ses hôtes les plus fidèles Voltaire (1694-1778), Montesquieu (1689-1755), Diderot (1713-1784) et d'Alembert (1717-1783), les savants Buffon (1707-1788) et Daubenton (1716-1800). Amie de Catherine II de Russie, à qui furent vendus en 1772 les deux sujets espagnols — l'amatrice d'art qu'était Mme Geoffrin était aussi une redoutable femme d'affaires. Payée à l'artiste 6 000 livres, *La Conversation* fut vendue avec son pendant à l'impératrice de Russie 30 000 livres ! —, et du dernier roi de Pologne Stanislas Poniatowski dont elle était la conseillère artistique. Elle ouvrit son salon à l'Europe éclairée, recevant des étrangers de marque comme Horace Walpole (1717-1797) ou David Hume (1711-1776). Son salon joua aussi un rôle considérable dans le développement de la vie artistique qu'elle stimula par les commandes qu'elle faisait pour son propre compte ou celui de mécènes fortunés. Si ses préférences personnelles allaient vers la peinture rococo incarnée par les peintres Carle Van Loo, François Boucher (1703-1770), Jean-Baptiste Greuze (1725-1805), Quentin de La Tour (1704-1788) et le sculpteur Étienne-Maurice Falconet (1716-1791), elle ne fut pas insensible non plus au classicisme d'un Joseph-Marie Vien (1716-1809) ou d'un Hubert Robert (1733-1808). Le monde théâtral, enfin, n'échappa pas à son esprit curieux qui l'attira surtout vers les textes légers de Marivaux (1688-1763), de Crébillon fils (1707-1777) et d'Alexis Piron (1689-1773).

Ne se satisfaisant pas d'un simple rôle de commanditaire ou d'intermédiaire, Mme Geoffrin aimait intervenir dans le choix du sujet. Dans le cas présent, celui-ci répondait autant à la mode du temps pour l'exotisme qu'à la recherche de nouveauté.

Les circonstances de la commande de *La Conversation espagnole* nous sont ainsi connues par *La Lettre sur le Sallon* (sic) *de 1755 adressée à ceux qui la liront,* publiée dans l'*Année littéraire* d'Élie-Catherine Fréron (1718-1776), en 1755 : « Une Dame ennuyée de ne voir que des Alexandres, des Césars, des Scipions, des héros Grecs & Romains, a proposé aux artistes qu'elle accueille en amis & non en protégés, de chercher dans les habillements Européens quelque sujet qui pût faire effet. Elle a engagé *M. Vanloo* à traiter pour elle le sujet Espagnol qu'on voit si agréablement rendu, & dont les ajustemens *(sic)* ne paraissent pas désavantageux. » Dix ans plus tard, dans un éloge posthume paru dans sa *Corres-*

pondance littéraire, Melchior Grimm (1723-1807) évoque avec une nostalgie attendrie la genèse du tableau et les relations passionnées entre l'autoritaire mécène et son protégé : « Mme Geoffrin a de lui plusieurs tableaux de chevalet d'un grand prix. Celui qu'on appelle la *Conversation* eut un grand succès dans sa nouveauté, et a toujours conservé sa réputation ; celui de la *Lecture* a moins réussi. Mme Geoffrin présidait alors à ses ouvrages, et c'étaient tous les jours des scènes à mourir de rire. Rarement d'accord sur les idées et sur la manière de les exécuter, on se brouillait, on se raccommodait, on riait ou pleurait, on se disait des injures, des douceurs ; et c'est au milieu de toutes ces vicissitudes que le tableau s'avançait et s'achevait… » (*Correspondance littéraire*, « Mort de Carle Van Loo », 1er juillet 1765.)

… le goût du XVIIIe siècle pour les accoutrements somptueux et évocateurs du passé…

Considéré par Grimm comme « le premier peintre de l'Europe », Carle Van Loo était alors au faîte d'une carrière jalonnée d'honneurs et de gloire. Directeur de l'École royale des élèves protégés depuis 1749, il fut nommé, l'année même de la commande, recteur de l'Académie de peinture et de sculpture qu'il dirigea de 1763 à sa mort en 1765. Jouissant des faveurs de la Cour qui l'intronisa Premier Peintre du roi en 1762, titre que lui ravit son rival Boucher trois ans plus tard, il était le favori de la marquise de Pompadour qui, en pleine vogue des turqueries, lui commanda deux tableaux la représentant sous les traits d'une sultane et également exposés au Salon de 1755.

Le portrait travesti était à cette époque un thème très

en faveur auprès de l'aristocratie qui aimait se parer des artifices de la mythologie galante ou de l'exotisme, qu'il soit oriental ou européen, comme l'atteste le portrait de *La Comtesse d'Egmont Pignatelli en costume espagnol* (Minneapolis, Institute of Art) réalisé par Alexandre Roslin (1718-1793) en 1763.

À l'affût des modes de son temps, Mme Geoffrin sacrifia tout naturellement à cette vogue en commandant à l'un de ses peintres favoris une *Lecture* et une *Conversation* espagnoles. Issu à la fois du théâtre et de la mode du règne de Louis XIII, le déguisement «à l'espagnole» satisfaisait, en effet, le goût du XVIIIe siècle pour les accoutrements somptueux et évocateurs du passé.

Carle Van Loo ne fut toutefois pas le premier à introduire le costume espagnol dans ses compositions. Déjà avant lui, Antoine Watteau (1684-1721) initia le genre des «espagnolettes», costumes féminins de demi-caractères, à mi-chemin entre convention et fantaisie. Sans doute le peintre des *Fêtes galantes* s'inspirait-il alors de l'engouement manifesté dès le début du siècle par les dames de la Cour pour la coiffure et l'habit «à l'espagnole» qui se composait d'un corset échancré, d'une jupe de panne de soie noire, de bouffettes de taffetas jaune et d'un col à godrons. Dans *Les Plaisirs du bal*, les spectateurs sont vêtus à la mode espagnole du XVIIe siècle tandis que les comédiens et les danseurs ont endossé l'intemporel costume de théâtre. Le thème récurrent du guitariste chantant un air de sérénade à sa belle appartient tout autant à l'univers de la *Commedia dell'arte*, avec lequel l'art de Watteau se confond bien souvent, qu'à la faveur aristocratique dont jouissait depuis le règne de Louis XIV la musique espagnole et son emblématique instrument à cordes : «Toute la guitarerie de la Cour se mit à l'apprendre et Dieu sait la râclerie universelle que c'était» (*Mémoires du duc de Gramont*, 1717).

Dans *La Leçon d'amour* ou *La Leçon de chant*, comme dans *L'Amour au théâtre italien* ou dans le célèbre *Mezetin à la guitare*, la musique sert d'alibi à l'échange galant et crée ce moment de tension si particulier qui précède la déclaration amoureuse.

Dans les années 1760, Jean-Honoré Fragonard (1732-1806), qui fut l'élève de Carle Van Loo, alliera à son tour musique et mode espagnole, comme en témoigne son *Étude* (Paris, musée du Louvre) représentant une jeune cantatrice affublée d'une collerette empesée, sans doute empruntée aux portraits de Marie de Médicis peints par Pierre-Paul Rubens (1577-1640) au palais du Luxembourg. À la fois venues du théâtre et de son imagination, ses fougueuses *Figures de fantaisie* mettent en scène cavaliers aux faciès d'un Don Quichotte, guerriers, grands bourgeois et acteurs vêtus à l'espagnole. Comme le rapportent les frères Goncourt, «il lui suffisait d'une heure pour camper, bâcler et trousser si fièrement ces grands portraits où se déploie et s'étale toute cette fantaisie à l'espagnole dont la peinture d'alors habille et anoblit les contemporains.» (*L'Art du XVIIIe siècle*, 1881-1883) : fraises à godrons, grands cols blancs, chapeaux à plumes, manchettes, chaînes d'or et épées constituaient alors l'élégante et exotique panoplie du portrait «à l'espagnole», tout droit sortie d'un roman de chevalerie.

À la même époque, Louis-Michel Van Loo (1707-1771) rendit hommage à son oncle en peignant, en 1768, un *Concert espagnol* (Saint-Pétersbourg, musée de l'Ermitage) qu'il situa à l'intérieur d'un palais et non plus entre cour et jardin.

Tous ces artistes n'avaient naturellement jamais

séjourné en Espagne dont ils avaient une parfaite méconnaissance. L'Espagne, alors pays de rêve et de fantaisie théâtrale, ne deviendra une destination à la mode qu'à partir de l'époque romantique et de la publication des *Voyages pittoresques et historiques de l'Espagne* d'Alexandre Delaborde (1806-1820).

Les royaumes de France et d'Espagne avaient pourtant uni leurs destins plus d'une fois à la faveur d'alliances dynastiques et diplomatiques : le mariage de Louis XIV et de Marie-Thérèse d'Autriche, fille du roi d'Espagne Philippe IV, en 1660 et l'accession au trône, au lendemain de la guerre de Succession d'Espagne en 1713, du petit-fils de Louis XIV, Philippe V, qui substitua pendant près d'un siècle la maison des Bourbons à celle des Habsbourg. Despote éclairé et profondément francophile, Philippe V attira à sa cour de nombreux artistes français, dont Louis-Michel Van Loo. Malgré de nombreux emprunts à la culture espagnole depuis le XVIIᵉ siècle, notamment dans le domaine de la musique et de la danse, et l'engouement de la noblesse pour le castillan, la France des Lumières, par la voix de ses philosophes, véhicula une image négative du peuple espagnol associé au fanatisme de l'Inquisition et à l'imagerie sombre diffusée par les gravures de Francisco de Goya (1746-1828). Il faudra attendre le XIXᵉ siècle de Victor Hugo (1802-1885) et d'Alfred de Musset (1810-1857) pour voir davantage dans le pays de Miguel de Cervantès (1547-1616) l'antichambre de l'Orient et l'un des derniers bastions du pittoresque médiéval. La découverte de la prestigieuse École de peinture du Siècle d'or espagnol, encore méconnue au XVIIIᵉ siècle, sera l'une des autres expressions majeures de cette vogue hispanisante.

… la conversation s'est élevée dans la société des salons au rang d'un art…

Chez Van Loo, le thème espagnol, au-delà de son attrait pittoresque, ne peut se comprendre sans la référence au discours français sur la galanterie et le divertissement aristocratique. Dans *La Lecture*, un homme fait ainsi le récit à l'assemblée féminine réunie autour de lui des amours contrariées entre une princesse musulmane et un noble castillan dans l'Espagne du Xᵉ siècle, sujet de *Zayde*, roman mauresque écrit par Mme de Lafayette (1634-1693) en 1670.

Le choix du thème de la conversation n'est pas moins anodin. Souvent associée à la fête galante, la conversation s'est élevée dans la société mondaine et raffinée des salons au rang d'un art à part entière. Un art dans lequel excellait Mme Geoffrin comme aiment à le rappeler ses contemporains : « La grâce et la délicatesse de son esprit se déployaient surtout dans ses lettres et dans sa conversation… » (*Portrait de Mme Geoffrin*, 1777). À cet éloge de l'abbé Morellet, fait écho celui, en vers, de l'abbé Delille : « Avec quel art, surtout, dans ses mains souveraines,/Des conversations elle tenait les rênes ! » (*La Conversation*, 1812.)

Alliant frivolité et sérieux, amusement et instruction, la conversation du XVIIIᵉ siècle fait la part belle aux bons mots, aux vers et aux chansons. D'aucuns, pourtant, comme Montesquieu, en dénoncèrent le caractère artificiel : « L'esprit de conversation est ce qu'on appelle de l'esprit parmi les Français. Il consiste à un dialogue ordinairement gai, dans lequel chacun, sans s'écouter beaucoup, parle et répond, et où tout se traite d'une

manière coupée, prompte et vive.» À cette conversation débridée et vaine, Jean-Jacques Rousseau (1712-
1778) oppose l'idéal de la «bonne conversation» au
«ton coulant et naturel, point frivole ni pesant, savant
sans pédanterie, gai sans tumulte, poli sans affectation,
galant sans fadeur, badin sans équivoque».

Si la conversation de salon eut ses détracteurs parmi
certains philosophes, elle eut aussi ses panégyristes qui,
comme Mme de Staël (1766-1817), en faisaient une
exception culturelle française : «L'esprit de conversation permet de produire à volonté comme une sorte
d'électricité qui fait jaillir des étincelles, soulage les uns
de l'excès même de leur vivacité, et réveille les autres
d'une apathie pénible.»

… *«Tout finit par des chansons»*…

Si l'ambiance du tableau de Carle Van Loo n'est pas
aussi électrique que celle de la pétillante et tourbillon-
nante pièce de Beaumarchais, riche d'intrigues et de
rebondissements inattendus, on y retrouve cependant
un peu de cette étincelle dont parle Mme de Staël.
L'étincelle provient ici de la musique qui accompagne
l'échange entre les deux galants. Dans *Le Mariage de
Figaro*, la musique est omniprésente, ponctuant chaque
scène de romance, de réjouissance et de réconciliation
finale. N'est-ce pas d'ailleurs sur une chanson, la ritournelle du vaudeville, et un ballet réunissant tous les protagonistes que s'achève *La Folle Journée* de Figaro dont le
mot de la fin est justement : «Tout finit par des chansons»? (Acte V, scène 19.)

Comme chez Watteau ou chez Van Loo, la guitare est
l'instrument par excellence du badinage et de la décla-

ration amoureuse. Dans la scène 4 de l'acte II, l'espiègle Suzanne demande ainsi au timide et sentimental Chérubin, tout chagrin à l'idée de quitter sa chère marraine pour la guerre, de chanter sa romance à la comtesse, et lui propose de l'accompagner à la guitare. Dans une scène suivante, Suzanne est à son tour courtisée en musique par son prétendant, Figaro, qui danse et chante la séguedille, accompagné lui aussi à la guitare par Bazile, le maître de clavecin de la comtesse (acte II, scène 23) : «Allons gai, haut, la-mi-la, pour ma fiancée!»

Dans la scène 10 de l'acte IV, on retrouve Bazile à la guitare et au chant, plaidant habilement la cause de l'amour volage : «Cœurs sensibles, cœurs fidèles,/Qui blâmez l'amour léger,/Cessez vos plaintes cruelles :/ Est-ce un crime de changer?/Si l'Amour porte des ailes,/N'est-ce pas pour voltiger?»

… *Ut pictura poesis*…

La musique n'était pas la seule passion partagée par le dramaturge et le peintre rococo dont l'amour du théâtre ne relevait pas seulement d'une mode picturale mais aussi d'un intérêt personnel sincère et profond. Comme le rappelait Diderot au Salon de 1765, l'année même de la mort de l'artiste, Carle Van Loo «allait tous les soirs au spectacle et surtout à la Comédie-Italienne» : un goût sans doute hérité de Watteau ou de l'épouse même de Van Loo, la cantatrice italienne Cristina Somis.

Si ses scènes de genre, comme *La Conversation* et *La Lecture* espagnoles, puisent leurs décors et leurs accessoires dans l'univers théâtral, certains tableaux font parfois aussi directement référence au théâtre contemporain comme celui représentant Mlle Clairon, célèbre actrice de la Comédie-Française, dans son rôle de *Médée* (Salon de 1759).

Dans *Le Mariage de Figaro*, Beaumarchais bouscule les codes en inversant les termes du fameux adage d'Horace, *« Ut pictura poesis »* que l'on pourrait traduire par « Il en est de la poésie comme de la peinture ». Dans une didascalie de la scène 4 de l'acte II, il reprend ainsi à la lettre la mise en scène de *La Conversation espagnole* de Van Loo, antérieure de trente ans à sa pièce, pour camper le délicieux tableau formé par Suzanne, la comtesse et le petit page transi d'amour pour sa marraine : « La comtesse, assise, tient le papier pour suivre. Suzanne est derrière son fauteuil, et prélude en regardant la musique par-dessus sa maîtresse. Le petit page est devant elle, les yeux baissés. Ce tableau est juste la belle estampe d'après Van Loo, appelée *La Conversation espagnole.* »

La scène s'inspire en effet plus précisément de l'estampe réalisée en sens inverse par Jacques-Firmin Beauvarlet (1731-1797), l'un des plus célèbres graveurs de l'époque, d'après la composition de Van Loo (Salon de 1769). Le succès du tableau fut tel qu'il se prolongea jusqu'à la fin du XVIIIe siècle, comme en témoignent le grand nombre de copies peintes et dessinées ou les reproductions en biscuit de Sèvres. Il est ainsi représenté dans un tableau du peintre rouennais Charles-Gabriel Lemonnier (1743-1824), commandé en 1814 par l'impératrice Joséphine pour la Malmaison et intitulé *Première lecture chez Mme Geoffrin de l'Orphelin de Chine de Voltaire en 1755.*

En établissant ainsi une équivalence esthétique entre le tableau dramatique et le tableau pictural, entre le discursif et le visuel, Beaumarchais renouvelle la dramaturgie classique en lui donnant un pouvoir imageant. Dans la scène théâtrale, comme dans la peinture, centrée sur la matérialité d'un livre de musique dont les notes sont clairement visibles, tout semble nous ramener au génie de l'écriture.

À l'instar de Van Loo, Beaumarchais accorde un soin particulier aux costumes espagnols, précisément décrits dans la préface détaillant les «Caractères et habillements de la pièce». L'élégant picaro de la *Conversation* de Van Loo n'est pas sans rappeler le comte Almaviva, en «habit de chasse, avec des bottines à mi-jambe de l'ancien costume espagnol» dont «la corruption du cœur ne doit rien ôter au *bon ton* de ses manières», et le palais, l'imposant château d'Aguas-Frescas.

… Point de cet esprit satirique et critique chez Van Loo…

La parenté entre le dramaturge et le peintre s'arrête toutefois là. Sous le ton badin et léger du *Mariage de Figaro* pointe, en effet, l'esprit subversif et insolent de Pierre Caron de Beaumarchais qui, à la veille de la Révolution, dénonce, par la voix de son jeune barbier sévillan, l'injustice des privilèges de naissance et de classe d'une société féodale moribonde : «Parce que vous êtes un grand seigneur, vous vous croyez un grand génie!… noblesse, fortune, un rang, des places : tout cela rend si fier ! Qu'avez-vous fait pour tant de biens? vous vous êtes donné la peine de naître, et rien de plus… » (Acte V, scène 3.)

L'intrigue masque à peine les messages sociaux et politiques dans un mouvement de débauche d'énergie et d'euphorie communicative.

Point de cet esprit satirique et critique chez Van Loo, Premier Peintre du roi Louis XV et tout acquis à la cause monarchique dont l'édifice n'était pas encore ébranlé en ce milieu du xviiie siècle. Point non plus de cette agitation folle qui fait place ici à une sage assemblée galante s'adonnant avec retenue aux plaisirs ambigus de la musique et de la lecture.

Toutefois, c'est bien dans la même Espagne de carnaval, séduisante, certes, mais factice et de pure fantaisie — une espagnolerie à l'image des turqueries ou des chinoiseries du temps — que nous entraînent Beaumarchais et Van Loo. Mais, pour reprendre le mot des frères Goncourt : «Tout l'esprit du xviiie siècle ne revient-il pas à cette fausse et charmante Espagne de Van Loo ? »

Le texte

en perspective

Alain Sandrier

Mouvement littéraire

La « théâtromanie »

LA POSTÉRITÉ n'a retenu du XVIIIᵉ siècle que deux auteurs dramatiques, connus principalement pour leurs comédies : Marivaux (1688-1763), dans la première moitié du siècle, Beaumarchais (1732-1799), dans la seconde. Pourtant le théâtre connaît à cette époque une vitalité exceptionnelle. Les contemporains ne vivent pas leur temps comme une période de déclin du théâtre, bien au contraire : il est présent partout, et son importance ne cesse de croître à mesure que le siècle avance. Tous les témoignages se rejoignent pour vanter le dynamisme de la production théâtrale, souhaiter ou redouter son développement. Le théâtre est au XVIIIᵉ siècle autant un phénomène qu'un débat de société. Si la révérence pour les pères fondateurs du théâtre classique français (Pierre Corneille — 1606-1684 —, Molière — 1622-1673 —, Jean Racine — 1639-1655) est toujours de mise, l'esprit du temps est bien trop « moderne » pour laisser se figer un héritage qu'on veut au contraire faire fructifier.

Un indicateur, aussi approximatif soit-il, de cet engouement : on a répertorié plus de dix mille titres de pièces de théâtre sur toute l'étendue du siècle, tous genres confondus. Cela ne fait pas dix mille chefs-d'œuvre, ni dix mille œuvres originales, mais cela invite à tenir compte de la variété et de l'effervescence que connaît la vie théâtrale. Il y en a pour tous les publics, tous les milieux, tous les goûts. Le théâtre est le moyen privilégié d'un divertissement collectif essentiellement urbain au sein d'une société qui ne connaît pas encore la culture de masse, apportée par l'industrialisation et l'évolution des techniques de communication. Si la société de la fin de l'Ancien Régime n'a pas les moyens matériels adéquats pour se dire une « société du spectacle », elle a néanmoins porté à un degré jamais égalé jusque-là les prestiges de l'illusion librement consentie.

La fièvre théâtrale qui saisit la société devient « théâtromanie ». Le théâtre des Lumières s'immisce jusque dans la politique et le débat d'idées, les querelles religieuses et littéraires. La seconde moitié du siècle, marquée par une crise d'identité et des débats intenses autour de 1760, ne fait qu'accélérer le mouvement en lui donnant encore plus de moyens pratiques et théoriques pour s'exprimer. Beaumarchais, cet amoureux fou du théâtre, témoigne plus que tout autre de la place éminente et décisive que cette forme artistique tient à l'apogée des Lumières.

1.

L'illusion en chantier

Pour évaluer les changements qui se sont opérés, plus que des textes, il faut partir de la situation concrète : le théâtre comme phénomène social et les pièces dans leur vocation à être représentées. C'est seulement ainsi qu'on peut espérer comprendre les exigences et les attentes nouvelles qui se font jour chez les dramaturges, dans leurs pièces et dans les essais théoriques qui les accompagnent, en particulier les préfaces. Une ambition commune se dégage : donner à la scène un pouvoir d'illusion accru, et au spectacle les moyens de s'imposer toujours plus fortement à l'attention du spectateur. Cela implique de modifier sensiblement les relations existant entre le public et la scène, en accentuant notamment leur séparation. Les conditions de représentation des spectacles sous l'Ancien Régime ne favorisent pas toujours le jeu de l'illusion.

1. *Le spectacle est dans la salle*

Il faut avoir à l'esprit que les pièces de théâtre ne se déroulent pas dans cette atmosphère particulière, feutrée et silencieuse, si propice à isoler le jeu des comédiens, qui est devenue la norme depuis plus d'un siècle dans les théâtres occidentaux. Le parterre, où comme son nom l'indique les personnes sont « par terre », c'est-à-dire debout, très mélangé socialement, était bruyant, indiscipliné, dissipé. Les loges, elles, plus chères, accueillaient la bourgeoisie aisée et la noblesse, qui ne manquaient pas là l'occasion de manifester leur supériorité sociale. Les réactions à ce qui se déroule sur la scène n'étaient pas rares et faisaient même partie du jeu habituel de la représentation : aux comédiens de savoir composer avec ce public qui ne s'en laissait pas toujours conter. L'éclairage, tributaire encore de la bougie et des chandelles, s'impose presque uniformément à la scène et à la salle. Seul un rideau qu'on lève en début de représentation partage ces deux mondes nimbés d'une même lumière : le noir de la salle et l'éclairage virtuose de la scène sont des fruits tardifs de l'évolution technique. Ajoutons à cela la présence de spectateurs

sur la scène elle-même : ces privilégiés ont souvent payé
fort cher le plaisir de voir le jeu des comédiens de près,
au risque de laisser se confondre, pour les spectateurs
du parterre et des loges, le monde réel et celui de la fiction. C'est peu dire donc que le spectacle, dans un
théâtre d'Ancien Régime, est autant dans la salle que
sur la scène : une frontière très poreuse sépare les deux
mondes si bien qu'il n'est pas toujours facile de savoir si
l'on va au théâtre pour voir ou être vu. Car le théâtre
est aussi un rituel social, une manière pour le monde
bien réel des distinctions sociales de se mettre en scène.

2. *Dessiner une frontière*

Les écrivains n'auront de cesse de militer pour que
les conditions de représentation permettent une frontière plus imperméable entre celui qui voit, le spectateur,
et celui qui est vu, le comédien. Il s'agit de favoriser
l'adhésion du public à ce qui se déroule devant ses
yeux, sur une scène isolée de toute interférence avec le
monde extérieur. Aussi les critiques pleuvent et se font
plus insistantes à mesure que le siècle avance. C'est le
plus grand tragédien du temps, le digne successeur de
Racine, qui finit pas s'émouvoir du triste sort réservé à
l'action dramatique : Voltaire n'a pas digéré l'échec des
effets scéniques nouveaux dont il veut doter la tragédie.
Il se plaint amèrement que la nouveauté de sa *Sémiramis*
ait été compromise par l'interférence de spectateurs
sur la scène dans les moments pathétiques, moments
qui exigent le plus d'attention. Dans la préface à l'édition de sa pièce en 1748, qu'il intitule avec emphase
Dissertation sur la tragédie ancienne et moderne, il prend le
problème à la racine et, en regardant la situation chez
nos voisins européens, dresse à la fois un bilan critique

des théâtres en France et un ambitieux programme de rénovation :

> Je ne peux assez m'étonner ni me plaindre du peu de soin qu'on a en France de rendre les théâtres dignes des excellents ouvrages qu'on y représente, et de la nation qui en fait ses délices. *Cinna, Athalie* méritaient d'être représentés ailleurs que dans un jeu de paume, au bout duquel on a élevé quelques décorations du plus mauvais goût, et dans lequel les spectateurs sont placés, contre tout ordre, et contre toute raison, les uns debout sur le théâtre même, les autres debout dans ce qu'on appelle parterre, où ils sont gênés et pressés indécemment, et où ils se précipitent quelquefois en tumulte les uns sur les autres, comme dans une sédition populaire. [...]
> Comment cela peut-il s'exécuter sur une scène étroite, au milieu d'une foule de jeunes gens qui laissent à peine dix pieds de place aux acteurs ? De là vient que la plupart des pièces ne sont que de longues conversations ; toute action théâtrale est souvent manquée et ridicule.

Voltaire envisage une refonte du théâtre qui permettra à l'espace dramatique de profiter de tous les bénéfices du jeu de scène, enfin débarrassé des nuisances extérieures à la fiction. Ce programme a beau être utopique et idéal au moment où Voltaire le rédige, il sera finalement assez bien tenu. Mais tout cela ne s'est pas réalisé d'un coup. Il a fallu combattre habitudes, traditions et privilèges, dans un monde qui est à la fois le plus envié et le plus soupçonné.

3. *En travaux*

Il faut commencer par le commencement, par les fondations, par le bâtiment lui-même. L'engouement pour le théâtre nécessite la construction de nouveaux établissements que l'on veut désormais en dur, en pierre, pas seulement des aménagements de tréteaux en bois plus ou moins sophistiqués, plus ou moins durables, dans des salles qui ne sont pas destinées au départ à la représentation. C'est une affaire de sécurité, avec les risques permanents d'incendie dans des structures où règnent les matières hautement inflammables telles que les tissus et le bois. Mais c'est aussi une affaire de confort du spectateur et de visibilité de la scène : l'architecture se met au service du spectaculaire.

Les plus grands architectes de l'époque s'illustrent. Ainsi Jean-Germain Soufflot, à qui l'on doit ce qui deviendra sous la Révolution le Panthéon, bâtit en 1756 à Lyon un grand théâtre de deux mille places. Claude Nicolas Ledoux fournit à Besançon en 1784, l'année du *Mariage de Figaro*, un modèle du genre : les gradins s'étagent pour une visibilité maximale des spectateurs qui, fait notable, sont tous assis. C'est l'acmé d'une lame de fond qui traverse le royaume : de 1748 à 1789, on compte plus de soixante-deux inaugurations de théâtres. Les grandes villes dynamiques ne manquent pas au rendez-vous avec des réalisations remarquées à Montpellier et Nancy (1755) ou Bordeaux (1773). Mais des villes de moindre envergure, n'excédant pas les dix mille habitants, se lancent aussi dans la construction de théâtres. Et puis, évidemment, il y a les créations de nouvelles scènes dans des villes déjà bien fournies : en 1782, le Théâtre-Français déménage dans ses nouveaux locaux, au style épuré. C'est l'actuel Théâtre de l'Odéon à Paris, construit par Charles de Wailly et Marie-Joseph Peyre, architectes de renom. Là encore, on met en œuvre les exigences du temps en installant des banquettes au parterre.

Dorénavant mieux placé, assis, le public est prêt pour la grande offensive destinée à le discipliner, le rendre plus perméable à l'illusion de la scène. La date essentielle est tardive : ce n'est qu'en 1759 qu'un amateur de théâtre, Louis-Léon-Félicité de Brancas, comte de Lauragais, rachète à vie les abonnements des spectateurs présents sur la plus grande scène française, celle de la Comédie-Française. La scène est enfin entièrement dévolue au jeu de la fiction, et le théâtre de ville se rapproche ainsi du dispositif qui n'était de mise que dans le théâtre de cour, où rien ne devait entraver la vue du roi. La leçon s'impose vite dans tous les théâtres. C'est seulement alors que la scène peut devenir le lieu d'une puissance d'illusion démultipliée : on redécouvre les vertus du décor et l'importance des costumes.

Beaumarchais en est l'illustration exemplaire, lui qui, dans son *Mariage*, étire interminablement les détails relatifs aux costumes des personnages («Caractères et habillements de la pièce», voir p. 45), aux accessoires, à la distribution des éléments du décor (voir Annexes scénographiques, p. 205). Le fait est encore rare et surprend : l'écrivain souhaite désormais imposer la vision de sa pièce aux spectateurs comme aux professionnels du spectacle qui ont charge de la représenter. Car il faut lutter aussi contre les habitudes d'une profession fière de ses prérogatives et sûre de son savoir-faire. L'évolution des costumes est révélatrice : ils manifestaient plus la qualité et la réputation du comédien, ses rôles de prédilection, souvent conventionnels (ainsi de l'Arlequin, si reconnaissable à son habit) que les exigences d'adaptation au personnage précis de la pièce. Graduellement les comédiens se sont pliés à la contrainte du «costume» qui, dans un premier temps, et selon l'étymologie, ne fait référence qu'à l'adéquation des habits et du jeu du comédien aux usages censés être représentés. C'en est ainsi fini des héroïnes de tragédies à l'antique vêtues en fastueux habits modernes : le vêtement de scène doit refléter les caractéristiques du personnage. Il n'est plus la fierté du comédien, mais un élément de plus dans la « mise en scène » (le terme, dans son sens actuel, ne s'impose vraiment qu'à la fin du xixe siècle) du monde fictif de la pièce. Aussi vise-t-on désormais le « naturel ». La surcharge n'est plus de mise. Diderot le dit très bien, concernant le cas de la comédie, dans *De la poésie dramatique* (1758) : « La comédie veut être jouée en déshabillé. Il ne faut être sur la scène ni plus apprêté ni plus négligé que chez soi. »

2.

Dans les coulisses

1. *Le théâtre officiel*

C'est l'organisation même du monde théâtral qui est bousculée par son développement. La demande sociale est forte et souligne la rigidité des cadres existants. Ils finiront par céder. Il faut parler désormais de théâtres qui se concurrencent, se jalousent, s'espionnent, se copient ou se distinguent. Au sommet de la hiérarchie, se trouvent les trois grands théâtres officiels parisiens, véritables vitrines culturelles du régime monarchique : l'Opéra, la Comédie-Française, les plus anciens, les plus prestigieux, dédiés aux grands textes lyriques, comiques ou tragiques, et, un cran en dessous, le Théâtre des Italiens, réouvert en 1716, après la mort de Louis XIV, sous l'impulsion de Philippe d'Orléans, le Régent, lui-même grand amateur de théâtre. Si l'Opéra jouit du privilège incontesté de la danse et du chant, épaulé par un art de la mise en scène qui ne lésine pas sur les effets spectaculaires des «machines», la Comédie et les Italiens se regardent souvent avec suspicion. La Comédie a le privilège des tragédies, mais une part de la comédie, en plein essor, lui échappe. Le ballet incessant de Marivaux, qui alterne entre les deux scènes, en témoigne.

2. *De la foire aux boulevards*

Mais le changement véritable s'opère à la marge, en périphérie de Paris, avec la vogue du théâtre de foire qui s'installe durablement. C'est une des attractions qui égaient les foires Saint-Germain et Saint-Laurent, mais son succès en fait un théâtre quasi permanent, construit en dur. Son influence est perceptible déjà dans le Théâtre des Italiens, dont il reprend nombre de procédés : improvisations sur des canevas conventionnels, comique qui ne craint pas les effets appuyés, en rupture avec le «haut comique» des comédies du théâtre officiel. Une inspiration plus populaire donc, si l'on veut, mais ce type de spectacles plaît et attire aussi un public distingué et des écrivains de renom, tels Alain-René Lesage (1668-1747), l'auteur de l'*Histoire de Gil Blas de Santillane* (1720). Surtout, il va livrer une guerre de positions avec le théâtre officiel et ses privilèges, gardés jalousement par une corporation fière de l'estime qu'elle a durement acquise. Le théâtre officiel entend avoir le privilège du théâtre parlé et du dialogue : le théâtre de foire répond en promouvant la pantomime et les «parlures», en jouant la parodie chantée et les monologues, en créant le genre des «parades», ces petites scènes

comiques destinées à retenir l'attention du public et à
le faire entrer dans le théâtre. Parce qu'il doit se démar-
quer du théâtre officiel qui lui interdit un certain
registre, parce qu'il tente de répondre coup pour coup
à ses empiétements, parce qu'il s'inscrit dans un tissu
social et urbain différent, le théâtre de foire est le lieu
d'une inventivité exceptionnelle. Cela devient une véritable école : Beaumarchais, comme tant d'autres, saura
s'en nourrir, à l'aube de sa carrière d'auteur, dans son
théâtre de société.

Le monopole du théâtre officiel est définitivement
battu en brèche avec l'irruption de théâtres privés. Pour
ne pas concurrencer les prestigieux établissements de
la capitale, les nouveaux théâtres sont confinés à la
lisière de la ville : on les appelle pour cela les « théâtres
du Boulevard ». Le terme peut porter à confusion étant
donné le sens que les XIXe et XXe siècles lui ont donné.
Il ne s'agit évidemment pas encore ici du théâtre de la
bourgeoisie, qui émerge en tant que telle à la Révolution. C'est tout simplement un théâtre qui, plus populaire, accueille en son sein ce qui n'a pas droit de cité
dans le théâtre officiel. Là encore, à l'instar du théâtre
de foire, l'inspiration est moins littéraire, plus ancrée
dans un savoir-faire de praticien du spectacle : il s'agit
de donner à apprécier une soirée, qui peut combiner
différents genres, mêlant ou faisant se succéder le chant
et le texte, le satirique et le parodique, l'improvisation
et la récitation. Ici comme à la foire se développe le
genre de la « comédie à vaudeville », bientôt appelée
« vaudeville » qui mêle danse, chant, exercices acroba-
tiques parfois et monologues burlesques. Travaillé, épuré
et étoffé musicalement, il se transforme en « opéra-
comique ». Les noms de ces théâtres sont évocateurs :
on parle du « Théâtre des Variétés », qui fait suivre dans

une même séance plusieurs saynètes de factures différentes, du « Théâtre de l'Ambigu comique », etc.

La diversité de la scène théâtrale, qui s'accentue au
fil du siècle, invite à relativiser le poids du théâtre officiel dans le paysage culturel général de l'Ancien Régime.
Le théâtre officiel est sujet à un mouvement complexe
d'appropriation et de rejet de toutes ces innovations
qui se multiplient autour de lui. La richesse de la vie
théâtrale ne peut se réduire aux succès des auteurs
reconnus du temps qui peuvent écrire pour les grandes
scènes prestigieuses. Il faut imaginer que la scène officielle s'imprègne de cet air neuf venu des faubourgs.
Le cas de Beaumarchais est de ce point de vue exemplaire : il ne parvient à s'imposer sur la scène officielle
(*Eugénie* en 1767 à la Comédie-Française, puis dans le
même lieu, *Le Barbier de Séville* en 1775, et en 1784, *Le
Mariage de Figaro* ; à l'Opéra, *Tarare*, en 1787) qu'après
avoir fait ses gammes dans des genres moins relevés,
mais aussi plus libres, qui doivent beaucoup à l'effervescence qui saisit le théâtre à cette époque. C'est cette
liberté qu'il léguera en retour au patrimoine des Lettres
françaises.

3. *Chez soi*

Mais la fièvre théâtrale gagne la sphère domestique.
Déjà les Grands et la noblesse du royaume, avides de
divertissement, avaient pris l'habitude d'établir des
scènes privées. Le phénomène gagne en ampleur et
concerne aussi la haute bourgeoisie, riche et désireuse
de se distinguer. On parle de « théâtre de société », pour
évoquer ce goût pour le spectacle dans un cercle res-
treint d'amateurs. Certains, fortunés et bien introduits

dans le milieu, peuvent s'adjoindre les services de véritables professionnels.

C'est par le théâtre de société que Beaumarchais s'illustre tout d'abord. Son statut de courtisan et la noblesse de la finance qu'il fréquente l'y prédisposent. Il faut évoquer en particulier Charles-Guillaume Le Normand, l'époux malheureux de la marquise de Pompadour, qui anime son théâtre de société au château d'Étiolles. Il a les moyens de vivre pleinement sa passion pour le théâtre : on dit sa salle aussi belle que celle de l'Opéra, référence en la matière. Beaumarchais, un familier, y écrit quelques divertissements entre 1760 et 1770, notamment des parades comme *Les Bottes de sept lieues* et *Jean-Bête à la Foire*, des comédies poissardes (imitant le parlé populaire de la capitale) comme *Les Députés de la Halle et du Gros-Caillou*. Ces pièces ne prétendent pas à l'originalité et s'appuient souvent sur des canevas existant, hérités du théâtre de la Foire ou du Boulevard. L'inspiration est franchement comique, tout au plaisir du jeu, celui-ci étant tenu parfois par le maître de maison. Mais Le Normand fait appel aussi à des acteurs confirmés : ainsi Préville, un acteur fameux de la Comédie-Française, et qui tiendra plus tard le rôle de Figaro.

Il y a donc un véritable engouement des classes privilégiées pour le théâtre qui peut aller jusqu'à des expérimentations osées. Le monde qui anime les théâtres de société peut croire à l'impunité que lui confère son statut supérieur. Ainsi connaît-on des essais de théâtre érotique, voire, mais le cas est plus délicat, irréligieux. Il est certain en tout cas que rien n'échappe à cette emprise du modèle dramatique : certaines pièces n'ont peut-être jamais été représentées, mais elles étaient lues avec, dans l'esprit du lecteur, tout l'appareil du théâtre.

Ainsi le XVIIIᵉ siècle est apparu comme un âge d'or du théâtre. Cela ne va pas cependant sans causer quelques inquiétudes dans les classes de la population qui voient avec répugnance ce goût immodéré du paraître et du divertissement s'emparer des classes dirigeantes. Les franges les plus traditionalistes, qui n'ont pas oublié la méfiance viscérale de l'Église à l'endroit du jeu des comédiens, regardent ces débauches théâtrales avec suspicion. Louis-Charles Fougeret de Monbron dans *La Capitale des Gaules ou la nouvelle Babylone* en 1759 se fait leur porte-parole, non sans opportunisme. Il stigmatise cet air du temps qui semble compromettre les mœurs. Le tableau, pour caricatural qu'il soit, donne une image enlevée des goûts d'une époque :

> La fureur du théâtre et des représentations drama-
> tiques est montée à un tel point que, si l'on n'y remé-
> die promptement, Paris ne sera plus bientôt qu'un
> peuple d'histrions et de baladins. On joue partout la
> comédie. C'est un délire général qui a gagné toutes les
> professions. Va-t-on chez quelqu'un pour affaires :
> démarche inutile. Monsieur ne voit personne : il étu-
> die son rôle.

Pour prolonger la réflexion

Textes :

Théâtre du XVIIIᵉ siècle [anthologie], éd. J. Truchet, Gallimard, « La Pléiade », 1974, 2 volumes.

Jean-Jacques ROUSSEAU, *Discours sur les sciences et les arts
— Lettre à d'Alembert sur les spectacles,* éd. J. Varloot, Gallimard, « Folio classique » nᵒ 1874, 1987.

VOLTAIRE, *Zaïre, Le Fanatisme ou Mahomet le prophète,
Nanine ou l'homme sans préjugé, Le Café ou l'Écossaise,* éd.
J. Goldzink, GF-Flammarion, 2004.

Études :

Christian BIET et Christophe TRIAU, *Qu'est-ce que le théâtre ?*, Gallimard, « Folio Essais » n° 467, 2006.

André BLANC, *Le Théâtre français du XVIIIe siècle*, Ellipses, « Thèmes et études », 1998.

Pierre FRANTZ et Michèle SAJOUS D'ORIA, *Le Siècle des théâtres : salles et scènes en France, 1748-1807*, Paris bibliothèques, 1999.

Henri LAGRAVE, *Le Théâtre et le public à Paris de 1715 à 1750*, Klincksieck, 1972.

Pierre LARTHOMAS, *Le Théâtre en France au XVIIIe siècle*, PUF, « Que sais-je ? », 1980.

Maurice LEVER, *Théâtre et Lumières : les spectacles de Paris au XVIIIe siècle*, Fayard, 2001.

Marie-Emmanuelle PLAGNOL-DIÉVAL, *Le Théâtre de société : un autre théâtre ?*, Honoré Champion, 2004.

Marie-Emmanuelle PLAGNOL-DIÉVAL et Dominique QUÉRO, *Les Théâtres de société au XVIIIe siècle*, Éditions de l'université de Bruxelles, 2005.

Martine de ROUGEMONT, *La Vie théâtrale en France au XVIIIe siècle*, Honoré Champion, 1988.

David TROTT, *Théâtre du XVIIIe siècle. Jeux, écritures, regards, Essai sur les spectacles en France de 1700 à 1790*, Éd. Espaces 34, Montpellier, 2000.

Genre et registre

Le drame de la comédie

IL Y A UN PARADOXE dans la destinée littéraire de Beaumarchais. Cet auteur en est venu à incarner à lui seul le renouveau du genre comique à la fin de l'âge classique. Il manifeste la vitalité d'un genre, la comédie, poussé à l'extrême de la virtuosité dans la conduite de l'action et la verve du dialogue. *Le Mariage de Figaro* est l'aboutissement d'un style dramaturgique, initié avec *Le Barbier de Séville*, qui met au premier plan la vitesse et la complication de l'intrigue, la qualité des échanges verbaux et du jeu corporel de l'acteur. Pourtant, il n'y a rien de prémédité sans doute, et certainement pas de systématique, dans l'énergie infatigable que distillent encore ces pièces. Elle semble davantage émaner spontanément du fond de gaieté inébranlable de leur auteur. Il faut même aller plus loin : si système il y a, entendons par là une conception consciente et réfléchie des pouvoirs et devoirs de l'écriture théâtrale, ce n'est pas à la comédie que Beaumarchais a voulu en réserver l'application. Sa grande ambition, celle qui guide sa réflexion de dramaturge, est liée à l'émergence d'un genre nouveau qu'il est convenu d'appeler le «drame bourgeois».

Les dates en font foi : aux extrémités de sa carrière publique d'écrivain, Beaumarchais s'est évertué à défendre ce genre mal aimé, mal compris, et pourtant appelé par l'évolution même de la comédie en cette seconde moitié du siècle. En 1767, c'est avec *Eugénie*, «Drame», qu'il veut forcer les portes de la Comédie-Française : le genre nouveau a franchi les murs du temple du Théâtre-Français. Et en 1792, c'est au «Drame en cinq actes et en prose» qu'il revient avec *L'Autre Tartuffe ou la Mère coupable*, ultime révérence et testament théâtral, rejoué en 1797 «par les anciens acteurs du Théâtre-Français».

Aussi, curieusement, parler de la réussite du *Mariage*, réussite d'une écriture et d'un savoir-faire comique, c'est peut-être parler de ce qui intéresse le moins Beaumarchais. Car les enjeux qui lui tiennent à cœur sont toujours plus élevés que le retour à la «franche gaieté», évoquée dans la préface, tant appréciée par les contemporains, et qui fascine toujours autant de nos jours. Beaumarchais ne s'intéresse à la théorie de la comédie que parce qu'on peut y parler de morale, et une morale autrement enlevée que celle des sermons et des pudibonderies des bien-pensants : avec la morale, c'est toute la société, ce qu'on appelle à l'époque les «mœurs» et leurs dysfonctionnements, qui reçoit tout à coup un éclairage frontal. Quitte à exciter le scandale, auquel la préface du *Mariage* s'évertue à répondre. Mais quel est le genre qui place la morale au centre de son dispositif, si ce n'est encore une fois ce genre nouveau en mal de reconnaissance, le «drame», ou selon les termes de Beaumarchais dans sa préface à *Eugénie,* le «genre dramatique sérieux»? Une preuve? Voyez comment Beaumarchais annonce son prochain projet dans la préface du *Mariage* :

> Si je n'ai versé sur nos sottises qu'un peu de critique badine, ce n'est pas que je ne sache en former de plus

sévères : quiconque a dit tout ce qu'il sait dans son ouvrage, y a mis plus que moi dans le mien. Mais je garde une foule d'idées qui me pressent pour un des sujets les plus moraux du théâtre, aujourd'hui sur mon chantier : *La Mère coupable*; et si le goût dont on m'abreuve me permet jamais de l'achever, mon projet étant d'y faire verser des larmes à toutes les femmes sensibles, j'élèverai mon langage à la hauteur de mes situations, j'y prodiguerai les traits de la plus austère morale, et je tonnerai fortement sur les vices que j'ai trop ménagés.

Il faudra donc faire des allers et retours, et passer sans cesse de la comédie au drame, et du rire aux larmes : passer d'une esthétique qui veut critiquer et corriger spirituellement dans la communion de la bonne humeur à une esthétique qui veut toucher dans la communion sensible des cœurs. Comprendre *Le Mariage*, c'est comprendre comment l'on en vient à faire le contraire de ce que l'on rêve de faire pour s'apercevoir que la réalité est plus belle que le rêve.

Pour le dire autrement : comprendre l'écriture comique du *Mariage*, c'est interroger une théorie défaillante, celle de la comédie, qui réussit si bien dans la pratique, et ausculter une théorie si pertinente, celle du drame, qui n'a jamais réussi à emporter l'adhésion du public. Et constater que la comédie sait recourir au drame sans toujours l'avouer : c'est peut-être un des secrets du *Mariage*. Encore faut-il savoir comment le « drame » s'impose à la conscience des penseurs et praticiens du théâtre les plus avisés du temps. Pour cela nous devons revenir sur l'évolution du genre comique.

1.

La comédie conquérante

En esthétique comme en économie, la mauvaise monnaie chasse la bonne. Cela concerne, au XVIIIe siècle, les formes les plus dynamiques de la production artistique. Le roman, ce genre sans règles, confondu avec le conte, ne cesse d'étendre son emprise sur le monde de la narration et devient le véhicule privilégié aussi bien de l'analyse psychologique que de la critique sociale, sans pour autant rompre avec les charmes de la fable. De la même manière, la comédie, laissé pour compte de *La Poétique* d'Aristote (384-322 av. J.-C.), et pour cela en marge de la doctrine classique, est le genre dramatique le plus susceptible de variations internes.

1. *La sclérose tragique*

La tragédie quant à elle jouit encore d'un prestige énorme, au sommet de la hiérarchie de l'esthétique classique, qui reste, théoriquement, incontestée. La tragédie a voulu se mettre à l'école des Lumières sans rien perdre de sa supériorité générique. On s'essaie à la tragédie en prose (L'*Œdipe* de Houdar de La Motte en 1730), on fait entrer les préoccupations politiques et religieuses dans un cadre moins tributaire de la culture antique (*Zaïre* de Voltaire en 1732), on modifie même la teneur de l'effroi tragique en figurant un destin qui a plus à voir avec les dysfonctionnements du monde qu'avec la fatalité : rien n'y fait, la tragédie, par sa noblesse même, se met dans un splendide isolement qui la coupe des aspirations les plus profondes du temps. Elle propose toujours des héros aux dimensions un peu plus qu'humaines, des personnages dans lesquels le public n'ose se reconnaître. Elle tente de se renouveler sans parvenir à rompre avec le modèle classique qui pousse à l'imitation.

2. *Tout est comédie*

La comédie profite de cet état de fait. Elle en vient à intégrer tout ce qui s'éloigne tant soit peu de la tragédie. Son domaine, du coup, se fait envahissant : elle prend en charge tous les registres, toutes les intrigues. Il y a bien le pôle traditionnel de la comédie qui engendre le rire, des relectures parfois très subtiles de la farce. Mais cela n'a jamais constitué, même dans l'esthétique classique, qu'une part de la production comique. Désormais, il faut intégrer non seulement la peinture des caractères, mais aussi celle des soubresauts du cœur humain, à la manière de Marivaux, ou du jeu des conditions. Les personnages appartiennent à cet état moyen qui n'est ni l'aristocratie légendaire ni la plèbe, et qui tend au public un miroir moins déformant : pour tout dire, le bourgeois, plus ou moins distingué, s'impose sur scène.

Car le maître mot est de toucher le spectateur, de le faire participer à ce moment délicieux où il s'identifie complètement aux difficultés que rencontre un être. C'est ainsi que naissent la comédie sentimentale et la comédie larmoyante. L'orfèvre en la matière s'appelle Michel-Jean Sedaine (1719-1797). Il propose en 1765 son *Philosophe sans le savoir*, véritable manifeste de la comédie dans son ambition nouvelle : non pas faire rire, donc, mais faire réfléchir, par un spectacle touchant,

sur les usages et leurs dérives, sur les conditions et leurs
difficultés.

2.

Une esthétique nouvelle

Un peu auparavant, Diderot avait tenté d'autonomi-
ser ce nouveau type de comédies. Il en avait fait un
domaine à part, un genre à lui seul qui vient se loger
entre la tragédie et la comédie proprement dite : le
drame. Il en avait donné la théorie et la pratique, coup
sur coup. *Le Fils naturel* (1757) est suivi d'*Entretiens* qui
en expliquent les enjeux ; *Le Père de famille* (1759) est
précédé d'un essai *De la poésie dramatique* qui en fixe
l'ambition. Dans les *Entretiens* notamment, Diderot précise le glissement qu'il entend opérer dans l'écriture
dramatique.

1. *Faire vrai*

La vraisemblance est poussée dans ses retranche-
ments : on veut voir sur scène, désormais, des péripéties
crédibles, qui ne sortent pas de l'ordinaire. Le vraisem-
blable entend confiner au vrai. C'est un refus concerté
du « coup de théâtre » auquel Diderot substitue l'art du
« tableau », c'est-à-dire l'image sur scène du cours habituel de la vie. Cela passe par une remise en cause de la
conduite du jeu scénique. Qui dit tableau, dit peinture :
les mots ne sont plus le seul ressort dramatique.

2. *La pantomime*

L'art de la pantomime, mis en vedette par le passage à
Paris de l'acteur shakespearien Garrick, apparaît comme

un nouveau modèle de jeu du comédien. C'est un art de la présence scénique et de la transmission de l'émotion qui met au premier plan la force corporelle de l'acteur :

> Nous parlons trop dans nos drames ; et, par conséquent, nos acteurs n'y jouent pas assez. Nous avons perdu un art, dont les Anciens connaissaient bien les ressources. [...] Quel effet cet art, joint au discours, ne produirait-il pas ? Pourquoi avons-nous séparé ce que la nature a joint ? À tout moment, le geste ne répond-il pas au discours ? (II)

3. *Le jeu des conditions*

Enfin, il est nécessaire d'introduire dans l'intrigue le jeu même des forces sociales. Si le théâtre doit parler à l'homme, si celui-ci veut s'y retrouver, il faut que l'action porte sur son rôle et sa place dans le fonctionnement de la société. C'est par là que le drame acquiert une moralité accrue :

> ce ne sont plus, à proprement parler, les caractères qu'il faut mettre sur la scène, mais les conditions. Jusqu'à présent, dans la comédie, le caractère a été l'objet principal, et la condition n'a été que l'accessoire. C'est du caractère qu'on tirait toute l'intrigue. On cherchait en général les circonstances qui le faisaient sortir, et l'on enchaînait ces circonstances. C'est la condition, ses devoirs, ses avantages, ses embarras, qui doivent servir de bas à l'ouvrage.

Tous ces éléments sont la matière même du drame que Beaumarchais met en œuvre dans *Eugénie* en 1767. Et c'est à l'occasion de cette pièce, dans la préface théorique qui porte le titre d'*Essai sur le genre dramatique sérieux,* qu'il reconnaît sa dette envers Diderot avec emphase :

> Écrivain de feu, philosophe-poète, à qui la nature a prodigué la sensibilité, le génie et les lumières, célèbre Diderot, c'est vous qui le premier avez fait une règle dramatique de ce moyen sûr et rapide de remuer l'âme des spectateurs.

4. *Un genre équivoque*

Mais si le projet diderotien lui tient à cœur, s'il entend lui donner des illustrations nouvelles, Beaumarchais est bien conscient des réticences que ce nouveau genre suscite. Et il le dit avec un sens comique indéniable en singeant les paroles des opposants au goût nouveau :

> J'ai vu des gens se fâcher de bonne foi, de voir que le genre dramatique sérieux se faisait des partisans. « Un genre équivoque ! disaient-ils ; on ne sait ce que c'est : qu'est-ce qu'une pièce dans laquelle il n'y a pas le mot pour rire ? où cinq mortels actes de prose traînante, sans sel comique, sans maximes, sans caractères, nous tiennent suspendu au fil d'un événement romanesque, qui n'a souvent pas plus de vraisemblance que de réalité ? [...] Tragi-comédie, tragédie bourgeoise, comédie larmoyante, on ne sait quel nom donner à ces productions monstrueuses ! »

3.

La « folle journée » du théâtre comique

Beaumarchais, en se faisant l'écho des critiques adressées au drame, met le doigt sur la difficulté essentielle de ce genre : le succès toujours précaire qu'il a rencontré tient à son défaut principal qui est aussi son ambition originelle : le refus de la théâtralité et du spectaculaire, le déni de la fiction. Toucher les cœurs impliquait de faire oublier littéralement au spectateur qu'il ne se trouvait que devant une image de la réalité. Ni les possibilités effectives de la scène au XVIIIᵉ siècle, on l'a vu (voir p. 232), ni l'intérêt propre de l'action, nécessaire pour que le spectateur se concentre en acceptant de faire abstraction du cadre conventionnel du théâtre, n'étaient réunis, s'ils peuvent jamais l'être, pour réaliser avec réussite ce qui ressemble fort, tout de même, à un fantasme de dramaturge.

Beaumarchais, avec son sens aigu de praticien du théâtre, réalise avec *Le Mariage* une véritable synthèse de ce que permet le théâtre de l'époque en dehors de la tragédie. Parce que le drame est trop difficile à porter avec succès sur les planches, *Le Mariage* est une comédie, mais qui a su profiter des débats sur le drame à travers quelques-uns de ses apports, reconnaissables bien que furtifs, à certains moments cruciaux de l'intrigue. Ainsi *Le Mariage* réussit la fusion de tous les registres : c'est en cela que cette « folle journée », selon le sous-titre de la pièce, est aussi une fête du théâtre, de tous les théâtres qui ont pour objet de toucher sans causer d'effroi et de divertir en instruisant.

1. *Restaurer « l'ancienne et franche gaieté »*

Le Mariage est fortement ancré dans un registre comique hérité de la pièce précédente, *Le Barbier de Séville*. C'est même comme suite déclarée de cette pièce que Beaumarchais présente sa nouvelle création, fruit d'un hasardeux pari : restaurer, selon les termes de la préface « l'ancienne et franche gaieté, en l'alliant avec le ton léger de notre plaisanterie actuelle », telle que la mettait en œuvre *Le Barbier*, en la hissant encore, s'il était possible, un cran plus haut. Il faut oser «rire en face», conjuguer tous les moyens comiques, à un degré supérieur à celui du *Barbier*. C'est ce qui donne au *Mariage* son rythme étourdissant où tous les effets comiques trouvent à se manifester, portés par un personnel nombreux : comique des saillies de Figaro, de sa faconde spirituelle (la tirade des «God-dam», III, 5), mais aussi comique de geste, comique des tics de langage (Brid'oison bègue, Antonio paysan), sans parler du comique de situation, des quiproquos sans nombre, etc.

2. *Une théâtralité débordante...*

Le tout est porté par un art du spectacle, une manière d'intensifier l'effet produit sur la scène. La théâtralité éclate partout, même dans la mise en scène de l'intime, dès l'ouverture du rideau : dans ses premiers mots «dix-neuf pieds sur vingt-six», n'est-ce pas aussi bien la scène où se joue la fiction que la chambre des futurs époux que mesure Figaro ? La scène se transforme ainsi en grande arène du spectacle : le dispositif de la cour de justice, dans l'acte central, souligne encore la théâtralité revendiquée du déploiement scénique. Figaro est toujours en représentation devant un public, qui est déjà sur les planches, parmi les personnages. La double énonciation du théâtre est alors exhibée par la pièce elle-même. L'apport du chant et de la danse renforce l'enchantement que crée la fiction. Ils sont là pour compléter l'arsenal du divertissement, mais, de la romance de Chérubin (II, 4) au bal final sur un vaudeville, ils s'insèrent adroitement dans la conduite de l'action. La motivation de l'ornement ne fait certes pas oublier son caractère conventionnel, mais son charme est si puissant qu'il fait taire les critiques.

3. ... aux dépens de la vraisemblance

Il faut bien avouer qu'une catégorie éminemment classique souffre de cette hypertrophie de l'appareil comique, de cette spectacularisation à outrance. La vraisemblance paraît malmenée. Ces Almaviva pèchent contre la bienséance, car ces nobles semblent bien mal tenir leur rang. Ajoutons que ces affaires sentimentales croisées, combinées avec une précision digne d'un mécanisme d'horlogerie, ne paraissent pas toujours obéir à des ressorts psychologiques très profonds : mais le spectateur s'en aperçoit à peine, tenu en haleine par leur conduite virtuose. Il retient une impression de légèreté où les maîtres ne s'aiment pas tout à fait assez, mais parviennent encore moins à se haïr. On y verra quelques effluves de libertinage.

4.

Le retour à l'ordre « moral »

1. Dénoncer les dysfonctionnements sociaux

Pour autant *Le Mariage* n'a rien, dans l'esprit de son créateur, d'un simple exercice de style comique, d'une profusion lâche d'effets spectaculaires gratuits. Et le sérieux revient quand on ne l'attend pas, comme dans cette phrase de la préface qui décrit bien l'ambition de l'œuvre, comme elle souligne l'abandon du comique de caractère :

> D'où naissent donc ces cris perçants ? De ce qu'au lieu
> de poursuivre un seul caractère vicieux, comme le
> Joueur, l'Ambitieux, l'Avare ou l'Hypocrite, ce qui ne
> lui eût mis sur les bras qu'une seule classe d'ennemis,
> l'auteur a profité d'une composition légère, ou plutôt
> a formé son plan de façon à y faire entrer la critique
> d'une foule d'abus qui désolent la société. (p. 20)

À l'accusation d'immoralité d'une intrigue trop
légère, Beaumarchais réplique par l'importance de la
dénonciation des dysfonctionnements sociaux. Si la
comédie doit stigmatiser les vices et si les vices viennent
du heurt des rapports sociaux plus que des caractères,
alors la face de la comédie est changée. Elle s'ingénie à
montrer la violence du jeu de pouvoir, les dérives possibles d'un ordre hiérarchique quand son fonctionnement confine à l'arbitraire. Et quel meilleur révélateur
pour cela qu'un personnage comme Figaro qui, littéralement, est un être sans condition, un homme sans
place attitrée dans la société ?

2. *La condition de la femme*

Mais les vrais révélateurs de la moralité de la pièce
comme de l'immoralité de la société ne sont pas tant les
hommes que les femmes. C'est par elles que le théâtre
se fait aussi plus touchant parce que c'est sur elles que
la société fait peser tout le poids de ses rigueurs. Aussi
Beaumarchais peut-il fixer la règle de son écriture, qui
fait surgir tout à coup une autre tonalité dans ce
concert comique, la note « pathétique » :

> J'ai pensé, je pense encore, qu'on n'obtient ni grand
> pathétique, ni profonde moralité, ni bon et vrai
> comique, au théâtre, sans des situations fortes et qui
> naissent toujours d'une disconvenance sociale dans le
> sujet qu'on veut traiter. (p. 12)

Et c'est par là, au sommet de son ambition morale, que *Le Mariage* renoue avec l'utopie du drame. La scène de reconnaissance centrale joue donc un double rôle (III, 16), véritable pivot de la pièce : le «coup de théâtre» se fait oublier parce qu'il est recouvert aussitôt par le tableau de la famille heureuse. On remarquera que ce n'est plus Figaro qui tient la vedette mais Marceline, exaltée par sa dénonciation d'une injustice sociale qui rend les femmes victimes de la conduite malhonnête des hommes. Après la tirade engagée, les mot deviennent superflus et se dissolvent dans les larmes (III, 18) : c'est le grand moment de communion où les âmes sensibles (même Brid'oison) ne peuvent s'exprimer que par leurs corps, «en s'embrassant». Tous ces éléments, on l'a vu, sont constitutifs de l'esthétique du «drame» tel que Diderot et Beaumarchais le conçoivent : la pantomime se substitue pour un temps à la comédie bavarde. Le drame affleure à un moment charnière, à un instant décisif de l'intrigue. Cette respiration dramatique ne surgit pas inopinément : elle se conçoit plutôt comme une sorte de ponctuation énergique de la pièce, pour mettre en avant sa valeur morale. C'est dire si, bien que le comique soit le cadre effectif de la pièce, le drame est son ingrédient nécessaire.

Pour prolonger la réflexion

BEAUMARCHAIS, *Œuvres*, éd. P. Larthomas, Gallimard, «La Pléiade», 1988.

Denis DIDEROT, *Entretiens sur* Le Fils naturel, *De la poésie dramatique, Paradoxe sur le comédien*, éd. J. Goldzink, GF-Flammarion, 2005.

Pierre FRANTZ, *L'Esthétique du tableau dans le théâtre du XVIIIe siècle*, PUF, 1998.

Pierre FRANTZ et Florence BALIQUE, *Beaumarchais. Le Barbier de Séville, Le Mariage de Figaro* et *La Mère coupable*, Atlande, 2004.

Jean GOLDZINK, *Comique et comédie au siècle des Lumières*, L'Harmattan, 2000.

Jacques SCHÉRER, *La Dramaturgie de Beaumarchais*, Nizet, 1954.

L'écrivain
à sa table de travail
Un *Mariage* arrangé

BEAUMARCHAIS, dans la préface du *Mariage*, n'a pas peur de donner les ficelles de son écriture. À l'entendre, rien de moins apprêté, rien de plus spontané : il rédige sous l'emprise des personnages.

> Lorsque mon sujet me saisit, j'évoque tous mes personnages et les mets en situation [...]. Ce qu'ils diront, je n'en sais rien ; c'est ce qu'ils feront qui m'occupe. Puis, quand ils sont bien animés, j'écris sous leur dictée rapide, sûr qu'ils ne me tromperont pas [...]. (p. 37)

On pourrait croire, à suivre les propos de Beaumarchais, que ses dialogues naissent du premier jet, qu'il n'a qu'à se laisser porter par la situation et le caractère des personnages pour fixer sur le papier un échange verbal qui s'impose de lui-même. C'est d'ailleurs l'impression que donne l'écriture de Beaumarchais : son extrême vivacité, l'abondance des tournures orales, les procédés constants d'abrègement des répliques, empruntés aux conversations courantes, tout cela crée l'illusion d'une facilité de plume. Pourtant il faudrait plutôt se pencher sur ce savoir-faire pour restituer sur la scène une façon de parler qui paraisse naturelle et spontanée. Car l'œuvre elle-même n'a cessé de bouger, de se modi-

fier sensiblement, tout au long des années qui séparent
le premier état fini du texte, qu'on peut dater de 1778,
jusqu'à l'édition de 1785.

Bien loin de sortir toute faite de l'esprit inspiré de
Beaumarchais, la rédaction du *Mariage* est un processus
laborieux d'ajustements progressifs et constants : il
s'agit de donner la meilleure conduite possible à l'intrigue, c'est-à-dire d'agencer au mieux les actions des
personnages dans le déroulement des scènes, et de leur
donner le discours le plus percutant et le plus juste.
Tout est question de rythme, si l'on veut que la comédie, surtout en cinq actes aussi échevelés, capte l'attention du lecteur, il faut veiller au *tempo* des actions et des
paroles.

1.

Recyclage

Beaumarchais a le temps de peaufiner son texte,
bien plus sans doute qu'il ne l'aurait souhaité. Il a
écrit très vite une suite au *Barbier*, achevée en 1778,
mais il est ensuite emporté dans un surmenage qui ne
lui laisse pas l'occasion de repenser à son œuvre. Ce
premier jet ne nous est pas connu. On peut imaginer
que la facilité avec laquelle Beaumarchais l'a écrit tient
au fait qu'il rédige dans la lancée de sa première comédie : ses personnages, leur manière de parler et de se
conduire, lui sont très présents à l'esprit. Il a ainsi de la
matière toute prête. Beaumarchais avait envisagé une
version en cinq actes du *Barbier*, qui nous est restée à
l'état manuscrit et qu'il a finalement abandonnée. On
peut y découvrir certains morceaux qui seront incorpo-

rés dans la nouvelle pièce en chantier, *Le Mariage*. Ainsi la fameuse tirade de «God-dam» apparaît comme la réécriture d'un passage initialement prévu dans la version étendue du *Barbier*. On peut comparer cette ébauche au résultat final du *Mariage* (III, 5, p. 125-126). Les termes indiqués entre crochets, ici comme dans les citations qui suivent, ont été biffés par Beaumarchais sur le manuscrit :

> LE COMTE : Tu sais l'anglais ? Cela me serait d'une utilité…
> FIGARO : Oh, je sais goddem.
> LE COMTE : Comment tu sais goddem ?
> FIGARO : Oh diable c'est une belle langue que l'anglais. Il n'en faut guère pour aller loin. Avec goddem en Angleterre on ne manque de rien [nulle part]. Voulez-vous du pain ? Vous faites comme cela *(le doigt dans la bouche)* Goddem. On vous sert un pied de bœuf salé. Désirez-vous du vin ? rien autre chose que ceci *(imiter l'action de boire et déboucher une bouteille)*. Goddem. On vous apporte un pot de bière [forte]. Rencontrez-vous une jolie personne que vous voulez embrasser ? Mettez seulement tous les doigts unis sur la bouche. Goddem. Elle vous applique un soufflet. Preuve qu'elle entend. Les Anglais ajoutent à la vérité quelques autres mots par ci par là. Mais il est aisé de voir que Goddem est le fond de la langue.

2.

Du papier aux planches

1. *Le principe d'économie*

En 1781, Beaumarchais peut enfin relancer son œuvre qui vient d'être soumise et admise à l'unanimité au comité de lecture de la Comédie-Française. Les lectures se multiplient en vue d'une représentation possible, toujours différée par le *veto* royal. En écrivain d'occasion, Beaumarchais sollicite les avis autorisés des praticiens, de ceux qui savent estimer à partir du texte l'effet de la représentation. C'est ainsi qu'il invite Sedaine, un des grands auteurs dramatiques du temps, à donner librement son sentiment. Sa lettre à Beaumarchais du 9 septembre 1781 est intéressante parce qu'elle fait état d'un stade d'achèvement de l'œuvre dont on ne conserve aucune trace :

> Les corrections à faire, les longueurs à supprimer ne peuvent se faire qu'aux répétitions, et n'écoutez avant ce temps que vous-même [...] l'ouvrage est charmant, divertissant plein de sel, de goût et d'une philosophie en Polichinelle à faire étouffer de rire [...].

Jusqu'aux premières représentations Beaumarchais s'attelle à alléger sa pièce pour donner au *Mariage* son allant caractéristique. On dispose pour apprécier ce travail de documents précieux. Il existe trois manuscrits du *Mariage*, l'un conservé à la Bibliothèque nationale, un autre dans les papiers familiaux et le dernier à la Comédie-Française. Le manuscrit de la Comédie-Française a accompagné le travail de répétition et a servi comme support pour le souffleur lors des représentations. Il est un excellent témoin des repentirs de Beaumarchais qui n'a de cesse de revenir sur son texte pour le plier aux contraintes de la représentation, l'adapter au jeu des acteurs. Il allège sensiblement, supprime les tournures trop longues, inutiles, etc.

2. *Faux départ*

Le processus d'écrémage peut aller jusqu'à l'élimination d'une scène entière, et non des moindres. En fait, on constate que jusque tardivement Beaumarchais avait envisagé un autre début à sa pièce. Ce que nous connaissons comme la scène d'exposition, entre Suzanne et Figaro (p. 53-57) était repoussé en seconde scène du premier acte pour laisser la place, en ouverture proprement dite, à une scène très enjouée avec un tout autre personnel. Figaro donnait quelques conseils musicaux et poétiques à Bazile et Chérubin avec son ironie coutumière. La voici telle qu'elle figure, barrée, dans le manuscrit de la Comédie-Française :

> FIGARO *avec une toise mesure le plancher.* BAZILE *et CHÉRU-*
> *BIN tiennent un papier à musique.*
> FIGARO, *se relève* : Eh bien non ! ce n'est pas cela. Bazile, encore une fois, ce n'est pas cela ! Quelle musique enragée ! Il a de quoi gâter toute une fête ! On lui demande un quatrain en chorus, et parce qu'il y trouve malheureusement les mots : Gloire et Victoire, voilà mon benêt qui vous part à faire tous hurler [pendant deux heures] la Gloi, oi, oi, oire. Comme ces musiciens qui composent à faire rire et ont du goût à faire pleurer ! Et le couplet, Chérubin, pour ma fiancée ?
> CHÉRUBIN : J'ai fait les paroles.
> BAZILE : Et moi l'air.
> FIGARO : Avec des oi, oi. Eh ! des vaudevilles, mes amis, des séguedilles. *(Il chante.)*
> Je préfère à la richesse
La sagesse
De ma Suzon
Zon, zon, zon, zon, zon, zon
Zon, zon, zon, zon, zon, zon
> BAZILE : Nous avons pris un autre ton et dit avec

noblesse *(Il veut chanter :)* Jeune beauté… *(Il parle à Chérubin :)* Chantez-le, vous, c'est dans vôtre rôle.

CHÉRUBIN, *chante*

Jeune Beauté modeste et sage
Qu'amour conduit au mariage,
Est à son époux glorieux
Un diamant si précieux,
D'une eau si pure
Que la nature
En produit très rarement :
Suzanne est ce diamant

FIGARO : Quelle diable de platitude emmiellée viens-tu nous débiter ?

BAZILE : [Eh ! quel diable d'homme !] On la compare à ce qu'il y a de plus beau.

FIGARO : Comment Suzanne est-elle un diamant ? Il est très dur, elle est fort tendre ; il est inaltérable, elle peut changer demain. *(À Chérubin :)* N'es-tu donc aussi, toi, qu'un enfileur de mots rimés ? Quand on compare, on montre les rapports, on les développe, on les suit. Si tu disais : les belles femmes sont comme les pierres précieuses que la nature nous offre plus ou moins parfaites ; l'éducation est le lapidaire qui les taille à notre goût ; notre imagination est la feuille qui les brillante ; l'amour est le metteur en scène qui les enchâsse au fond des cœurs ; enfin l'hymen est le brocanteur qui les pousse dans le commerce et les vend le plus cher qu'il peut on voit ce que c'est, cela marche et se gradue. À l'application si tu veux. *(Il récite :)* Mais de tous ces diamants qu'on nomme femme ou de toutes ces femmes diamants, Suzanne est le seul à qui je permettrai d'orner ma tête, ou dont je me ferai une bague au doigt. Pif, paf, [toc, choc,] rapidement on sent l'idée, on voit le but… Ah ! Voici ma fiancée ; allez-vous-en tous deux, j'ai quelque chose à lui dire qu'il ne faut pas que vous entendiez.

On retrouve ici ce ton si caractéristique de Beaumarchais, cette spiritualité affichée du personnage de Figaro.

Aussi peut-on s'interroger sur les raisons qui ont néanmoins conduit à supprimer cette entrée en matière.
Parmi elles, le principe d'économie est sans doute décisif : l'auteur s'inquiète de la longueur de sa pièce, déjà
exceptionnelle. Mais d'autres considérations jouent,
notamment esthétiques. Ce hors-d'œuvre n'a rien d'une
exposition en bonne et due forme, c'est plutôt une
espèce d'ouverture, à la manière d'un opéra, qui
orchestre une première fois quelques thèmes essentiels
de la pièce : l'amour bien entendu, mais aussi la place
de l'argent, avec l'équivoque sur le « diamant », et surtout la propension de Figaro à se mettre au-devant de la
scène, à monopoliser l'échange à grands renforts de
tirades assassines. La place importante du chant souligne encore cet art du contrepoint, au sens musical du
terme, qui fait de cette première scène tout autre chose
qu'une présentation des enjeux de l'intrigue. Il faut
imaginer que si Beaumarchais supprime ce premier
morceau de bravoure, c'est pour mieux entrer directement en matière et mettre immédiatement devant les
yeux du spectateur les deux intrigants en chef, Suzanne
et Figaro. La suite de la pièce réserve suffisamment de
passages mémorables, de joutes verbales où la verve de
Figaro s'exerce, pour que ce sacrifice ait été consenti
sans trop de regret.

3.

Les errances de Marceline

Aussi Beaumarchais porte-t-il tout son soin à éliminer ce qui ralentit l'action : c'est souvent aux
dépens de quelques mots d'esprit bien trempés. Ainsi

Bartholo se voit amputé d'une réplique venimeuse et cinglante dès ses premiers pas sur scène. Quand il s'entretient avec Marceline de sa stratégie matrimoniale, il ne peut s'empêcher de s'exclamer, quand celle-ci soutient que son mariage « devient certain » (I, 4, p. 62) : « Ô, lumineux esprit de satan, je te salue ! C'est dans les cerveaux féminins que tu brilles ; et jamais tu ne leur manques au besoin. » Cette attaque de réplique est présente dans les trois manuscrits, cependant, elle ne figure plus dans l'édition. C'est qu'entre-temps Beaumarchais a dû percevoir que cette pique lancée à la gent féminine jurait singulièrement avec l'esprit de la pièce. Plus précisément même, ce jugement compromet sérieusement le personnage de Marceline. Le machiavélisme dont la taxe Bartholo la rend trop antipathique, alors que la suite de la pièce lui réserve un sort plus flatteur.

1. *Tâtonnements*

Il faut noter d'ailleurs que, parmi les personnages de la pièce, c'est Marceline qui a posé le plus de difficultés à son auteur. On s'en rend compte en constatant les hésitations de Beaumarchais sur la place à donner à son plaidoyer féministe (p. 145-146). Il figurait tout d'abord au début de l'acte IV puis s'est substitué à la complainte sur la vie de Marceline dans la scène de reconnaissance, mais l'édition n'en a gardé que quelques bribes. En effet, le manuscrit de la BN mentionne des détails que l'édition n'a pas retenus :

> J'étais fille en condition chez un gros chanoine andalou ; lui, jeune frater [et major] chez un chirurgien bayonnais ; je tombai malade, il me saigna ; cela me rendit faible, il en abusa : je pleurai longtemps, il me

> consola. Enfin tu vis le jour [dans la maison] ; le pré-
> bendier me mit à la porte : on allait fustiger ton père,
> il te fit cette marque et se sauva. Ce qui m'avait perdue
> servit à me consoler ; tu me restais, mon fils ! On te
> vola. Je courus en pleurs chez le juge ; épris de ma
> figure, il m'emprisonna. Longtemps en butte au mal-
> heur, mon esprit enfin se forma. Depuis ton père est
> devenu riche il m'a fait sa servante, et me voilà.

Inversement l'édition a conservé le plaidoyer féministe
de Marceline alors même que les Comédiens-Français
ont demandé sa suppression lors des représentations.
Le manuscrit de la Comédie-Française garde la trace de
cette requête puisque le passage est tout simplement
absent. Beaumarchais évoque ce point dans la préface du
Mariage en citant le passage censuré par les comédiens.

2. *Un personnage ambigu*

Il y a là un véritable nœud de problèmes poétiques.
Le personnage de Marceline est celui qui connaît dans
la pièce le plus d'évolution : tout d'abord assez peu
reluisant, obsédé par l'appât du gain que lui promet le
mariage, il connaît un renversement spectaculaire avec la
scène de reconnaissance (III, 16) : d'obstacle au mariage,
Marceline en devient le plus ferme soutien et se méta-
morphose en mère aimante et meurtrie. L'incohérence
et l'invraisemblance guettent : Beaumarchais n'y a pas
vraiment échappé. Il a plutôt forcé l'adhésion du lecteur en jouant sur le pathétique du personnage et son
rôle de porte-parole de la condition féminine. C'est ce
qui explique certainement que le plaidoyer féministe
surgit finalement au moment de la reconnaissance : il
est un ingrédient nécessaire au changement du personnage aux yeux du spectateur. L'effacement de ses éga-

rements de jeunesse, de l'autre côté, tend à éliminer tout ce qui pourrait entacher la réputation d'un personnage qui oscille toujours entre son statut de victime, qu'il faut souligner, et celui de coupable, qu'il faut atténuer.

Si, comme le rappelle la préface, « nos jugement sur les mœurs se rapportent toujours aux femmes », on comprend mieux le soin qu'a apporté l'auteur au traitement de Marceline. Car c'est par elle, finalement, que la moralité de la pièce se hisse au point où Beaumarchais voulait la porter : le théâtre n'est pas tant le spectacle des bonnes mœurs que celui de la vertu difficilement conquise. Leçon qui permet de regarder sans fausse pudeur les mœurs telles qu'elles sont en cette fin du XVIIIe siècle, avec leur pointe de libertinage largement partagé, et non telles qu'on les fantasme, souvent hypocritement, notamment chez les plus rigides partisans de la religion établie.

4.

L'art du monologue

Les amendements de Beaumarchais à sa pièce sont très nombreux. La comparaison des trois manuscrits et de l'édition définitive révèle un auteur sans cesse à l'affût des longueurs inutiles, obsédé par le rythme des répliques et la concision des échanges. Le problème se pose de manière encore plus cruciale avec le morceau le plus risqué de la comédie, le long monologue de Figaro (V, 3). Beaumarchais n'est pas parvenu du premier coup à cet équilibre précaire entre la fluidité et la théâtralité du discours et sa démesure. Il a, jusqu'au dernier moment, sacrifié des développements entiers.

La comparaison de l'état définitif du texte avec une version qui a été retrouvée dans les archives familiales est très éloquente. Cette variante modifie sensiblement le passage qui s'étend de «Je broche une comédie dans les mœurs du sérail» à «me voilà derechef sans emploi» (voir p. 178-179). Pour faciliter les rapprochements, nous avons mis en italique les termes repris dans le texte définitif :

> Une autre fois je fis une tragédie ; la scène était au *sérail.* Comme bon chrétien, l'on sent bien que je ne pus m'empêcher de dire un peu de mal de la religion des Turcs. *À l'instant, l'envoyé* de Tripoli fut se plaindre au ministre des Affaires étrangères que je me donnais dans mes écrits des libertés qui *offensaient la Sublime Porte, la Perse, une partie de la presqu'île de l'Inde, l'Égypte, les royaumes de Barca, Tripoli, Alger, et Maroc,* et toute la côte d'Afrique, et ma tragédie fut arrêtée à la police de Paris, par égard pour des *princes mahométans,* lesquels nous font esclaves, et, nous exhortant au travail, du geste et de la voix, *nous meurtrissent l'omoplate en nous disant : chiens de chrétiens !* Et ma pièce ne fut pas jouée. Pour me consoler, et surtout pour vivre, je m'amusai à en composer une autre, où je dépeignis de mon mieux la destruction du culte des Bardes et Druides et de leurs vaines cérémonies. Il n'y a pas d'envoyés de ces nations, qui n'existent plus, me dis-je, et pour le coup ma pièce n'aura rien à démêler avec les ministères, et les comédiens la joueront, et j'aurai de l'argent, car le neuvième de la recette m'appartient ; mais je n'avais pas aperçu le venin caché dans mon ouvrage, et les allusions qu'on pouvait faire des erreurs d'un culte faux aux vérités révélées d'une religion véritable. Un officier d'Église, à hausse-col de linon, s'en aperçut fort bien pour moi, me dénonça comme impie, eut un prieuré, et ma pièce fut arrêtée

à la troisième représentation par le bishop diocésain ; et les comédiens, en faisant mon décompte, trouvèrent un résultat que, pour mon neuvième de profit, je redevais cent douze livres à la troupe, à prendre sur la première pièce que je donnerai et que le bishop laisserait jouer. Cependant je maigrissais à vue d'œil, car si les malades recouvrent la santé par le régime, les gens sains deviennent bientôt malades en faisant diète. Mes joues étaient devenues creuses, mes lèvres pâles, mon habit plissait de toutes parts, mes bas étaient trop larges et mon terme allait échoir. En même temps, il s'éleva *une question* fort savante *sur la nature des richesses, et comme il n'est point nécessaire de tenir les choses pour en raisonner, n'ayant pas un sou*, je me mis à écrire sur la valeur réelle de l'argent. Les uns disaient : un écu est un écu, mille écus font mille écus et la cherté des denrées est la preuve des richesses ; car plus il faut d'argent pour payer du pain, plus l'émulation augmente chez les peuples qui vívent avec du pain, et leurs travaux accumulés amènent l'abondance dans toutes les parties, et plus les denrées abondantes sont chères, plus le peuple est riche, car *le produit net*, etc., etc. Et l'on écrivait beaucoup, et le peuple murmurait, car ce n'est point des livres, c'est des vivres qu'il lui faut et je me mis à écrire, non pour le peuple, mais pour moi qui sentais fort bien qu'un écu ne vaut réellement que ce qu'on peut se procurer en denrées avec lui, de façon que le peuple qui avait vingt millions il y a vingt ans et payait le pain deux sous, était aussi riche qu'il l'est avec quarante millions s'il paie le pain quatre sous. Il est vrai qu'il a deux écus dans sa poche au lieu d'un, mais il est aussi vrai que ses écus ne valent que trente sols, puisqu'il en faut deux pour avoir trente livres de pain qu'il pouvait se procurer avec un seul ; donc la cherté n'est point richesse, donc la doctrine du produit net, etc. Reste en pure perte pour la nation la peine qu'elle s'est donnée à doubler ses fonds. Mon livre ne se vendit point, fut arrêté et, pendant qu'on fermait la porte de mon libraire, on m'ouvrit celle de la Bastille, où je fus fort bien reçu en faveur de la recommandation qui m'y attirait. J'y fus logé, nourri pendant six mois, sans payer auberge ni loyer, avec une grande épargne de mes habits, et, à le bien prendre, cette retraite économique est le produit le plus net que m'ait valu la littérature. Mais comme il n'y a ni bien ni mal éternel, j'en sortis à l'avènement d'un ministre qui s'était fait donner la liste et les causes de toutes les détentions, au nombre desquelles il trouva la mienne un tant soit peu légère. Je fus remis en liberté ; je ne savais point faire de soulier, courus acheter de l'encre de la Petite Vertu. Je taillais de nouveau *ma plume et je demandai à chacun de quoi il était question* maintenant : l'on m'assura *qu'il s'était établi* depuis mon absence *un système de liberté* générale *sur la vente de* toutes *les productions, qui s'étendait* jusqu'*à celles* de la plume, et que je pouvais désormais écrire tout ce qui me plaisait, pourvu que je ne parlasse ni de la religion, ni du gouvernement, ni de la *politique*, ni du produit net, ni de *l'Opéra*, ni des Comédiens-Français ; tout cela me paru fort juste et, profitant de *cette douce liberté* qu'on laissait à la presse, j'imaginai de faire un nouveau journal.

On voit que Beaumarchais a drastiquement réduit les aventures de Figaro. Il a notamment escamoté les déboires avec les gens de théâtre : ce rappel d'une animosité envers la Comédie-Française ne s'imposait plus une fois la pièce reçue par les comédiens. De même les développements consacrés aux questions économiques ont été allégés à cause, sans doute, de leur technicité rebutante. Tout le reste obéit à un processus de condensation qui permet un passage en revue plus dynamique du destin picaresque de Figaro. Malgré ces coupes claires, le monologue de Figaro reste le plus long du théâtre classique français.

Pour prolonger la réflexion

Jean-Pierre de BEAUMARCHAIS, *Beaumarchais. La Folle Journée ou Le Mariage de Figaro*, PUF, Études littéraires, 2005.

BEAUMARCHAIS, *Le Mariage de Figaro*, édition critique par J. B. Ratermanis, *Studies on Voltaire and the Eighteenth Century*, LXIII, Genève, 1968.

BEAUMARCHAIS, *Le Mariage de Figaro*, édition avec analyse dramaturgique par Jacques Scherer, S.E.D.E.S., 1966.

Michel VIEGNES, *Le Mariage de Figaro*, Hatier, «Profil d'une œuvre», 1999.

Analyses et réflexions sur le «Mariage de Figaro», Ellipses, 1985.

Groupement de textes

Monologue et identité

SEUL EN SCÈNE : l'impact du monologue est exceptionnel parce qu'il est un défi dramatique. L'acteur est seul devant le public dans une relation équivoque et intense dont la réussite dépend entièrement de son talent. S'il se retrouve sans les autres comédiens, c'est qu'il est censé incarner un moment d'intimité de son personnage. Mais ce moment où le personnage s'entretient avec lui-même ne peut passer que par un partage à haute voix avec le spectateur. Le monologue réalise ainsi ce tour de force : exprimer l'intériorité dans un dispositif qui met à nu la théâtralité. Le spectateur croit en la solitude du personnage tout en ayant son attention aimantée par cette présence insistante du corps de l'acteur sur la scène. Il se fait voyeur.

Ajoutons à cela un risque supplémentaire : ce morceau de bravoure, où le personnage fait le point sur sa situation, ralentit et suspend temporairement l'action dramatique. L'ennui guette. Le monologue fonctionne comme une pause, un temps mort, qui prépare souvent l'action décisive à venir : c'est un moment de « crise ». Tel est d'ailleurs le dernier mot du monologue fameux de Figaro (V, 3). Reste que Beaumarchais dans cette comédie gaie, tout entière bâtie sur les prestiges de la théâtralité, a passé outre cet obstacle, pour le plus grand plaisir du spectateur. Il a même porté jusqu'à un point inégalé les ressources du monologue. Son personnage lui facilite la tâche, il est vrai : ce valet est un comédien-né, et fait de ses aventures picaresques un défilé joyeux des vicissitudes de la condition humaine. Pourtant, dans ce parcours désinvolte et ironique de sa propre trajectoire, le personnage ne peut s'empêcher de faire affleurer les mille contingences à quoi tient une vie. Tous ces petits événements qui ont fait qu'on est ceci plutôt que cela. Ce qui veut dire en retour qu'on ne sait jamais très bien pourquoi l'on est ceci plutôt que cela. L'introspection, même enjouée, fait entendre des harmoniques plus inquiètes : « quel est ce *moi* dont je m'occupe », dit Figaro.

La question de l'identité est bien la pierre de touche du monologue, sa justification profonde : rassembler les raisons qui font que je peux dire « moi » sans savoir toujours ce que ce moi signifie. Le monologue est le moment de la plus grande adhésion et de la plus grande étrangeté à soi-même : c'est une affirmation de soi à la fois évidente et une quête d'identité toujours relancée. Magie du théâtre et beauté du monologue : ce miroir que le personnage se tend à lui-même, il le tend par là même au spectateur, qui s'y reconnaît, pour mieux s'y perdre.

1.

Solitude cornélienne

Pierre CORNEILLE (1606-1684)
Le Cid (1637)

(« Folioplus classiques » n° 13)

Évidemment, le Cid, c'est Rodrigue. Dans cette pièce, il n'y en a que pour lui : ses dilemmes, ses duels, ses exploits, ses amours. Le héros par excellence, avec ce que cela comporte d'énergie et de charisme : un meneur d'hommes et de passions. Mais il y a un personnage plus étonnant et complexe qui partage avec Rodrigue et Don Diègue, son père, l'insigne honneur d'avoir droit à un monologue : c'est l'Infante. Encore le fait-elle sous une forme particulière, en vers irréguliers qui forment des « stances » situées en position symétrique des fameuses stances du Cid (I, 7).

Contrepoint musical dans cette pièce qui ne parvient pas à être tout à fait classique : les stances de Rodrigue préparent l'évolution du personnage comme un révélateur de sa volonté ; celles de l'Infante jouent au contraire de l'inutilité de son action. L'Infante doit reconnaître l'amour passionné que se portent Chimène et Rodrigue et s'incliner devant lui en cédant la place. Son rôle se réduit ainsi à souligner magnifiquement son absence d'enjeu dramatique : pauvre fille de roi, elle est la figure d'une générosité morale douloureuse qui se condamne à ne pas réaliser sa passion, non payée de retour. S'imposer par sa volonté est pourtant la valeur par excellence de la morale cornélienne. Aussi est-ce une figure touchante, pathétique et inutile : elle ne laisse que le plaisir d'une présence théâtrale irradiée par quelques vers à la tonalité douce-amère.

L'INFANTE

T'écouterai-je encor, respect de ma naissance,
Qui fais un crime de mes feux ?

T'écouterai-je, amour, dont la douce puissance
Contre ce fier tyran fait rebeller mes vœux ?
Pauvre princesse, auquel des deux
Dois-tu prêter obéissance ?
Rodrigue, ta valeur te rend digne de moi,
Mais pour être vaillant tu n'es pas fils de roi.

Impitoyable sort, dont la rigueur sépare
Ma gloire d'avec mes désirs,
Est-il dit que le choix d'une vertu si rare
Coûte à ma passion de si grands déplaisirs ?
Ô Cieux ! à combien de soupirs
Faut-il que mon cœur se prépare,
S'il ne peut obtenir dessus mon sentiment
Ni d'éteindre l'amour, ni d'accepter l'amant ?

Mais ma honte m'abuse, et ma raison s'étonne
Du mépris d'un si digne choix :
Bien qu'aux monarques seuls ma naissance me donne,
Rodrigue, avec honneur je vivrai sous tes lois.
Après avoir vaincu deux rois
Pourrais-tu manquer de couronne ?
Et ce grand nom de Cid que tu viens de gagner
Marque-t-il pas déjà sur qui tu dois régner ?

Il est digne de moi, mais il est à Chimène.
Le don que j'en ai fait me nuit,
Entre eux un père mort sème si peu de haine
Que le devoir du sang à regret le poursuit.
Ainsi n'espérons aucun fruit
De son crime, ni de ma peine,
Puisque pour me punir le destin a permis
Que l'amour dure même entre deux ennemis.

(V, 2)

2.

Masque romantique

Alfred de MUSSET (1810-1857)

Lorenzaccio (1834)

(« Folioplus classiques » n° 8)

*Qui suis-je ? Les héros de Musset ne cessent de se le demander.
À la façon d'un Hamlet moderne (il est vrai que les roman-
tiques, pour fonder le « drame », ont réhabilité William Shakespeare), Lorenzaccio se perd dans les métamorphoses
qu'implique son jeu dangereux avec le pouvoir. Afin de libérer la cité de Florence, il décide de tuer le tyran Alexandre de
Médicis, duc de Florence, son cousin. Mais pour accomplir
cette mission, Lorenzaccio doit prendre le masque de la conni-
vence et de la familiarité avec le vice, qui règne en maître à la
Cour. La vertu peut-elle se dégrader ? C'est le doute qui hante
Lorenzaccio : il sent toute sa personne aux prises avec la ten-
tation du pire. Le masque d'iniquité qu'il arbore déteint sur
son visage : le vice serait-il une seconde nature, qui fait
oublier la première ?*

*Le monologue est l'instrument privilégié de cette auscultation
douloureuse du moi. À grands renforts de métaphores outrées,
le personnage s'expose littéralement sur scène : il devient
monstrueux. Il ne parvient plus à déterminer le point fixe qui
le situerait, il se perd dans ses masques. C'est toute une sensibilité séculaire, le mal-être romantique, qui passe dans cette
prose intense et surchargée.*

LORENZO, *seul* : De quel tigre a rêvé ma mère enceinte
de moi ? Quand je pense que j'ai aimé les fleurs, les
prairies et les sonnets de Pétrarque, le spectre de ma
jeunesse se lève devant moi en frissonnant. Ô Dieu !
pourquoi ce seul mot : « À ce soir » fait-il pénétrer
jusque dans mes os cette joie brûlante comme un fer
rouge ? De quelles entrailles fauves, de quels velus

embrassements suis-je donc sorti? Que m'avait fait cet
homme? Quand je pose ma main là, sur mon cœur, et
que je réfléchis, — qui donc m'entendra dire demain :
«Je l'ai tué», sans me répondre : «Pourquoi l'as-tu
tué?» Cela est étrange. Il a fait du mal aux autres, mais
il m'a fait du bien, du moins à sa manière. Si j'étais
resté tranquille au fond de mes solitudes de Cafag-
giuolo, il ne serait pas venu m'y chercher, et moi je
suis venu le chercher à Florence. Pourquoi cela? Le
spectre de mon Père me conduisait-il, comme Oreste,
vers un nouvel Égiste? M'avait-il offensé alors? Cela
est étrange, et cependant pour cette action j'ai tout
quitté. La seule pensée de ce meurtre a fait tomber en
poussière les rêves de ma vie; je n'ai plus été qu'une
ruine, dès que ce meurtre, comme un corbeau sinistre,
s'est posé sur ma route et m'a appelé à lui. Que veut
dire cela? Tout à l'heure, en passant sur la place, j'ai
entendu deux hommes parler d'une comète. Sont-ce
bien les battements d'un cœur humain que je sens là,
sous les os de ma poitrine? Ah! pourquoi cette idée
me vient-elle si souvent depuis quelque temps? — Suis-
je le bras de Dieu? Y a-t-il une nuée au-dessus de ma
tête? Quand j'entrerai dans cette chambre, et que je
voudrai tirer mon épée du fourreau, j'ai peur de tirer
l'épée flamboyante de l'archange, et de tomber en
cendres sur ma proie.

(IV, 3)

3.

Féerie scandinave

Henrik IBSEN (1828-1906)
Peer Gynt (1867)

(trad. Régis Boyer, Flammarion, 1994,
repris en « Pléiade » n° 529)

*Autre forme de « théâtre dans un fauteuil », selon l'expression
d'Alfred de Musset,* Peer Gynt *d'Ibsen est un* lesedrama,
*une pièce destinée à la lecture. C'est aussi le titre d'un fameux
opéra d'Edvard Grieg, inspiré de l'œuvre d'Ibsen, mais la
mésentente entre les deux créateurs n'a pas permis une colla-
boration active. C'est une pièce véritablement symphonique,
qui rassemble plusieurs traits de l'écriture de l'auteur norvé-
gien. La nature y tient une grande place et l'atmosphère du
conte, de la culture populaire lui donne cet aspect féerique,
qui n'est pas exempt de noirceur.*
*Le héros éponyme est un personnage typique de la culture nor-
végienne : un songe-creux sympathique car amoureux, mais
égoïste aussi. Ibsen peint un caractère ambigu, à l'image de la
pièce elle-même, traversée d'élans baroques. L'art du mystère et
de l'allégorie n'est pas étranger à la fascination qu'exerce cette
œuvre inclassable. Pour preuve, cet étonnant monologue, qui
part de presque rien pour, incidemment, en venir aux considérations les plus universelles sur l'homme. Si chez Pascal l'homme
est un roseau pensant, chez Ibsen ce serait un oignon sauvage.*

*Veille de la Pentecôte. Dans la grande forêt. Au loin, dans un
essart, une cabane avec des cornes de renne au-dessus de la porte.*

PEER GYNT, *à quatre pattes dans le petit bois, ramassant des
oignons sauvages :* Voici un point de vue. Où est le prochain ?… Il faut tout essayer et choisir le meilleur.
C'est ce que j'ai fait… Depuis César jusqu'à Nabucho-
donosor. Je pourrais traverser l'histoire de la Bible…
Le vieux gamin a donc dû de nouveau recourir à sa
mère. D'ailleurs il est bien dit : « De la terre tu es

venu »… Ce dont il s'agit dans la vie, c'est de se remplir la panse. Se la remplir d'oignons sauvages ? C'est bien peu de chose… Je veux être rusé et tendre des collets. Il y a de l'eau dans ce ruisseau. Je n'aurai pas soif et je passerai pour le premier parmi les bêtes sauvages. Lorsqu'un jour je mourrai — ce qui aura sûrement lieu —, je ramperai sous un arbre abattu par le vent. Comme l'ours, j'entasserai au-dessus de moi un tas de feuilles et graverai dans l'écorce en grosses lettres : « Ci-gît Peer Gynt, le brave type, empereur de toutes les autres bêtes »… Empereur ? *(Il sourit intérieurement.)* Hé ! vieux coucou prophétique ! Tu n'es pas un empereur. Tu es un oignon. Je vais t'éplucher, mon cher Peer ! Il ne sert de rien que tu pleurniches ou que tu pries. *(Il prend un oignon et l'épluche pelure après pelure.)* Voilà enlevée la couche extérieure. C'est l'homme naufragé sur l'épave de la yole. Voici l'épluchure du passager, maigre et mince… elle a quand même un petit goût de Peer Gynt. Plus à l'intérieur, nous avons ici le moi du chercheur d'or. Le suc en est parti… si jamais elle en a eu un. Cette grossière pelure-là, avec son lobe dur, c'est le chasseur de fourrures dans la baie d'Hudson. Celle-ci, à l'intérieur, ressemble à une couronne… Mille mercis ! Jetons-la sans autres palabres. Voici le chercheur des temps antiques, bref mais vigoureux. Et voici le prophète, frais et juteux. Il pue, ainsi qu'il est écrit, le mensonge, à faire pleurer un honnête homme. Cette pelure qui s'enroule mollement c'est le maître qui vécut dans la joie et la liesse. La suivante semble malade. Elle porte des traits noirs… le noir peut ressembler à la fois au missionnaire et au nègre. *(Il enlève plusieurs pelures d'un coup.)* Incroyable, la quantité de couches ! Le noyau ne va-t-il pas apparaître un jour ? *(Il épluche l'oignon tout entier.)* Pardieu, non, il n'en a pas ! Jusque tout au milieu, tout n'est que pelures !… seulement de plus en plus petites… La nature est pleine d'esprit ! *(Il jette les restes.)* Au diable toutes ces réflexions ! Si l'on se met à penser, on peut facilement trébucher. Bon ! je peux bien ricaner de ce danger, d'ailleurs… car je me tiens solidement sur mes quatre pattes, moi! *(Il se gratte la nuque.)* Drôlement fichu, tout ce micmac! La vie, comme on l'appelle, a des arrière-pensées! Mais que l'on en saisisse un, Mikkel saute et on attrape autre chose… ou bien rien. *(Il est arrivé à proximité de la cabane, il l'aperçoit et sursaute.)* Cette maison? Sur la lande!… Ha! *(Il se frotte les yeux.)* Je suis absolument sûr d'avoir déjà vu cette bâtisse!… Ce crâne de renne qui pointe au-dessus de la façade!… Une sirène au corps de poisson à partir du nombril!… Mensonge! Pas de sirène!… Des clous… des planches… Une serrure qui ferme la porte aux pensées de nixes!…

(V)

4.

Monologie contemporaine

Jean GENET (1910-1986)
Les Paravents (1961)
(« Folio » n° 1309)

Le théâtre débridé du XXᵉ siècle est fertile en expérimentation de toutes sortes. Avec Bertolt Brecht (1898-1956), il cultive la contradiction et le spectaculaire, avec Antonin Artaud (1896-1948), il confine au rituel. Jean Genet propose dans Les Paravents *un théâtre d'une force inouïe en prise directe avec la situation présente. L'œuvre, évoquant la guerre d'Algérie, fait scandale. On est très loin cependant d'un théâtre documentaire : en seize « tableaux » figurés à l'aide des « paravents » mobiles qui donnent son nom à la pièce, se déroule une histoire de guerre, d'amour et de mort au personnel très nombreux. Mais, précise l'auteur, « chaque acteur sera tenu de jouer le rôle de cinq ou six personnages, hommes ou femmes ».*

Rien de naturaliste donc, dans cette représentation de la guerre. Rien de naturaliste non plus dans la psychologie des personnages. Ils servent de support à des images et des affects qui résonnent dans la sensibilité du spectateur, tout en gardant une part d'inconnu et de poésie. Ainsi le monologue de Leïla, mourante, qui clôt le quatorzième tableau joue-t-il des contrastes entre le burlesque et le pathétique, entre la violence et la douceur, entre la révolte et l'apaisement. La figure humaine sombre littéralement dans ses contradictions.

L'obscurité se fait sur toute la scène. Les acteurs et les paravents disparaissent dans les coulisses. Un temps d'attente. Le silence. Puis, venant de gauche, paraît Leïla, sur de hauts talons. Elle parlera très posément, sans effet. Durant toute la tirade elle restera immobile.
On ne voit que la Mère, en haut, et à gauche, en bas dans ses guenilles dorées, Warda, qui sont éclairées par des projecteurs :

LEÏLA : Si je pouvais au moins ramasser mon œil et me le recoller. Ou en trouver un autre, un bleu ou un rose ! Mais le mien est perdu. *(Un temps.)* Va-t'en. *(Elle fait le geste de chasser quelqu'un.)* Va-t'en, puanteur !... Qui t'a dit de rester à côté de moi ?... Enfin, assieds-toi là si tu veux, et ne bouge plus, souveraine. *(Un temps.)* Saïd, mon bon Saïd, tu m'as éborgnée et tu as bien fait. Deux yeux, c'était un peu trop... pour le reste, je le sais bien, j'ai la gale et les cuisses pleines de croûtes... *(Warda se couche par terre, et les tricoteuses, c'est-à-dire les femmes du village, avec leurs épingles à tricoter, sont déjà autour d'elle. Leïla chasse les mouches.)* Allez-vous-en, Mesdames. Vous reviendrez dans une heure, sur mon cadavre... Saïd, je comprends que tu m'aies lâchée... On t'attend au tournant pour un destin plus grand, et tu le savais. Tu devenais prétentieux, insupportable. Prétentieux comme un instituteur... Il me cherche, quand il va me trouver je serai raide, froide, gercée, vidée, ridée, une espèce de petite quéquette par une nuit de verglas... *(Elle rit.)* Pauvre Saïd ! *(Elle prête l'oreille.)* C'est toi qui gueules, Saïd ? Tout ça fait partie de l'histoire. Moi, je vais m'étendre pour crever… gueule toujours. Je sais que tu as réussi ton coup. Tu as été plus loin que moi dans la saloperie, mais moi, je suis quand même la femme d'un traître. Et ça mérite des égards et une couche d'impératrice. Gueule toujours, Saïd. Si tu me retrouvais tu serais obligé de me soigner, de me sauver… Et maintenant, avec un seul œil, il va falloir descendre dans la mort. *(Un temps.)* Je me demande comment je vais faire ? Parce que, voilà la question, est-ce que la mort est une dame, une dame qui viendra me prendre, ou est-ce que c'est un endroit où il faut aller. Difficile de savoir… *(Un long silence. Ululement de la chouette.)* Oui… c'est ça… Comment ? Par où ?… Oui… oui, ne soyez pas trop brutale… oui. Là… là où il y a de la lumière ? Bon. *(Un cri.)* Ah ! merde, je remonte ! Je reflotte à la surf… non ?… Non ? Je descends, vous croyez… *(Elle commence à reculer vers le fond.)* Vous voyez… Je remonte… roulis… c'est le creux… d'une vague de temps… Tiens, plus rien. C'est le fond ?… Je remonte… et je reflotte à la surf… non ? Non. Bon, si vous le dites, c'est que c'est vrai puisque tout commence à être vrai… bien… Voilà. Enfonçons encore avec les deux épaules.

Elle s'enfonce définitivement dans sa robe qui était faite de façon — sorte de crinoline — qu'elle puisse, vers la fin, s'y noyer. La lumière revient en scène.

(« quatorzième tableau »)

Pour prolonger la réflexion

Christophe Triau et F. Dubor, « Le Monologue », revue *La Licorne* n° 85, Presses universitaires de Rennes, 2008.

Samuel Beckett, *Oh les beaux jours, pièce en deux actes*, Minuit, 1963.

Bernard-Marie Koltès, *Le Retour au désert*, Minuit, 1988.

Chronologie

Beaumarchais et son temps

BEAUMARCHAIS « L'INSOLENT », Beaumarchais « voltigeur » : ces qualificatifs mettent en avant l'énergie débordante de celui qui ne fut « auteur » que par intermittence. Mais qu'il ait été un écrivain en marge de la république des lettres *stricto sensu* ne l'a pas empêché, bien au contraire, d'être toujours au cœur des enjeux de son temps. Beaumarchais est l'homme des Lumières par excellence : un homme préoccupé d'utilité publique et de plaisirs privés, de réflexion et de sensibilité. Plus que son maître Voltaire, il a littéralement exposé sa vie pour en faire la tribune de toutes les grandes revendications du siècle. C'est en cela que cet écrivain amateur fut le metteur en scène diablement efficace d'une destinée tout autant littéraire que culturelle.

1.

L'enfant chéri de l'Ancien Régime

Cela commence tôt, avec les débuts fracassants d'un fils de maître horloger, qui n'entend pas se laisser injustement dépouiller : en 1753, à vingt et un ans,

Pierre-Augustin invente un nouveau système d'échappement qui commande la détente du ressort des montres. Il a l'imprudence de le montrer à l'horloger du roi, Lepaute, qui présente cette innovation comme sienne à l'Académie des sciences. Sans se démonter, le jeune homme entame sa première campagne pour gagner l'opinion et dénoncer l'injustice du procédé de Lepaute : l'Académie, séduite et convaincue, lui reconnaît la paternité de l'invention. Cela lui ouvre les portes de la Cour qui passe commande : Louis XV se fait présenter cet ingénieux artisan à la réputation flatteuse.

L'ascension est aussi fulgurante qu'irrésistible : il côtoie le monde de la finance d'Ancien Régime, noblesse affairiste et dynamique. Tout d'abord Franquet, dès 1755, contrôleur-clerc d'office de la maison du roi, dont Pierre-Augustin épouse, à sa mort en 1756, la veuve : il se fait désormais appeler Caron de Beaumarchais, du nom d'une terre de sa femme, qui meurt un an plus tard. Puis, en 1760, Pâris-Duverney, son mentor, qu'il fréquente alors qu'il est maître de musique et serviteur de tous les plaisirs de Mesdames, filles de Louis XV. Il leur donne des cours de chant et de harpe, instrument qu'il vient de perfectionner. Son entregent lui permet d'obtenir du roi la reconnaissance de l'École militaire que Pâris-Duverney a fondée : celui-ci le récompense en l'intéressant à ses affaires.

En 1761, il achète la charge de conseiller-secrétaire du roi qui l'anoblit et lui donne le droit de porter légalement le nom de Beaumarchais ; en 1763, il se procure la charge de lieutenant-général des chasses. Il écrit des « parades » pour le théâtre du château d'Étiolles où réside son ami, Charles-Guillaume Le Normand, neveu de Pâris-Duverney mais surtout mari infortuné de la Pompadour, maîtresse du roi. En 1764, il fait un voyage en Espagne calamiteux : les projets de Pâris-Duverney échouent ainsi que le règlement du mariage de la sœur de Beaumarchais. Seul bénéfice : il revient avec le personnage de Figaro, qu'il a pu apprécier dans les comédies espagnoles.

1732	*Le Triomphe de l'amour* de Marivaux.	
1757	*Le Fils naturel* suivi des *Entretiens sur Le Fils naturel* de Diderot.	
1763	Mort de Marivaux.	

2.

Le héraut des Lumières

P remière tentative officielle au théâtre, sa grande passion, dans le « genre dramatique sérieux » qu'il théorise en suivant les traces de Diderot : la représentation d'*Eugénie* en 1767. Succès timide. En 1770, nouvelle tentative dans le drame, *Les Deux Amis ou le Négociant de Lyon*, c'est un échec. Période de turbulences : il se marie pour la seconde fois en 1768, mais devient veuf à nouveau en 1770, le temps d'avoir un fils et une fille, morte en bas âge. Pâris-Duverney meurt cette année : Beaumarchais entre en conflit avec le légataire, le comte de La Blache. C'est le début d'une saga juridique que Beaumarchais rédige au gré des besoins et rassemblée sous le titre de *Mémoires contre Goëzman*, du nom du conseiller, rapporteur du procès La Blache devant le parlement. Le quatrième *Mémoire*, le plus connu, le plus enlevé, accuse celui-ci de forfaiture, mais Beaumarchais, accusé lui-même de corruption, est blâmé en 1774 et déchu de ses droits civiques. Si, juridiquement, il a perdu, il a gagné par ses *Mémoires* l'opinion publique à sa cause en instruisant le procès d'une justice d'Ancien Régime vénale, faible et corrompue. Voltaire apprécie.

En 1775 est enfin représenté à la Comédie-Française *Le Barbier de Séville*, pourtant reçu dès 1773 : chute puis succès. Ses conflits avec la Comédie-Française le conduisent en 1777 à fonder avec d'autres auteurs dans la même situation la Société des auteurs dramatiques. Entre temps il a été successivement : emprisonné en 1773 à Fort-l'Évêque pour un démêlé avec un plus titré que lui, le duc de Chaulnes, au sujet d'une actrice ; agent secret à Londres en 1774 pour détruire des pamphlets s'en prenant à la maîtresse du roi, Mme du Barry ; incarcéré à Vienne, où l'a conduit cette même affaire, puis libéré par les soins de la diplomatie française ; missionné pour financer les secours secrets aux insurgés américains en 1776, ce qui lui vaudra un contentieux financier avec les autorités américaines qui ne sera réglé... qu'en 1835. Point d'orgue de ces années d'intense activité financière et littéraire : le projet d'édition des *Œuvres complètes* de Voltaire après sa mort en 1778. Ce sont les débuts, à partir de 1780, de la publication de l'édition dite de Kehl dont la direction littéraire est confiée à Condorcet (1743-1794).

En 1781, *Le Mariage de Figaro* est reçu à l'unanimité par les Comédiens-Français et la bataille pour sa représentation commence. Le roi s'y oppose et fait interdire à la dernière minute une représentation au théâtre des Menus-Plaisirs à Paris en 1783. Elle a cependant lieu, peu après, de façon privée, chez le comte de Vaudreuil. La première, triomphale, à la Comédie-Française se fait le 27 avril 1784, mais en 1785, le roi, irrité par un article de Beaumarchais s'en prenant aux « lions et tigres » qui se sont opposés à sa pièce, envoie pour une semaine l'auteur à Saint-Lazare. Cependant *Le Barbier de Séville* est repris en août à la Cour : le rôle de Rosine est joué par Marie-Antoinette.

Beaumarchais participe à la Compagnie des eaux des frères Périer, dont l'objectif est l'établissement de l'eau courante à Paris. Il polémique avec Mirabeau, représentant d'une compagnie rivale. Il se marie en 1786 avec Marie-Thérèse de Willer-Mawlas, sa maîtresse depuis 1774 dont il a une fille, Eugénie, née en 1777. En 1787, c'est la représentation de son opéra *Tarare* qui rencontre un succès honorable. La même année, Beaumarchais s'implique dans une nouvelle affaire, l'affaire Kornman, du nom d'un banquier qui a fait enfermer sa femme, maîtresse du prince de Nassau. L'écrivain prend le parti de l'épouse. Le mari est défendu par l'avocat Bergasse qui rédige contre Beaumarchais un *Mémoire*. Celui-ci fait libérer Mme Kornman mais sa réputation en souffre. La construction la même année d'une somptueuse demeure au luxe tapageur près de la Bastille, quartier populaire, n'arrange rien : l'opinion s'est retournée contre lui.

1774	Mort de Louis XV, avènement de Louis XVI.
1776	Déclaration d'Indépendance des États-Unis.
1778	Mort de Voltaire et de Rousseau.
1782	Les *Liaisons dangereuses* de Laclos.
1783	Traité de Versailles mettant fin à la guerre d'Indépendance.
1784	Mort de Diderot.

3.

L'épreuve révolutionnaire

La Révolution le surprend au plus bas de sa trajectoire. Le rayonnement de ce publiciste de génie a pâli. Il a fait son temps et le temps s'accélère. *La Mère coupable*, représenté en 1792 sans grand succès, porte les traces du malaise que cause chez Beaumarchais le cours nouveau des choses. Il est dépassé par les événements : « patriote » modéré, il suscite la suspicion des nouveaux hommes forts du régime. Ce n'est pas faute pourtant de donner des gages de bonne volonté : il veut mener à terme la transaction de soixante mille fusils entreposés en Hollande dont le gouvernement a besoin ; on le taxe d'accaparateur d'armes. Il part à Londres et en Hollande avec un ordre de mission pour suivre l'affaire ; il est accusé par la Convention et doit s'expliquer devant le redoutable Comité de salut public en 1793. Reconnu innocent, il repart en mission, et le voilà inscrit malgré lui sur la liste des émigrés, les royalistes en fuite.

Il ronge son frein en traînant sa misère en Allemagne jusqu'à ce qu'il soit enfin rayé de la liste en 1796 et puisse revenir en France où sa femme et sa fille n'ont dû leur survie qu'à la chute de Robespierre. Retour en grâce littéraire aussi : *La Mère coupable* est acclamée en 1797. Bien qu'échaudé par les contrariétés du temps, Beaumarchais, égal à lui-même, reste plein d'activités et de projets. Mais il en profite peu : il meurt d'apoplexie en 1799.

1789   Prise de la Bastille.
1792   Chute de la royauté.
1794   Mort de Robespierre, fin de la Terreur.

Pour prolonger la réflexion

Beaumarchais l'insolent, film d'Édouard MOLINARO (1996).

Maurice LEVER, *Pierre-Augustin Caron de Beaumarchais,* Fayard, t. 1 : *L'irrésistible ascension, 1732-1774* (1999) ; t. 2 : *Le Citoyen d'Amérique, 1775-1784* (2003) ; t. 3 : *Dans la tourmente, 1785-1799* (2004).

René POMEAU, *Beaumarchais ou la bizarre destinée,* PUF, 1987.

Jean-Pierre de BEAUMARCHAIS, *Beaumarchais le voltigeur des Lumières,* « Découvertes-Gallimard » n° 278, 1996.

Éléments pour une
fiche de lecture

Regarder le tableau

- Observez les costumes, le décor. La scène vous semble-t-elle réaliste ? Pourquoi ?
- Retracez les jeux de regard de cette scène. Quelle atmosphère semble se dégager ?
- Beaumarchais s'est inspiré de ce tableau pour la mise en scène d'un épisode du *Mariage de Figaro*. Choisissez une œuvre picturale que vous affectionnez, et faites de même. Quel type de pièce pourrait s'inspirer de cette toile ? Décrivez les personnages, leurs relations et rédigez les dialogues.

L'étude des personnages

On ne voit qu'eux, tout d'abord. C'est la grande force du théâtre de Beaumarchais, quand il est vu et pas seulement lu, car dans ce dernier cas la multiplicité des personnages fait écran : les personnages s'imposent à l'attention du spectateur par leur singularité, leur relief. À partir de patrons conventionnels ou empruntés, Beaumarchais crée de véritables machines de performance scénique. C'est une aubaine pour les comédiens : il faut dire que les personnages sont tous déjà plus ou moins les acteurs d'une intrigue qui souvent les dépasse. On ne retiendra que les plus discutés.

- Figaro : Comptabilisez la présence sur scène de Figaro dans l'ensemble de la pièce. Qu'en concluez-vous ? Comment l'imaginez-vous se déplacer sur scène ? Comment son énergie et sa vitalité se traduisent-elles dans ses mouvements ? Caractérisez son rapport à la hiérarchie et aux relations de pouvoir. Isolez quelques moments de faconde particulière de Figaro : peut-on dire qu'il a réponse à tout ? En quoi est-il un véritable comédien ? Ses talents autoproclamés dans l'art de l'intrigue se vérifient-ils ?

- Suzanne : Peut-on la voir comme une Figaro au féminin ? Justifiez. Quelles relations entretient-elle avec la comtesse ? Analysez l'évolution de ses rapports avec Marceline. En quoi le groupe des personnages féminins de premier plan forme-t-il un ensemble soudé et cohérent ? Quelle est la base de cette solidarité féminine ?

- Chérubin : Comment Beaumarchais défend-il ce personnage dans sa préface ? Qu'est-ce qui en fait l'ambiguïté ? Que pensez-vous du choix que fait Beaumarchais de faire interpréter ce rôle par une femme ? Dans quelles circonstances particulières le personnage réapparaît-il systématiquement dans la pièce ? En quoi a-t-il un rôle à la fois comique et attendrissant ? Analysez le trouble que crée ce personnage.

Des morceaux de bravoure

De nombreux passages du *Mariage* sont devenus de véritables morceaux d'anthologie. Ils le doivent sans doute à leur capacité à mettre en valeur le talent du comédien. On suggère quelques pistes d'étude.

- Le théâtre dans un fauteuil (I, 7-9) : Étudiez le rôle décisif des accessoires dans ce passage. Étudiez le rythme et le mouvement des comédiens. Quels effets créent les dissimulations successives de Chérubin et du comte derrière le fauteuil ? En quoi sont-elles révélatrices de la circulation des secrets dans toute la pièce ?

- La tirade des « God-dam » (III, 5) : Quelle était à l'origine sa destination ? (voir p. 259) Qu'en tirez-vous comme enseignement quant à son utilité dans la poursuite de l'intrigue ? Quelle est la leçon des anecdotes rapportées par Figaro : quel rapprochement pouvez-vous faire avec sa propre situation ? Caractérisez les formes du comique.

- La scène de reconnaissance (III, 16) : Caractérisez le mélange des tons propre à ce passage. Mettez en valeur l'ironie de la réflexion sur les préjugés relatifs à la naissance. Montrez la transformation du personnage de Marceline : quel rôle tient-elle désormais auprès de Figaro ? Comment apparaît-elle aux yeux du spectateur ? Rassemblez les raisons qui ont conduit à retrancher une partie de la scène : les raisons sont-elles dramatiques ou idéologiques ?

- Le monologue de Figaro (V, 3) : Situez ce monologue dans la conduite de l'intrigue : Figaro est-il vraiment trompé comme il le croit ? Repérez la structure du texte, ses différents mouvements : estimez les moments d'intensité et de relâche. Interrogez-vous sur l'interprétation scénique d'un tel passage. Comment Beaumarchais parvient-il à rendre vivant et dynamique ce monologue ?

L'art de la scène

Beaumarchais est sans doute le premier auteur à prendre un tel soin des indications qu'il fournit pour la représentation de ses textes. C'est à la fois le réflexe d'un praticien de la scène et la méfiance d'un écrivain amateur face à la corporation puissante des troupes de théâtre. Il sait ce qu'il veut voir sur les planches. Au reste, les metteurs en scène contemporains ne se sentent pas tenus au respect scrupuleux des indications de l'auteur : c'est s'offrir la possibilité d'une interprétation vivante de l'œuvre.

- Étudiez les « Caractères et habillements de la pièce ». Pour quel usage Beaumarchais a-t-il rédigé ces commentaires très détaillés ? À qui sont-ils destinés ?
- Relisez la scène 9 de l'acte IV : évaluez l'importance des didascalies. Sur quoi portent-elles ? Qu'est-ce que cela révèle de l'écriture dramatique de Beaumarchais ?
- Considérez les annexes scénographiques (voir p. 205-207). Quelles sont les raisons qui expliquent la disposition des éléments du décor ? Connaissez-vous des représentations modernes du *Mariage* ? Ont-elles fait le choix de la scénographie proposée par l'auteur ?

Sujets de réflexion

- Le poète Charles Péguy (1873-1914), dans *Clio ou dialogue de l'histoire et de l'âme païenne* (1909), compare la romance de Chérubin (II, 4) à un poème des *Châtiments* de Victor Hugo, composé lui aussi sur l'air de « Malbrough s'en va-t-en guerre ». Partagez-vous cette interprétation des textes? (Voir Charles Péguy, *Clio ou dialogue de l'histoire et de l'âme païenne* [1909] dans *Œuvres en prose 1909-1914*, éd. M. Péguy, Gallimard, « La Pléiade », 1961, p. 93-308.)

- Paul Morand (1888-1976), un romancier du xxe siècle, a écrit : « Beaumarchais ramasse les idées et les mots sublimes comme des projectiles de fortune, en bourre son pistolet jusqu'à la gueule, et décharge ses chefs-d'œuvre sans viser, à bout portant. » Expliquez cette citation. Quelles réflexions vous inspire-t-elle ?

Collège

MOLIÈRE, *Le Sicilien ou l'Amour peintre* (203)

Alfred de MUSSET, *Fantasio* (182)

George ORWELL, *La Ferme des animaux* (94)

Amos OZ, *Soudain dans la forêt profonde* (196)

Louis PERGAUD, *La Guerre des boutons* (65)

Charles PERRAULT, *Contes de ma Mère l'Oye* (9)

Edgar Allan POE, *6 nouvelles fantastiques* (164)

Jacques PRÉVERT, *Paroles* (29)

Jules RENARD, *Poil de Carotte* (66)

Antoine de SAINT-EXUPÉRY, *Vol de nuit* (114)

Mary SHELLEY, *Frankenstein ou le Prométhée moderne* (145)

John STEINBECK, *Des souris et des hommes* (47)

Robert Louis STEVENSON, *L'Étrange Cas du docteur Jekyll et de M. Hyde* (53)

Jean TARDIEU, *9 courtes pièces* (156)

Michel TOURNIER, *Vendredi ou La Vie sauvage* (44)

Fred UHLMAN, *L'Ami retrouvé* (50)

Jules VALLÈS, *L'Enfant* (12)

Paul VERLAINE, *Fêtes galantes* (38)

Jules VERNE, *Le Tour du monde en 80 jours* (32)

H. G. WELLS, *La Guerre des mondes* (116)

Oscar WILDE, *Le Fantôme de Canterville* (22)

Richard WRIGHT, *Black Boy* (199)

Marguerite YOURCENAR, *Comment Wang-Fô fut sauvé et autres nouvelles* (100)

Émile ZOLA, *3 nouvelles* (141)

Lycée

Série Classiques

Pascal QUIGNARD, *Tous les matins du monde* (202)

François RABELAIS, *Gargantua* (21)

Jean RACINE, *Andromaque* (10)

Jean RACINE, *Britannicus* (23)

Jean RACINE, *Phèdre* (151)

Jean RACINE, *Mithridate* (206)

Rainer Maria RILKE, *Lettres à un jeune poète* (59)

Arthur RIMBAUD, *Illuminations* (193)

Edmond ROSTAND, *Cyrano de Bergerac* (70)

SAINT-SIMON, *Mémoires* (64)

Nathalie SARRAUTE, *Enfance* (28)

William SHAKESPEARE, *Hamlet* (54)

SOPHOCLE, *Antigone* (93)

STENDHAL, *La Chartreuse de Parme* (74)

STENDHAL, *Vanina Vanini et autres nouvelles* (200)

Michel TOURNIER, *Vendredi ou les limbes du Pacifique* (132)

Vincent VAN GOGH, *Lettres à Théo* (52)

VOLTAIRE, *Candide* (7)

VOLTAIRE, *L'Ingénu* (31)

VOLTAIRE, *Micromégas* (69)

Émile ZOLA, *Thérèse Raquin* (16)

Émile ZOLA, *L'Assommoir* (140)

Série Philosophie

Notions d'esthétique (anthologie) (110)

Notions d'éthique (anthologie) (171)

ALAIN, *44 Propos sur le bonheur* (105)

Hannah ARENDT, *La Crise de l'éducation*, extrait de *La Crise de la culture* (89)

Pour plus d'informations,
consultez le catalogue à l'adresse suivante :
http://www.gallimard.fr

Composition Interligne
Impression Novoprint
à Barcelone, le 3 juin 2015
Dépôt légal : juin 2015
Ier Dépôt légal : mars 2008

ISBN 978-2-07-035576-1/Imprimé en Espagne.

289939